高松塚古墳の西壁女性群像（左）、東壁女性群像（右）

高松塚古墳の西壁男性群像（左）、東壁男性群像（右）

＊いずれも明日香村教育委員会提供、国（文部科学省所管）

キトラ古墳の玄武図

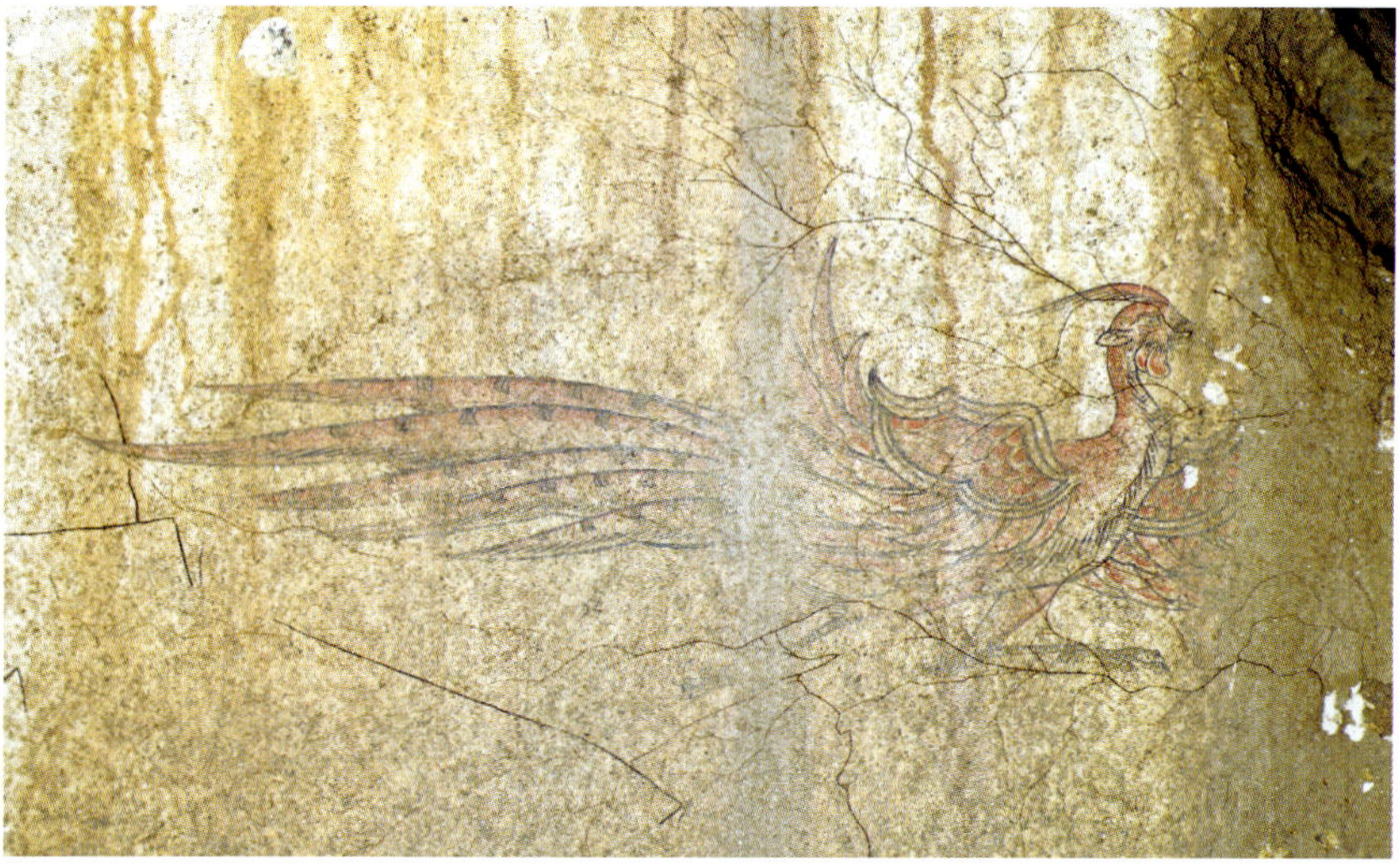

キトラ古墳の朱雀図

キトラ古墳の寅像(左)、午像(右)

＊いずれも奈良文化財研究所提供、
国(文部科学省所管)

高松塚古墳の天文図

高松塚古墳内部

高松塚古墳の天文図（一部拡大）

＊いずれも明日香村教育委員会提供、国（文部科学省所管）

キトラ古墳の天文図

キトラ古墳内部

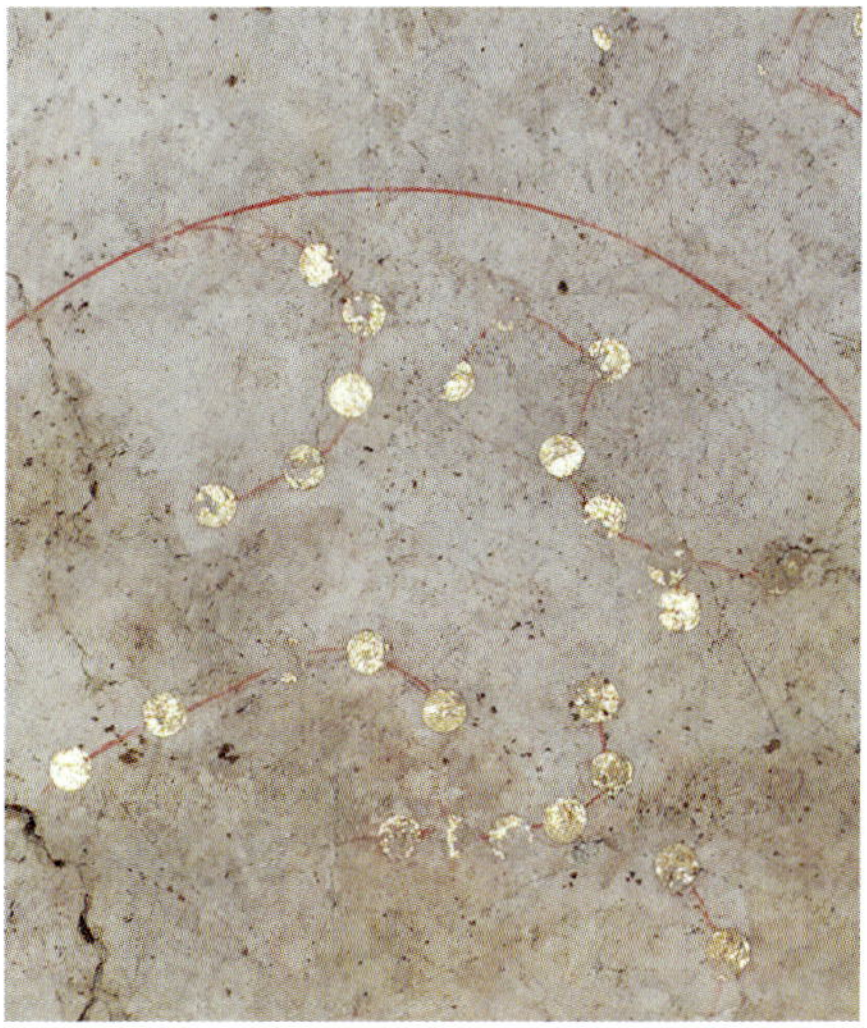

キトラ古墳の天文図（一部拡大）

＊いずれも奈良文化財研究所提供、国（文部科学省所管）

キトラ・高松塚古墳の謎

上下する天文

来村多加史 著

教育評論社

一九七二年に恩師の網干善教《あぼしよしのり》先生が高松塚古墳を発掘され、私自身は一九八二年にキトラ古墳の測量調査に参加した。二基の壁画古墳に関係をもつ者として、二〇〇五年には『キトラ古墳は語る』(NHK出版)、二〇〇八年には『高松塚とキトラ　古墳壁画の謎』(講談社)という読本を上梓して、古墳や壁画に関する持論を世に出した。その一方で、壁画の保存問題が起こり、高松塚古墳は石室が解体され、キトラ古墳は壁画の剥ぎ取りが行なわれた。至宝の古代絵画を守るためには、やむを得ない措置であったのだろうが、いずれも被葬者のタマシイを思えば、痛ましい結末となった。

壁画公開のニュースが相継ぐなか、私はしばらく壁画研究から遠ざかった。その間、自著出版直後の二〇〇八年三月に、文化庁・奈良文化財研究所・奈良県立橿原《かしはら》考古学研究所・明日香村教育委員会が『特別史跡　キトラ古墳発掘調査報告』を刊行し、出土遺物の詳細な情報を示した。二〇一一年には高精細のフォトマップも公開された。二〇一六年三月には、奈良文化財研究所が『キトラ古墳天文図　星座写真資料』を刊行し、天文図の描画法まで明かした。二〇一七年五月には、文化庁・奈良文化財研究所・奈良県立橿原考古学研究所・明日香村教育委員会が『特別史跡　高松塚古墳発掘調査報告』を刊行し、石室解体に伴う調査成果を公表した。

公式報告書の刊行が相継ぐ一方で、二〇一〇年一〇月には、山本忠尚氏が『高松塚・キトラ古墳の謎』(吉川弘文館）を出版し、東アジア美術史の観点から両古墳の壁画を分析された。二〇一八年一月には、高松塚壁画館の泉武氏が『キトラ・高松塚古墳の星宿図』（同成社）で両古墳の天文図を天武天皇の天命思想に結びつけて語られた。二〇一八年一二月には、天文学の中村士《つこう》氏が『古代の星空を読み解く　キトラ古墳天文図とアジアの星図』（東京大学出版会）でキトラ古墳天文図の観測年代を推算された。壁画研究は美術史・歴史学・天文学の方面に展開しつつある。

新たな情報や見解が蓄積されてゆくなかで、自著を読み直してみても、大筋においては、持論を改める必要を感じない。ただ、細部においては、修正しなければならない点もある。わけても、天文図については、画家の心を読み誤っていたことに気づいた。ここで訂正しておかねば、もう機会はなかろう。壁画が解体され、剥がされた今となり、以前にも増して感じることは、直方体の石室の内面に配置された立体絵画であることの意義である。床面を除く五面の壁画が向かい合って、初めて画家がこの絵画にこめたメッセージが読める。研究史的には、絵画を個別に観察して論を派生させる時期に来ているのだろうが、私はあくまでも石室から離れず、天性のアイデアマンである画家の目線で壁画を観察し、彼の心を読みながら語りたい。

それにしても、両古墳の壁画は味わい深い。画家は合わせ鏡のような無限の空間に、ひとり身を置く感覚を被葬者に贈ろうとしたのか。石室は床を含めた六面がすべて漆喰《しっくい》で塗りこめられた白い空間である。それぞれの図像に動きを表現すれば、虚無の世界に浮遊して、見る者を別世界にいざなうような錯覚が起ころう。美術館の室内をめぐり、額縁に入った単体の絵画を鑑賞することに慣れた現代人には、かえって不思議な構成である。

このたび特に話題にする天文図も五面の絵画の一部である。そればかりか、被葬者が仰向けになって永眠するとの前提に立てば、真正面に見ることになる、最も重要な画面である。壁画の構成を語る際、第一に話題にすべき画面である。その天文図が高松塚古墳とキトラ古墳では大きく異なる。構成した画家も同じ、描かれた時期もほとんど変わらない壁画が、どうしてこれほど大きく異なる天文図をもつのか。この書では、その疑問を解き明かす。

来村多加史

平成三一年二月九日

装幀＝中村友和（ロバリス）

上下する天文　キトラ・高松塚古墳の謎◎目次

II　描こうとした壁画世界

Ⅳ　天文図はなぜ描かれたか

I　キトラ・高松塚古墳はどのようにつくられたか

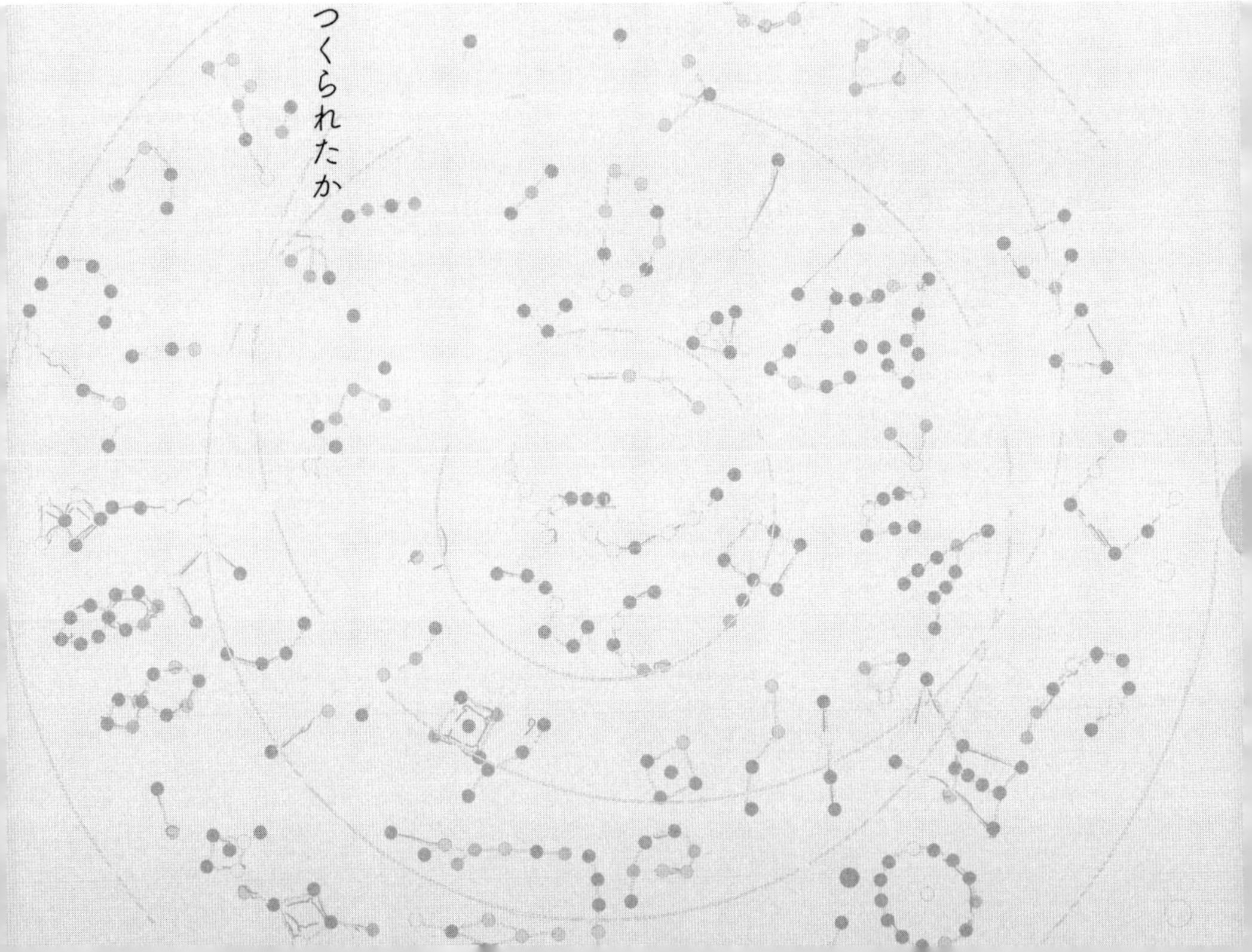

一　谷を景観域とするキトラ・高松塚古墳

1　飛鳥の陵墓に見る立地の共通性

壁画を語る前に、古墳を見学してわかることを紹介しておかねば、現地に人を誘えまい。そこで、いきなりであるが、昔の話を切り出そう。今も私の耳からは「行って来いさ、見て来いさ」という言葉が離れない。恩師であり、高松塚古墳を発掘された網干善教先生が口癖のようにいっておられた言葉である。「あれこれと論じる前に、とにかく現地を見て来い」という現場主義である。その教えにしたがい、大学時代から現地を見ることを信条としてきた私としては、読者には、ぜひこの書を持って現地を訪れていただきたい。その思いからも、導入はガイドブックとなる記述から始めることにする。

たまたま同様の壁画をもつ古墳として、私も含めた多くの者が連呼して語る高松塚古墳とキトラ古墳であるが、数ある飛鳥地域の終末期古墳のなかで、のっけからこの二基のみを抜き出して語ることは宜しくない。まずは図1をご覧いただきたい。これは拙著『風水と天皇陵』(講談社現代新書、二〇〇四年)のなかに掲げた分布図をもとに、その後の知見をもって若干の修正を加えた図である。

おおむね七世紀の前半までは漢人系渡来人である東漢氏《やまとのあやうじ》が本拠地とし、後半には皇族の陵墓地となった檜《ひの》

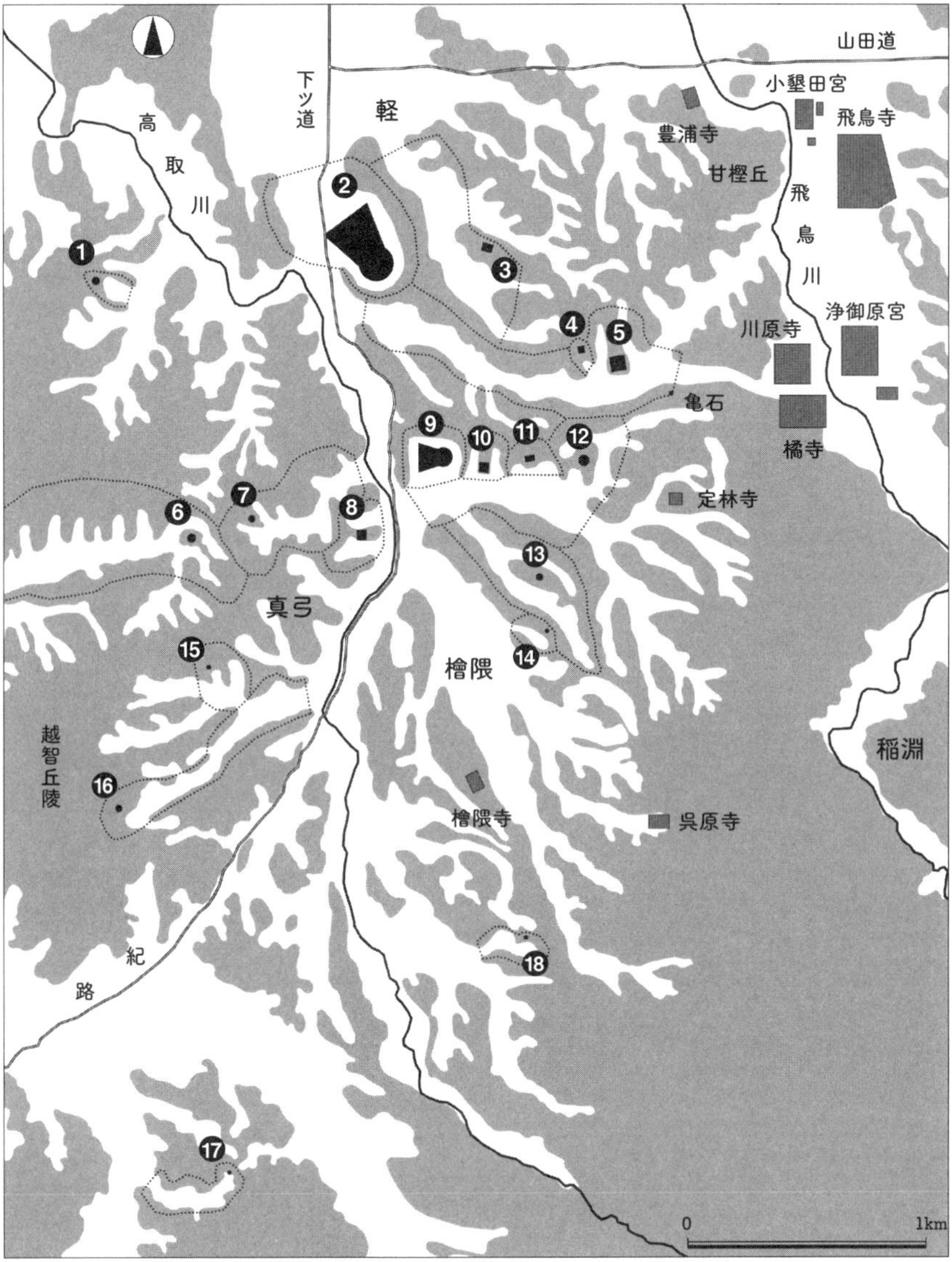

図1 飛鳥の主な古墳と景観域（※景観域は古墳の周囲に破線で表示。筆者作図）

❶小谷古墳 ❷五条野（見瀬）丸山古墳 ❸植山古墳 ❹菖蒲池古墳 ❺小山田古墳
❻真弓鑵子塚古墳 ❼牽牛子塚古墳 ❽岩屋山古墳 ❾平田梅山古墳（欽明天皇陵） ❿カナヅカ古墳
⓫鬼の俎・雪隠古墳・東古墳 ⓬野口王墓古墳（天武・持統天皇陵） ⓭中尾山古墳 ⓮高松塚古墳
⓯マルコ山古墳 ⓰束明神古墳 ⓱松山（呑谷）古墳 ⓲キトラ古墳

隈《くま》には、図に描いたような一〇基あまりの終末期古墳が分布する。周りの風景に気をとめながら歩くとわかることだが、いずれの古墳も谷のなかに築かれ、墳丘の位置から見ると、あたかも谷の風景を独り占めしているような印象を受ける。私は北京大学への留学時代に、江蘇《こうそ》省の南京市や丹陽市に散らばる中国南朝時代の皇帝陵や王侯墓を四〇基近く踏査したが、どの陵墓においても谷を墓の敷地である「兆域」とする意識が強く感じられた。麒麟や獅子、石柱や石碑を谷の入り口に並べて、兆域の門とし、谷筋をのぼって突き当たる谷の奥に墓を築く選地が、南朝時代を通じて続けられたことを確認して帰国した。一九八八年のことである。

帰国後、飛鳥や他地域の終末期古墳を訪ね歩くうちに、日本にも同様の選地が行なわれていたのではないかと思うようになり、先にあげたような拙著を書くにいたった。谷を兆域とする選地は、中国では五、六世紀の南朝時代に限らず、歴代の皇帝陵に引き継がれ、いつしか風水師たちの奥義書にも同様の地形が尊ばれて、「点穴図《てんけつず》」などという様式図が掲げられるようになった。そういう流れもくみながら、墓の地形を語る身近な言葉として「風水」の語を使ったが、拙著の意図は風水術を語ることになく、古墳と環境をともに守る必要性を訴えることにあった。風水思想のことが知りたくて拙著を求められた読者には、気の毒なことをした。

中国の南朝陵墓は都市開発で風水環境の大半が消滅したが、幸い飛鳥地域の景観はいわゆる「明日香法」によって守られ、旧地形が比較的よく保存されている。遠い未来までこの状態が続いて欲しいと願うのであるが、開発の波は容赦がない。少々心配である。図2は他地域の終末期古墳も含めて、古墳の立地を類型化したものであり、やはり『風水と天皇陵』において世に出した一枚である。開発によって古墳の環境が失われる前に、できるだけ多くの類例を集めておこうと歩き回って集約した結論であり、一五年が経った今も、修正する必要はないと考える。

「E字型」の地形は平面がアルファベットのEに似た丘を利用するもので、古墳の築かれた尾根よりは少し長めの尾根が左右の後方から前に突き出て、古墳のある地所を抱えるような立地をしているものである。これは私が指摘する前から古墳研究者の間で常識的に語られていた立地で、私の造語ではない。分布図のなかでは、近鉄飛鳥駅のすぐ近くにある明日香村越《こし》の岩屋山《いわややま》古墳（図1❽）が典型的な例である。切石積《きりいしづ》みの美しい石室をもつ方墳（上円下方墳と見る向きもある）で、七世紀の中頃に築かれたとする推定が一般的である。欽明天皇檜隈坂合陵《ひのくまのさかあいのみささぎ》に治定された平田梅山古墳やその東隣にあるカナヅカ古墳（図1❾❿）は、背後の丘を削り落とした残余の人工尾根が、結果的に同様の働きをして古墳を抱えている。地形が自然であっても人工であっても、「抱えられるような」場所に古墳を築こうとする意識を感じさせる。

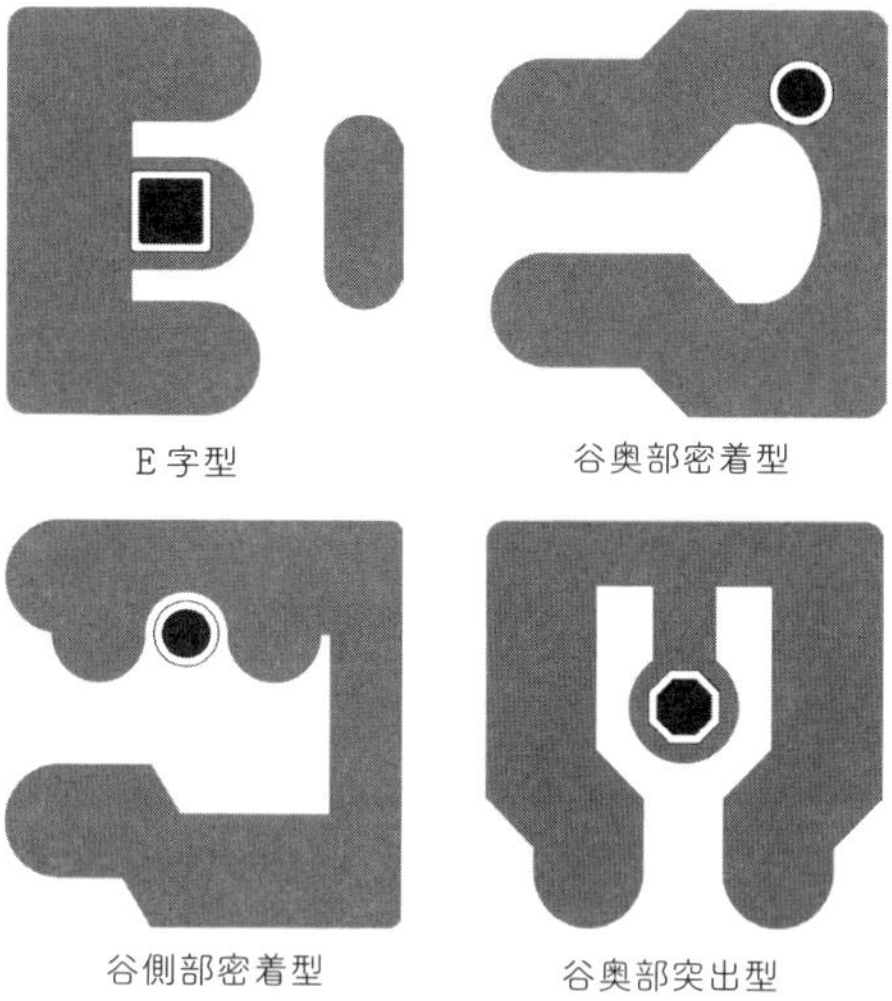

図2　谷を景観域とする終末期古墳の選地類型
（拙著『風水と天皇陵』〈講談社、2004年〉掲載図を修正）

E字型以外の「谷側部密着型」「谷奥部《おうぶ》密着型」「谷奥部突出型」はすべて私の造語である。考古学者がよくやるように、何か身近な物の形になぞらえればよかったのであるが、思いつかず、堅苦しい言葉になってしまった。いずれも「古墳が谷を景観域としている」との前提に立つものであるから、そのことを否定されては始まらない。「景観域」とは、それほど堅苦しい定義ではなく、古墳の周辺を歩きまわって、「この風景をわが物にしようとしているな」と感じる範囲である。一人の墓の専用地として独占する「兆域」とは少しニュアンスが違う。要はその風景のなかに他の古墳があっても差し支えのない、視覚的な占有地である。例えば、高台の家に住む者が窓から見渡せる景色を独占しているかのような気分を味わうとき、その範囲はその者の景観域となる。目の前に何軒の家があろうが、それらは風景の一部にすぎない。

さて、景観域である谷の側面か奥部にあって、谷を形成する尾根の中腹か裾に墳丘が築かれるものを密着型とした。谷奥部突出型は谷の奥にあっても、墳丘が尾根の上に築かれ、鎮座している印象を受けるもので、天武・持統天皇の大内陵《おおうちのみささぎ》に治定された野口王墓《のぐちのおうのはか》古墳（図1⓬）がその典型である。

2　谷の奥に築かれた高松塚古墳

高松塚古墳（図1⓮）とキトラ古墳（図1⓲）は谷奥部密着型に分類される。少し丁寧に説明しておこう。高松塚古墳は真の文武天皇陵かといわれる中尾山古墳（図1⓭）の南にあって、直線距離は二一〇メートルと近い。中尾山古墳はその名の通り、三筋に分かれた尾根のうち、中央の一筋にあって、南と北を並走するさらに太い尾根が平田梅山古墳（図1❾）の方向へ長く伸びるため、墳丘自体は尾根の稜線上に築かれていても、景観としては谷の奥部にたたずむ印象を与える。いわば谷奥部突出型の立地を見せる古墳である。

高松塚古墳は中尾山古墳の南に横たわる尾根の稜線から少し南に下った斜面に築かれている（図3）。といっても、少し下った程度であるから、復原された墳丘は北から眺めると、尾根の稜線を越えて、後頭部を見せている。往時は稜線が今よりはいくぶん高かったのかも知れないが、現地を歩くと、それほど大きく地形が変容したとも思えない。微妙な立地ではあるが、墳丘が谷筋に向かって稜線からわずかにずれていることには違いない。

群集墳の分布図などを見ると、尾根の稜線にずらりと並ぶ古墳の列がよく目立つ。そういう図を見慣れていると、高松塚古墳の位置には、やはり違和感を覚える。尾根筋に前代までの古墳があるわけでもないのに、みずから進んで谷筋に向かって下ったような、そういう印象を受けるのである。この立地は早くから注目されており、私の大学時代に古墳研究者は「山寄せ」と呼んで、終末期古墳の特徴のひとつに数えていた。ただ、山に寄せるというよりは、尾根筋から下ろすという表現がふさわしいのかも知れない。

図3　尾根を背もたれとする高松塚古墳の墳丘（筆者撮影）

山歩きの経験がある方ならばわかるだろうが、暗い谷のなかから樹木の少ない尾根筋に上がると、とたんに視界が開け、気分も爽快になる。尾根の稜線にまたがり、足場もよくなる。その一方で、それまで歩いてきた谷のことは、忘れたかのように意識しな

図4　高松塚古墳を包む谷のパノラマ（谷奥の休憩所より筆者撮影）

くなる。逆にいえば、尾根筋から一歩下り、足場が傾斜して、初めて谷を意識し始めるのである。高松塚古墳の立地も同じことがいえよう。終末期古墳における山寄せの立地は、山に寄せるのではなく、古墳を谷の空間に入れるための工夫であると、私は考えている。

　そういう視点をもてば、高松塚古墳の墳丘の南に設けられた休憩所はありがたい。太平洋戦争後の一九四七年に米軍が撮影した航空写真を見ると、そこには棚田が設けられていたようで、その平面を利用してベンチを置き、見学者の休憩場所としている。その場所に立ち、北西の方角を眺めると、口をせばめた袋状の谷が手前から前方へ伸びている様子がよくわかる（図4）。谷の口の先には岩屋山古墳（図1❽）のある丘が横たわり、その向こうに貝吹山《かいぶきやま》が頭を出す。谷の風景も優しく、遠方の景色も安定している。私が南朝陵墓で見た谷の風景と同様の落ち着いた風景がそこにある。

　復原された墳丘は休憩所から見下ろした谷筋の右方向にかたより、尾根を背もたれとしている。解体される以前は壁画を保存する空調の施設があって（墳丘説明板の位置）、石室の向きがよくわかったが、今はどちらを向いているのかが、わかりづらくなっている。空調施設前の石段は従来の向きのままであるので、それを目印にして方向をたどれば、ちょうど今立っている休憩所に向かって石室が口を開けていたことがわかる。

そこで図5をご覧いただきたい。一九六二年の空撮をもとに作成された文化庁の地形図をトレースしたものであるが、国営飛鳥歴史公園の造営で改変されてしまう前の地形をよく残す測量図である。戦前からの田畑の開墾によっていくぶん尾根の背や裾が損なわれている部分もあるが、古墳が築造されたときの原地形を何とか復原できる。旧地形図で高松塚古墳の谷を見ると、幅二〇メートルばかりの開口部から東南東の方向に切れこむ谷がちょうど二〇〇メートルで休憩所のある最奥部となって終わり、墳丘はそこから北北東へ八〇メートルばかりずれた位置にある。南朝陵墓では、谷筋の突き当たりとなる最奥部に墳丘が築かれるのが常であるが、高松塚古墳を含めた檜隈の陵墓はいずれも谷の最奥部から北にずれた場所を造墓の地点として選んでいる。これを私は平たい言葉で「ずらしの工夫」と呼んだ（拙著『風水と天皇陵』）。わざとそうしている、という意味をこめて「工夫」と表現したのである。

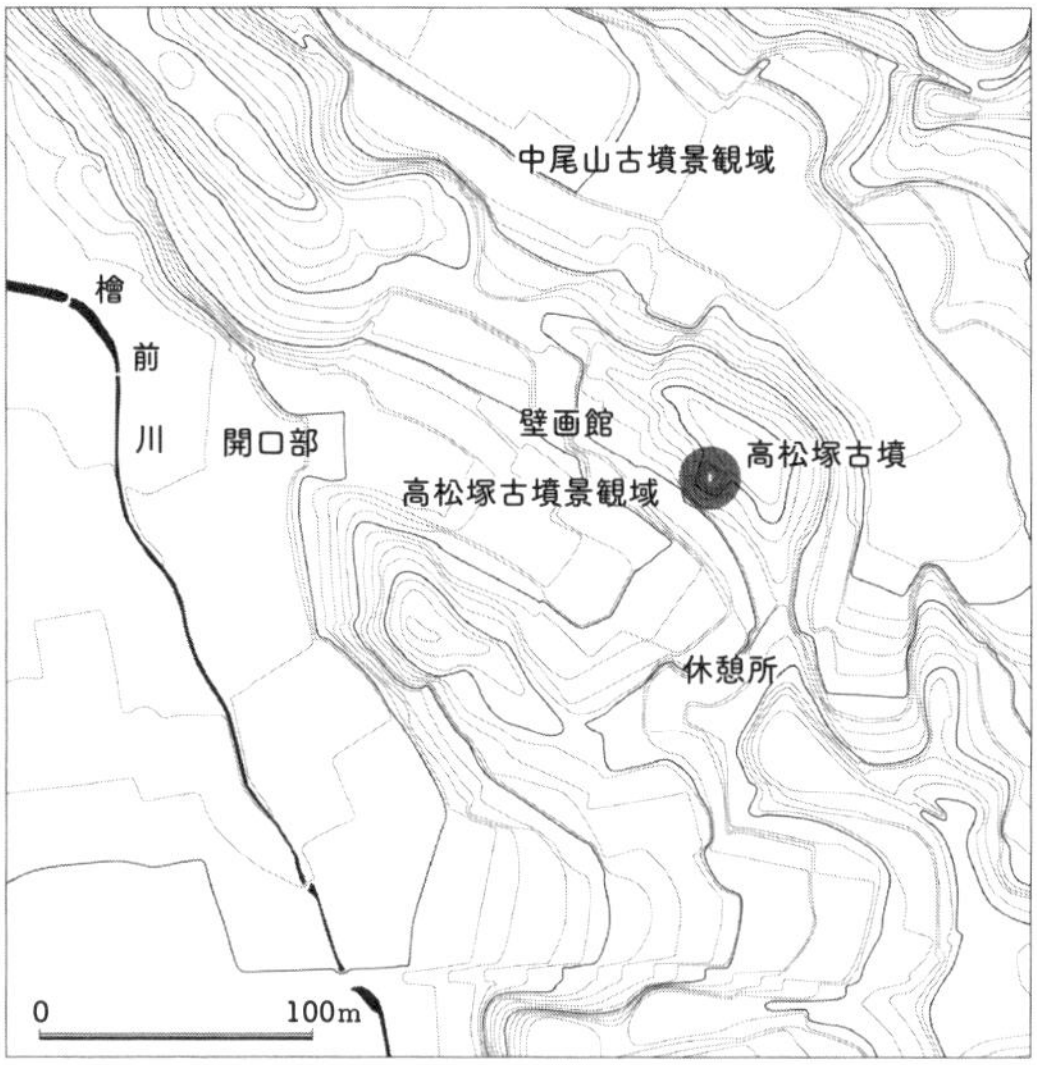

図5　高松塚古墳と周辺地形図（奈良国立文化財研究所発行、1000分の1地形図「檜隈」〈1971〉を筆者がトレース）

南朝陵墓では墓室の向きにさほどこだわらず、墓室の主軸を谷筋にあわせる。極端にいえば、谷が北に向かっていれば、墓室も北向きになる。実際には、南向きの谷を選んでいる場合が多く、墓室が北向きになることはほとんどないが、やはり真北にあわせた正方向の方眼から主軸が大きくぶれる場合もある。一方、日本の古墳では、石室の入口を南に向けることにこだわりがあった。高松塚古墳も石室の主軸は正方向にあわせ、入口はほぼ南向きであった。

そこで、仮に頭のなかで墳丘を休憩所のある位置に移動させてみよう。南朝陵墓と同じく、谷の最奥部に墳丘を築いたら、という仮定である。谷の空間における墳丘の位置は安定するが、南に向けた石室は休憩所の東から西へ下る尾根筋に向かってしまい、あたかも山裾に建てた家の玄関を山に向けて設けるような窮屈さを覚える。南側の尾根は今でこそ開墾で平たくならされているが、古墳が築造されたときには、もう少しうずたかく続いて、視界を遮っていたはずである。

谷の奥に墓所を設けるという外来の葬俗を採用しながらも、石室を南に向けたまま前方の空間を確保するには、墳丘を谷の最奥部から北にずらし、ふたつの条件の妥協点を模索するしかない。これを私は「ずらしの工夫」と名づけたのである。こういえば、「たまたまだろう」という反論もあるだろうが、飛鳥で谷を景観域とする古墳のほとんどがそういう立地をしている。

ここで、私が説いていることをより実感していただくために、高松塚古墳見学のモデルコースを紹介しておこう。近鉄吉野線の飛鳥駅から東へ歩き、国道一六九号の信号を渡ると、天武・持統天皇陵の方面に向かう道路と並行して流れる細い川がある。檜隈寺跡の方面から北流する檜前川《ひのくまがわ》である。車道が檜前川をまたぐところから右手（南）に入ると、川に沿った道から高松塚古墳へ向かう細い散策路が分岐している。それを進めば、高松塚古墳の谷の入り口から高松塚壁画館の前を通り、谷の奥へと向かえる。このコースをとれば、谷のなかで見た風景が記憶に入り、高松塚古墳が「谷の奥の墓」であることが実感できるはずである。

谷の開口部は幅が狭いだけでなく、南側の尾根が鋭く斜めに丘尾を伸ばしているため、近づかないと、その奥に谷があることすらわかりづらい。まさしく門戸である。中国の南朝陵墓では、このところに石造物が並べられ、門が建てられていた。我が国でも谷の入口を表示する簡単な施設があったのではないかと想像しているが、そのことは第一章三節（四五頁～）で語ることにして、キトラ古墳に向かおう。

3　やはり谷の奥にあるキトラ古墳

キトラ古墳は墳丘間の直線距離にして高松塚古墳の一二四〇メートル南にあり、歩いても三〇分たらずの距離である。途中に東漢氏の氏寺である檜隈寺の跡もあり、程よい散策コースになる。高松塚古墳の方面から進めば、国営飛鳥歴史公園が開かれ、壁画体験館や展望台、広い駐車場などが設けられているため、一般の観光客にはいいかも知れない。ただ、キトラ古墳の立地を感じようと思う読者には、近鉄吉野線の壺阪山《つぼさかやま》駅から歩いて向かう道をお勧めする。駅から古墳までは一キロ程度である。

近世に植村氏が設けた高取城の下屋敷へ向かう土佐街道は、古い町屋にはさまれた風情ある坂道であり、景観を残そうと努める住民の熱意も伝わるすばらしい町である。土佐街道からは吉野川東部幹線水路に沿った歩道があるので、古墳への景色を楽しみながら歩くのがよい。そうすれば、キトラ古墳の谷が高松塚古墳

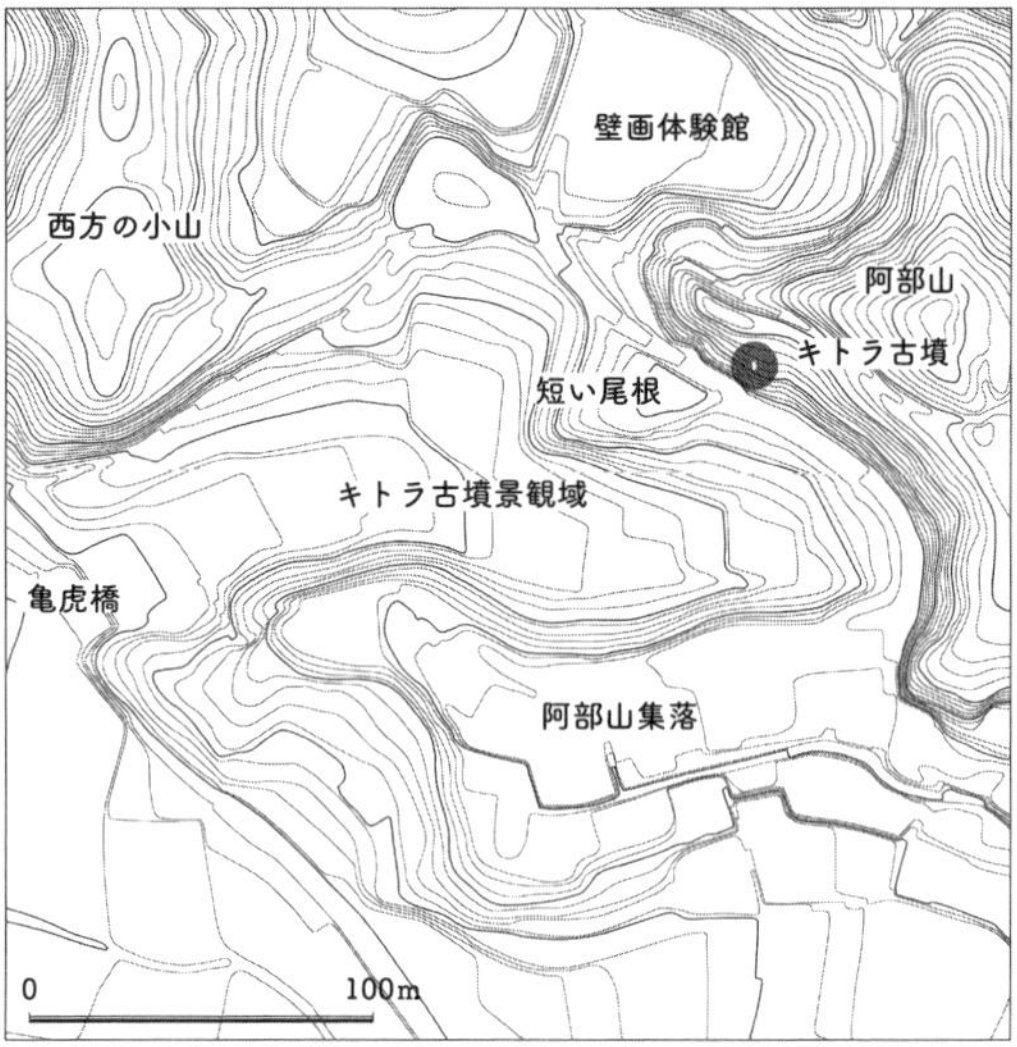

図6　キトラ古墳と周辺地形図（文化庁発行1000分の1地形図「栗原」〈1971〉を筆者がトレース）

と同様、尾根に隠されて、狭い口だけを見せるこぢんまりとした谷であることがわかる。印象をいえば、両古墳の谷とも、長い尾根の側面に空いた隙間から入ってゆく感じである。そして、いずれもなかが袋状に広がる。

幹線水路の上に架かる亀虎橋《きとらばし》が谷の入口に当たり、そこから国営公園の遊歩道に沿って谷の奥へ向かえる。図6の地形図をご覧いただきたい。開口部から最奥部までの距離は二四〇メートルばかりで、高松塚古墳の谷よりは若干深く、南北の尾根もうずたかい。南側の尾根には阿部山《あべやま》集落が広がって、削平を受けているが、それでも谷筋から南方への視界を十分に遮っている。北側の尾根は阿部山という標高一六二・四メートルの小山から西方の小山へ馬鞍《ばあん》状に続き、こちらも谷筋から北方への視界を十分に遮っている。ただ、今は自動車道が通り、尾根の稜線が断ち切られているため、見通しがよくなってしまった。旧地形は東西の山の高さを目でつなぐように復原しなければならない。

復原といえば、墳丘のすぐ西に谷筋へ向けて下る短い尾根があり、北側の尾根から同程度の高さで南へ派生していたことが地形図で読める。残念ながら、この尾根も公園の造成でかなり削平され、そのため、開口部から墳丘への見通しがよくなってしまった。私たちが一九八二年に測量したときには、すでに阿部山集落への村道で断ち切られてはいたが、十分に旧地形を目で復原できる状態であった。史跡公園は昔日の「原状」を取り戻す方向で設計していただきたい。地形を変えると、なぜそこに遺跡があるのか、なぜそこに古墳が築かれたのかを読みにくくなる。

その墳丘の位置は地形図を見ても、谷の奥から北へずれていることがわかる。高松塚古墳と同じ方向へ同じ程度にずらされている。この二例だけを見ても、私のいう「ずらしの工夫」がたまたまでないことがわかろう。墳丘は尾根の南斜面を大きくえぐって平坦面（平場）をつくり、その上に築いていた。谷筋から見上げると、壇の上に鎮座する印象を受ける（図7）。

図7　尾根の中腹に築かれたキトラ古墳の墳丘（筆者撮影）

墳丘の背後に横たわる尾根は高松塚古墳よりも腰が高いため、古墳が谷のなかに包まれている印象をより強く感じる。石室の主軸は真南に向かって東へ一五度ばかり振っている。石室の奥から入口を眺めると、前方の視界は谷の奥（東）に向かう。高松塚古墳の石室がほぼ真北－真南のラインを主軸にしていたのとは好対照である。これはどういうことであろうか。思うに、先ほど指摘した古墳の西側尾根がかなり張り出し、古墳の前方に南南東へ向かう小さな谷地形をつくっていたのではなかろう

図8　キトラ古墳を包む谷のパノラマ。近景の森の隙間が谷の入口（筆者撮影）

か。亀虎橋のあたりから古墳の谷に入る者が西側の尾根をすぎるまで墳丘が見えず、その短い尾根をやりすごして、初めて古墳を南南東の谷奥方向から見上げるような地形であったのではなかろうか。そういうことが旧地形の失われた今となっては感じにくい。だから安易に地形を変形させてはいけないのである。

ところで、谷の最奥部と思える地点から亀虎橋の方向を眺めると、あることに気づく。図8のパノラマ写真をご覧いただきたい。南側と北側の尾根が左右前方へ伸びて、目の前に谷の入口をつくり、その先には越《お》智《ち》丘陵がよこたわる。そして、その背後にはうっすらと金剛山と葛城山が水越峠《みずこしとうげ》をはさんで並ぶ。中国では門前のツインタワーのことを「闕《けつ》」というが、ふたつの山があたかも闕のような役目を果たしているのである。キトラ古墳は檜隈の他の陵墓に比べて、場所が南に偏っている。その理由は金剛《こんごう》・葛城山《かつらぎさん》を借景にしたいと考えた選定者の心にあったのではなかろうか。

ちなみに、風水術では、谷の前の小山を、膝の前に置く机という意味から「案山《あんざん》」といい、遠くにそびえる美しい山を、礼拝するという意味から「朝山《ちょうざん》」と呼ぶ。キトラ古墳の場合は越智丘陵が案山であり、金剛・葛城山が朝山である。越智丘陵を南北に割る越智谷には、最奥部にふたつの羨道《せんどう》（奥の部屋へ向かう通路）をもつ横穴式石室で知られる明日香村真弓の鑵子塚《かんすづか》古墳（図1❻）があり、そこから西を眺めると、越智谷の先に神武天皇が国見をされたというホホマの丘が横たわり、その背後に葛城山がそびえて、遠近の山容が美しく重なる。あの絶妙な風景を見ると、そういう風水師の用語に関係がなくとも、古墳時代の人々が前方の景観を相当に意識していたことがわかる。逆にいえば、石室に留まらず、古墳を包む谷全体が被葬者の空間として意識されていたのではないかと思えてくる。ぜひキトラ古墳の前でそのことを味わっていただきたい。

二　最新の発掘技術で判明した構築法

1　キトラ古墳の発掘調査と成果

高松塚古墳とキトラ古墳は、墳丘や石室の構築法、副葬品の年代観、壁画の様式などから、ほぼ同じ時期に築かれた古墳であると考えられ、発掘調査を担当した研究者の見解では、その短い期間のなかでも、キトラ古墳が先、高松塚古墳があとに築かれたものと推定されている。墳丘の盛土内に含まれる須恵器の型式や石室退化の流れなどが根拠である。私は両古墳に残る玄武図の表現から、彼らと同じく、キトラ古墳が先に築かれたものと考えた（拙著『高松塚とキトラ　壁画古墳の謎』講談社）。そして、今もその考えに変わりはない。反論も出されたが、私の心を変えるほどの根拠は示されていない。よって、このあとはキトラ古墳のことを先に語り、キトラ古墳が先に築かれたことを前提として論を展開する。

我々が測量調査を行なった一九八二年の翌年に、ＮＨＫの協力で石室内にファイバースコープが挿入され、壁面を観察したところ、奥壁に玄武図らしき楕円形の像がぼんやりと映し出された。「第二の壁画古墳発見」と大々的に報道されたが、調査と保存は慎重に進められた。一九九七年には明日香村教育委員会が墳丘の規模を確認するための発掘調査を墳丘の北側と東側で行ない、一九九九年に『キトラ古墳学術調査報告書』を刊行した。以下は「墳丘報告」と省略して引用する。石室の発掘調査は二〇〇二年から始められた。文化庁・奈良文化財研究所・奈良県立橿原考古学研究所・明日香村教育委員会による共同調査となり、二〇〇八年に『特別史跡　キトラ古墳発掘調査報告』と題する報告書が出された。以下は「石室報告」と省略しよう。

ふたつの報告によってキトラ古墳の工程を説明する。まずは後方尾根の南斜面を削って、半月形の平坦面を造成したあと、石室を組む場所を中心に土を入れて固く突き固める。石室に使われた石材はすべて二上山《にじょうざん》産の白色凝灰岩《ぎょうかいがん》であり、古墳時代の石棺や終末期古墳の石室によく見られる。石材は産地で粗方切り出しておいて、あとは現場で手を加えながら調整したようである。高松塚古墳の発掘調査では、石材を加工した際に出た凝灰岩の粉だけを集めて、盛土の層を重ねるたびに散布している状況が検出されている。逆に、大きなかけらはあまり出ない。他の場所に捨てられたのだろう。

床が仕上がると、壁となる石を立てて空間をつくり、天井をかけて仕上げる。墳丘は石室の構築にあわせて順次積み上げられる。よく締まる土を少しずつ盛りながら、キネで打って固める、いわゆる「版築《はんちく》」工法で築かれている。高松塚古墳ではキネの跡がたくさん検出されており、その直径は四センチばかりであった。キトラ古墳では、墳丘のなかに取り残された板の痕跡が検出された。墳丘の周囲に杭を打ちこみ、内から「入」字状に板を渡して多角形に枠をめぐらせ、その内側に土を入れて叩く工法が明らかになった。丁寧に発掘をすると、職人たちの技や苦労が千数百年のときを越えて伝わる。

図9（三一頁）は墳丘報告と石室報告に掲載された墳丘と墓道埋土《まいど》の断面図を合成した図である。ラインが食い違う断面図を無理やり合成したものであるため、参考程度に見ていただければ幸いである。積み上げ

るにしたがって版築の向きが山状に傾いてゆくのは、叩き締める方向が石室に向けられていったことの表れである。葬儀の際、石室前方の墳丘を削り落とし、両側面にほぼ垂直の壁をつくって棺を待ったことは調査で確認されている。版築層が美しい縞となった土壁の奥に白い石室が口を開けた光景が想像できる。

ただ、どうせ削り落とすならば、その箇所だけ版築をせず、空間として残しておけばよさそうだが、そのような工法をとった形跡は確認されていない。周りと同じように版築で盛土をしたのち、墓道を掘り直したようである。石室報告には、墳丘構築の際に石室の入口に閉塞石《へいそくいし》があてがわれていたと明記している。つまり、石室はいったんすべてを組み上げて墳丘のなかに密封し、そのあと墓道の部分だけを掘り直し、閉塞石を引き出して棺を迎えたものと推定されるのである。実に手間のかかる仕事である。棺が石室に収まれば、閉塞石を再び押しこみ、墓道を埋め戻すように版築が行なわれる。そのあと、土を上に重ねて墳丘を高く仕上げている。天井石の架設に伴って使用した土は粘質で、尾根からの水が流れてくる墳丘背後の土はやや砂っぽいという。水がどう浸みこみ、どう流れるかを考えながら墳丘の土を調整しているのである。ただ闇雲に盛り上げたのではない。

石室は床石《ゆかいし》四石、側石《がわいし》左右各三石、奥石《おくいし》一石、閉塞石一石、天井石《てんじょういし》四石の合計一六石をもって構築する設計であるが、東壁中央の側石が上下二石に分かれ、奥石が左右二石に分かれているため、一八石となっている。石材を分割したのは石材調達の都合であろう。どのみち石室の内面は漆喰で塗りこめられるため、石材の目地《めじ》は見えなくなる。逆に考えると、石工たちは内壁がすべて漆喰で覆われることを知っていたから、石を分けることができた、ともいえる。石室を組む作業において、石の隙間という隙間を漆喰で埋めながら進

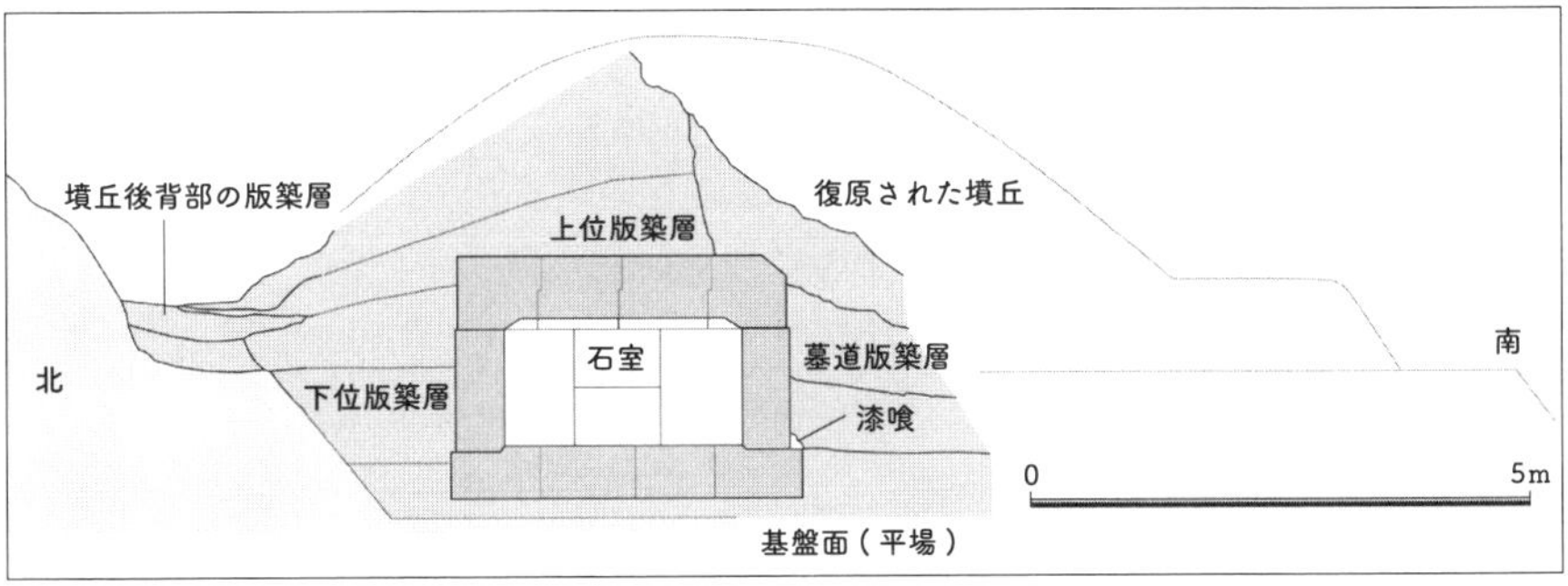

図9　キトラ古墳の墳丘断面図（明日香村教育委員会『キトラ古墳学術調査報告書』〈1999〉の墳丘断面図〈反転〉と文化庁他『特別史跡 キトラ古墳発掘調査報告』〈2008〉の墓道断面図を筆者が合成）

めていることから考えても、石工と漆喰を塗る左官とは同一集団か、あるいは常に仕事をともにしてきた仲間であろう。彼らが打ち合わせをしながら作業を進める光景が目に浮かぶ。

側石や天井石には接合面を中途で食い違わせて隙間やずれを防ぐ加工が見られる。石室報告では「相欠《あいがき》」と表現しているが、大工仕事での相欠は、角材などをしっかりと組み合わせる際の加工で、互いに深く欠けこませる。ボルトを通して強化する場合もある。塀や壁に貼る板などの隙間を防ぐ同様の加工は「相じゃくり」という。これらの石材に見られる凹凸が隙間を防ぐ程度の加工であると考えれば、相じゃくりと表現するほうが印象に合うのだが、相じゃくりは薄い板の加工として使われる場合が多いため、ここは報告にしたがっておこう。

相欠がなされた石は外側や上方から突出面をかぶせるように継いでゆくため、並べた順序がわかる。高松塚古墳での調査結果によると、床石は前から、壁石は奥から、天井石は前から順に並べたようである。ところで、二〇〇八年に出版した『高松塚とキトラ　古墳壁画の謎』の拙著（以下では「二〇〇八年の拙著」と略す）では、キトラ古墳の天井石を高松塚古墳のものと比べ、相欠の凹凸が逆であることをコラムに書いてしまった。これは

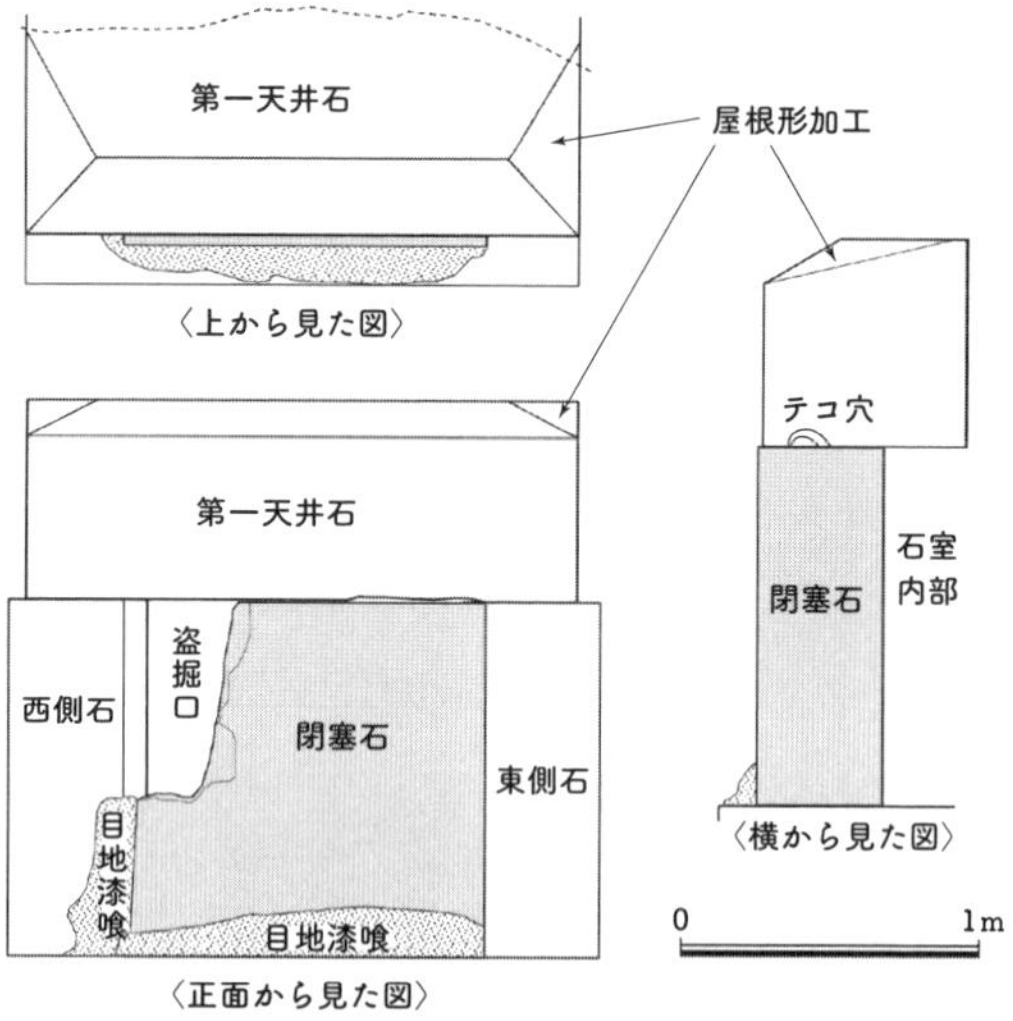

図10　キトラ古墳石室前面の実測図（文化庁等『特別史跡キトラ古墳発掘調査報告』〈2008〉の実測図を筆者がトレース）

中間報告を参考にした誤認であるが、ここで訂正しておかねばならない。石室報告では、石材の隙間にファイバースコープやピアノ線を挿入して調べ、高松塚と同様であると結論づけている。

石室の調査でわかった面白い加工がもうひとつある。四石が並べられた天井石のうち、最前列の天井石を見ると、外側の上面が屋根のように削られているのである。図10をご覧いただきたい。石室の調査報告書に掲載された実測図をわかりやすくしたものである。薄く灰色に塗った石が閉塞石であり、向かって左側の隅が縦方向に欠けているのは、中世に盗掘を受けたときの破壊である。側石の隅を面取りし、閉塞石の隅も面取りして、斜めの面をあわせるように前から押し当てて石室を閉じ、それでもできる隙間を埋めるため、たっぷりと目地《めじ》漆喰を塗って雨水の浸入を防いでいる。

そこまでして密閉してしまう石室であるにもかかわらず、天井石上面の三方を斜めに削り落とし、屋根のように見せている。その加工は墓道を掘り直した際に露出した前端部だけに留まり、後方の第二天井石までには及んでいない。葬儀の際に、あたかも棺が軒をくぐり、室内に入ってゆくような風情を出すための演出であろう。終末期古墳には家形石棺をそのまま墳丘に埋めて、棺を入れるボックスである「槨《かく》」にしたものが少なからず見られる。複数の石材で組み立てても、天井石を屋根形に削り、家形石棺の蓋に似せて仕上げたものもある。葛城《かつらぎ》市の旧當麻《たいま》町域で発見され、大津皇子の墓ではないかと推測される鳥谷口《とりたにぐち》古墳などは、その好例である（図11）。

（上）図11　鳥谷口古墳の家形石室（筆者撮影）
（下）図12　岩屋山古墳の羨道天井石（筆者撮影）

　ただ、キトラ古墳の屋根形加工を見たとき、私の頭には別の古墳が浮かんだ。岩屋山古墳（図12）である。大学の一回生の夏にこの古墳の発掘調査に参加したこともあって、なじみのある古墳である。埋葬施設は七世紀の前半から中頃にかけて流行した切石積みの精美な横穴式石室の典型である。羨道入口付近の天井に扉の鴨居を固定するための溝が彫られ、やや奥にも扉を立てるためと思える天井石の段差がある。二重の扉を開けてなかに入る非常にしゃれた石室が想定できる。その羨道の最前列の天井石に屋根形の加工が見える。やはりそれも埋葬時に屋敷の軒下へ入ってゆくような風情を出すものだろう。同様の切石積み石室に屋根形加工の例がいくつかあるので、その場限りの思いつきではない。こういう有様を見ていると、葬儀の際、石室の前面に高級感を高める飾り物がなされたのではないかとも思えてくる。あくまでも想像であるが。

2　解体調査で判明した高松塚古墳の石室

高松塚古墳はカビの発生による壁画の劣化を食い止められないことから、石室を解体して外部で保存処理を行なうために墳丘が取り除かれた。処理が終了すると、原状に戻すと聞いているが、どうであろうか。いずれにせよ、特別史跡である墳丘はすでに破壊されて、原状には戻せない。その代償として、極めて慎重な発掘調査が行なわれ、できる限りの情報を得る努力がなされた。現場で懸命に努力された方々には敬意を表したい。

調査の成果は文化庁・奈良文化財研究所・奈良県立橿原考古学研究所・明日香村教育委員会が共同で『特別史跡　高松塚古墳発掘報告―高松塚古墳石室解体事業にともなう発掘調査―』という報告書を出して世に示し、一般向けの普及版も二〇一七年に同成社から刊行された。インターネットでも閲覧できる。以下は「解体報告」と省略して、話を進めよう。

高松塚古墳の立地がキトラ古墳とよく似ていることは、すでに述べた。ただ、墳丘の築かれた斜面の勾配は高松塚古墳のほうが緩い。背後の尾根も低く、稜線から谷筋までの距離も近い。それでも、斜面に築くことには変わりないので、同じような工事が行なわれている。図13をご覧いただきたい。墳丘や地面を南北に断ち割って、西から眺めたものと仮定した図面であり、解体報告に示された断面模式図をトレースした。ま

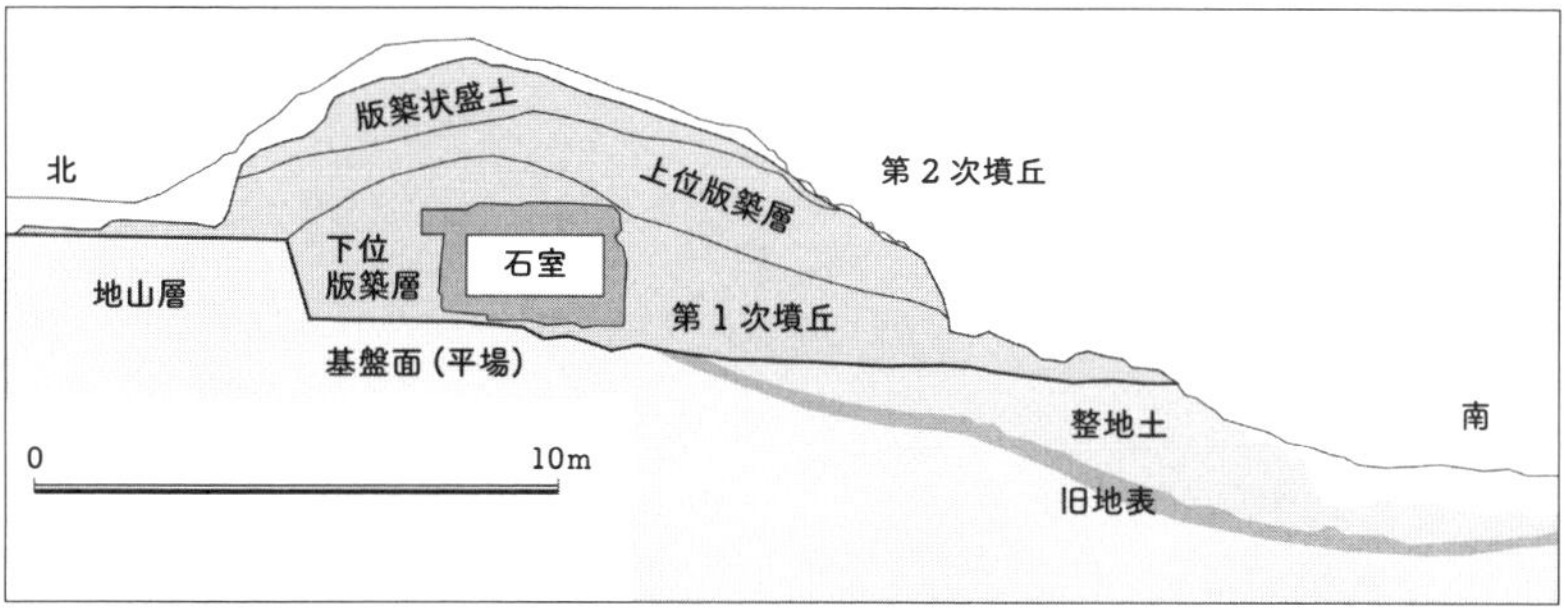

図13　高松塚古墳の墳丘断面模式図（文化庁等『特別史跡 高松塚古墳発掘調査報告』〈2017〉の図面を筆者がトレース）

ずは墳丘をつくる予定の斜面を削って平坦面を造成している。報告では「平場《ひらば》」と表現している。印象通りの言葉であるため、ここでも使わせていただこう。造成した平場の端に石室が組み立てられるが、前方の平場が狭いため、谷筋に向かって土が入れられる。報告では「整地土《せいちど》」と表現し、掘削と整地によってできた石室の構築面を「基盤面」と呼んでいる。石室は基盤面から若干浮いている。キトラ古墳と同様、床石を並べる前に土を入れ、平たくならしたようである。

とはいえ、縦に並べられた四枚の床石の厚みが不均一であるため、石の下に当たる土の高さを加減しながら、おおむね上面が平たくなるように据えられた。この段階で床石の周囲にも版築がなされ、石と版築面が同一平面となったところで石室の左右に各四本、前方に一本の杭を打って、水準杭《すいじゅんくい》とした。杭は細い丸太を使い、先端を鋭利に削り出して打ちこんでいた。それらに水糸《みずいと》を渡して水準を見ながら食い違った床石の上面を削り、ならして一面にしたようである。床の四辺はやや低く削り落とされ、そこに壁石があてがわれた。実に入念な加工である（図14）。

水準杭は床石の上面を水平にするための工夫であると報道されたが、床面は水平ではない。正確な三次元計測によると、床の北東隅を高さゼ

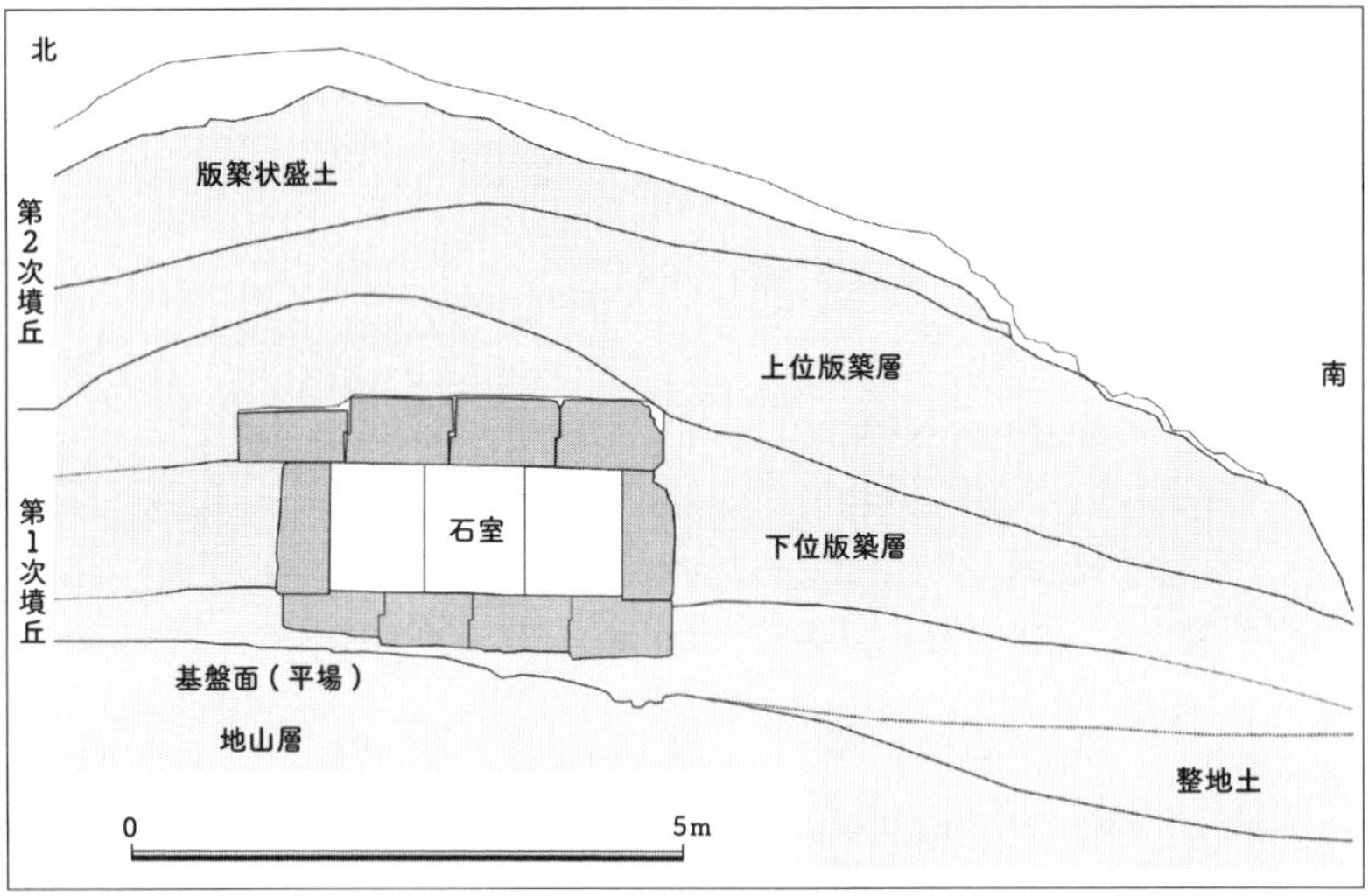

図14　高松塚古墳の断面図（文化庁等『特別史跡 高松塚古墳発掘調査報告』〈2017〉の図面を筆者がトレース）

ロとして、北西隅はマイナス一・八センチ、南東隅がマイナス五・六センチ、南西隅がマイナス七・一センチも低くなっている。床面が傾くことは以前から知られていたが、墳丘に大きな亀裂を生じさせた地震のなせることだろうと思われていた。たしかに東から西へ傾くことは地震のせいかも知れないが、奥から入口に向けての傾斜が故意であることを解体報告で指摘している。なぜなら、側石の下面を斜めに削り、床石の傾きを補正して、垂直に立ちあがるように工夫されていたからである。その加工によって、石工はマイナス一度の角度（高低差は四・五センチ）で床面を北から南に傾ける設計図を描いていたことがわかった。万一石室内に水が溜まっても、前方に排出されるようにとの配慮であろう。身震いがするほどのこだわりである。

　高松塚古墳の石室は解体されたため、すべての石材について六面の加工痕跡が入念に調べられた。それによって相欠《あいがき》が床石や天井石だけでなく、壁石をつきあわせる際にもなされていることがわかった。なおかつ、奥石を欠けこませて、両側石を当てていることもわかった。つきあわせる際には、接合面に漆喰を塗り、接着剤として使っていた。それでも生じた隙間には外から漆喰を入れ、円い棒で押しこむように詰めていた。継ぎ目の外にはナマコ壁（土蔵外壁の斜格子紋様）のように分厚く漆喰を盛り、徹底的に水の浸入を防いでいた。相欠の方向から、床石は前から、壁石は奥から、天井石は再び前から並べられたことがわかる。閉塞石の隅と側石の隅を斜めに面取りし、面と面をあわせていることもキトラ古墳と同様である。

以上のような施工技術や段取りの共通性は、キトラ古墳と高松塚古墳の石室が同一の石工集団によってつくられたことを物語っている。今のところ、この見解に異を唱える説は出されていない。さらには、同様の石室をもつ明日香村真弓のマルコ山古墳や平城宮跡北方の平城山《ならやま》丘陵に築かれた石のカラト古墳も同じ石工の集団に依頼したものと考えられている。

3　高松塚古墳はこう築かれた

高松塚古墳の解体報告では、古墳築造の過程がCG画像とともに解説されている。それにしたがって作業工程を整理しておこう。

①基盤面の造成

谷奥の北側斜面を削り、谷筋に向かって整地土を入れ、広い平場をつくる。墳丘の背後となる斜面には、掘削の結果、一・五メートルの段差ができるが、これはそのまま残される。

②排水溝の設置

平場の地面に、石室をつくる場所を取り巻くように平面「コ」の字形の溝を掘り、なかに石を詰めて暗渠《あんきょ》（地下の排水溝）とする。周囲からにじみ出る水が石室に迫らないための工夫であろう。暗渠はキトラ古墳でも検出されている。

③石室床石の設置

削り出した基盤面に土を入れて固く叩き締め、石室の床石を前から順に四石並べる。床石の周囲にも版築を行ない、水準杭を打って水糸を張ったのち、床石の上面を平坦に加工する。

④石室壁石の設置

床石の四辺にめぐらせた彫りこみの段差に落としこみながら、北から奥石一石、側石左右各三石、閉塞石一石の合計八石を順次立てて四壁をつくる。石室の壁に向かって、外側から版築を行ない、壁石の高さまで墳丘を盛り上げる。

⑤石室天井石の設置と被覆

石室の上に天井石を四石並べ、それらを覆うよう版築を行ない、最前列の天井石がわずかに見えるほどまでに墳丘を盛り上げる。天井石は最後列の一石が他よりは薄く、なおかつ後方へ大きく突き出ていた。前三石の天井石を全体に少し後ろにずらせば、天井を覆い隠せるが、石工の棟梁はそう命じなかった。あえてわずかな隙間のために一石を使ったのである。

⑥ 墓道の掘削と閉塞石の取り外し

少し露出した最前列の天井石を目印として墓道を掘り直し、両側の壁は垂直に削り落とす。閉塞石の下に穿った鋸歯《きょし》状の欠けこみにテコの先を入れて少しずつ前にずらしながら、慎重に取り外す。そのあとは墓道の地面に敷いた四本のコロレールの上に丸太（コロ）を並べ、閉塞石を前方へ運び出す。閉塞石は寝かさず、立てたまま移動させたようである。ただ、後述するが、閉塞石を動かすだけで、四本のコロレールが必要なのだろうか。疑問が残る。

⑦ 内面漆喰の塗布と壁画の描画

石室内の天井と壁に下地《したじ》漆喰を塗り、表面を白壁として画家たちを待つ。壁面が乾いた頃に画家たちが訪れ、壁画の制作にとりかかる。前に出された閉塞石にも白壁が施され、おそらくは朱雀図（消滅）が描かれる。

⑧ 棺台の設置

壁画が仕上がれば、床面にもざっと漆喰を塗り、木製の棺台を置く。棺台を置いた部分は床面の漆喰がわずかに凹んでいた。また南側では、棺台の横滑りを防ぐために上塗りした漆喰が明確な段差となって残っていた。このような痕跡によって台の長さと幅が判明した。さらには、東壁女性像の付近に棺台が地震の揺れで衝突してできた傷が残っていたため、高さもわかった。解体報告によると、長さ二一七センチ、幅六六センチ、高さ一七センチの箱型の棺台が想定できるという。出土した破片によって復原された漆塗り木棺の長さは一九九・五センチ、幅は五八センチ前後であるため、ちょうど一回り広い棺台が先に設置されたことになる。棺台と壁との隙間は一九センチ弱であるから、石室に棺を収める人が内側を向いて棺を抱え持つスペースはない。おそらく前からずれないように棺をすべりこませたのであろう。キトラ古墳にも石室の床に塗られた漆喰に長さ二〇〇センチ、幅六八センチばかりの棺台が置かれた痕跡が残っていたが、そちらは箱型ではなく、四角い枠状の脚に天板をつけたような形であった。

⑨葬儀の挙行

壁画が描かれ、棺台が設置されてから、どれほどの時間をおいて棺が石室に入ったのかを知りたいところではあるが、そのことを計る痕跡は検出されなかった。常識的に考えて、それほど長い時間ではなかろう。葬儀にかかわる遺物も発見されていないため、その模様は文献資料に頼らざるを得ない。後述する。

⑩閉塞と埋戻し

棺が収まれば、前方によけてあった閉塞石をコロで運び、あとは元通りに押し当てる。閉塞が終われば、コロレールを外し、版築による埋戻し作業に入る。墓道が埋まれば、周りの墳丘も含めて上部に版築を重ねる。この版築の固さは下位の版築に及ばない。下位の版築は石室を固定するもの、上位の版築は墳丘の高さを増すものと考えてよかろう。

⑪古墳の整形

上位版築が終われば、さらにその上に土をかぶせて、墳丘の形を整える。最終的に環状の周溝をもつ二段の円墳に仕上げられるが、そのような整形はこの段階で初めてなされるものである。ところで、石室解体後に復原された墳丘は頂部をやや平たく仕上げているが、こうすれば、截頭円錐台《せっとうえんすいだい》（真横からは台形に見える円錐）の墳丘に見え、土饅頭形に復原されたキトラ古墳とずいぶん印象が違う。その一方で、解体報告の「墳丘の復元」報告には「墳頂部に平坦面が設けられていたとみられる積極的な理由は存在しないといえる」と結んでいる。いったいどちらなのだろう。復原は見る者に強烈な印象を刷りこんでしまうため、慎重さが求められる。

三　飛鳥時代の葬儀風景

1　両古墳の墓道に残るコロレールの跡と謎の穴

これほど綿密で慎重な発掘調査を経ても、今ひとつわからない謎が残された。墓道のコロレールと一対の浅い穴である。コロレールは重量のある物体を移動させる際に、木材を鉄道のレールのように敷き、その上に均一の太さのコロを並べ、物体を載せて転がすものである。後方に残ったコロを前方に送ってゆけばよいから、コロの数はさほど必要ない。合理的で簡単な運搬法であるため、古今東西を問わずに採用されてきた。物体が不整形の石である場合は、修羅《しゅら》という大型のソリに載せ、修羅の下にコロを並べて引く。修羅は大阪府藤井寺市の三ツ塚《みつづか》古墳や京都市の鹿苑寺《ろくおんじ》境内で出土し、長い期間使用されたことがわかっている。図15はキトラ古墳と高松塚古墳の墓道で確認されたコロレールの痕跡である。どちらの古墳にもコロレールが平行に四本敷かれていた。墓道の前方が破壊を受けているため、どれほど遠くまで敷かれたのかは不明であるが、末端はいずれも石室床石の手前で止まっている。

キトラ古墳の石室報告では「ほぼ五〇センチを隔てて等間隔に並ぶ四条の素掘溝である。溝幅は二〇センチ前後、溝の横断面形は半円形で、深さは最大で八センチである。いずれも（墓道の）床面と同質の茶褐色

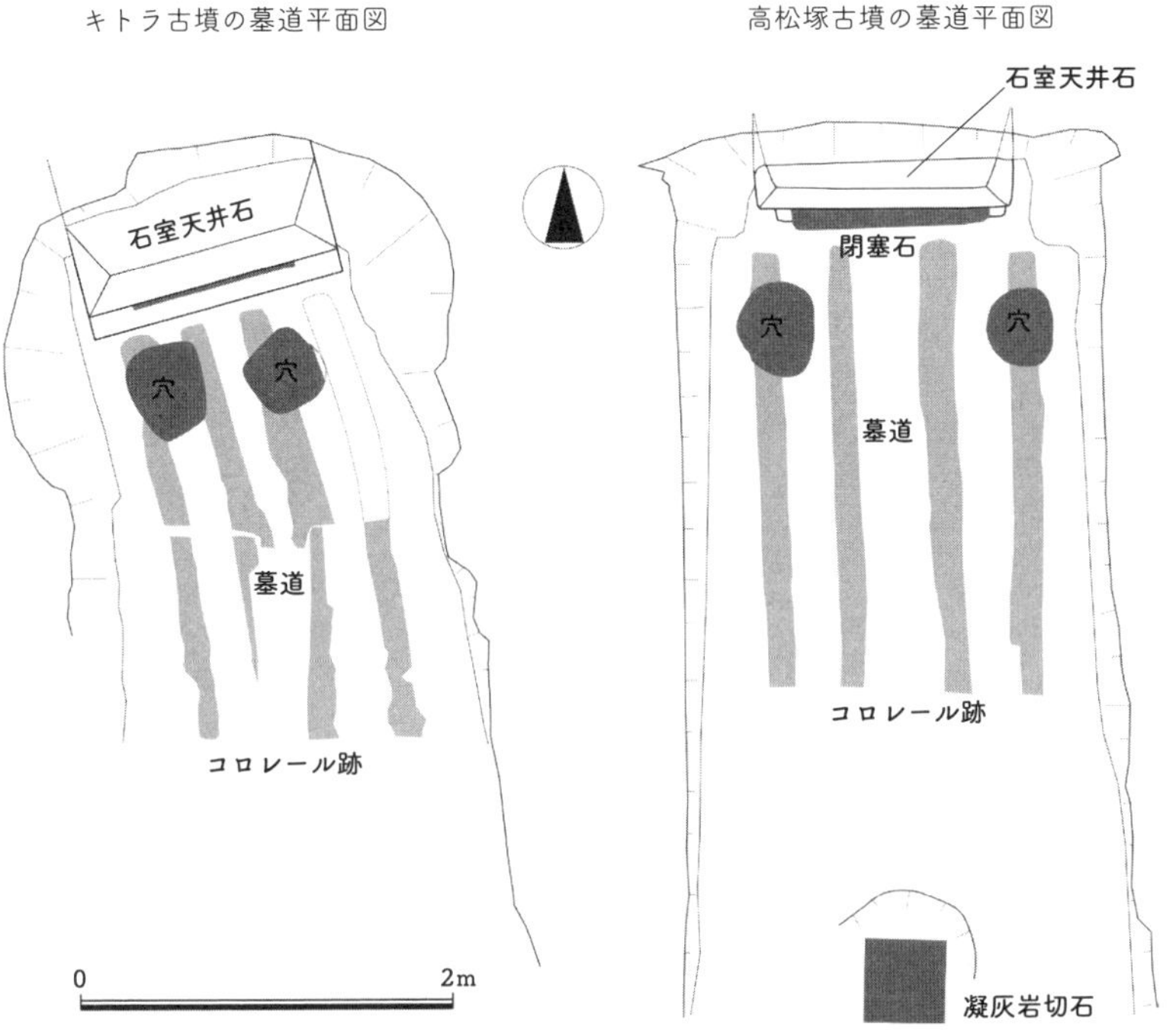

図15　キトラ古墳と高松塚古墳のコロレール跡（文化庁他『特別史跡 キトラ古墳発掘調査報告』〈2008〉と文化庁他『特別史跡　高松塚古墳発掘調査報告』〈2017〉の図面を筆者がトレース）

粘質土で埋めてあり、一連の仕事で埋め戻されたものだろう」と推測している。また、高松塚古墳の解体報告では、「墓道底面には四本のコロレールが設置され、南壁石の開閉に使用されるが、墓道の埋戻し前には撤去」されたと記す。

ここで疑問に思うのは、その役割である。解体報告が記すように、南壁石、つまり閉塞石の開閉のためにコロレールが使用されたのであろうか。コロレールは四本も敷設され、高松塚古墳での最大幅は一・八メートルばかりである。一方、閉塞石の幅は一・四メートル足らずであるため、不必要な幅となる。閉塞石の開閉用であれば、二本のコロレールで十分ではないか、と思える。しかもコロレールは墓道の端まで伸びている。閉塞石をそこまで遠く石室から離す必要があったのだろうか。かといって、葬儀の前後や葬儀の最中にこのようなコロレールを使ってまで運搬しなければならない重量物は想定しにくい。謎である。

さらにわかりづらい痕跡がコロレールの溝を切るように掘られた一対の穴である。いずれの古墳にも同様の位置に同様の浅い穴が掘られている。穴はコロレールを撤去して溝を埋め戻したあとに掘られ、かつまた、墓道の埋土から掘り抜かれたものでないため、ほんの一時の使用で終わったものである。キトラ古墳のものは直径が五〇~六〇センチ、深さが二〇センチ程度で、断面はすり鉢状であった。高松塚古墳のものも同様であるため、両者の機能は同じであると考えられる。穴の埋土には柱の痕跡はなかったという。ただ、わずかな期間、太く低い柱を立てて、固定するための埋土を踏みつぶすように埋め戻せば、柱痕など残りようがない。痕跡がないから柱が立てられなかったとはいえまい。

閉塞石のすぐ近くにあるので、最後に石を押しこむための施設であることも考えられるが、両古墳とも石材の扱いは金テコによるものであることが、石の端に彫られた数多くの欠けこみで判明している。すり鉢状の穴を使って石を押しこむ原理もよくわからない。二〇〇八年の拙著では低い鳥居のようなものが建てられたのではないかと推測したが、その説を否定する痕跡も肯定する痕跡も結局は見つからずじまいである。いずれにせよ、考古学的な考察はこのあたりが限界である。あとは文献資料に頼るほかない。

2　古墳へ続く谷筋の道

すり鉢状の穴のことは、ひとまず謎のままにしておき、墓前で挙行された葬儀に触れておこう。『日本書紀』には飛鳥時代の葬儀に関するいくつかの記載がある。なかでも興味深いのは斉明天皇の送葬記事である。読んでみよう。

（天智）六年《むつのとし》（六六七）の春二月《はるきさらぎ》の壬辰《みずのえたつ》の朔《つひたち》戊午《つちのえうまのひ》（二七日）に、天豊財重日足姫《あめとよたからいかしひたらしひめの》天皇《すめらみこと》と間人皇女《はしひとのひめみこ》とを小市岡上陵《をちのをかのうへのみささぎ》に合《あは》せ葬《かく》せり。是《こ》の日《ひ》に、皇孫大田皇女《みまごおほたのひめみこ》を陵《みささぎ》の前《まへ》の墓《はか》に葬《かく》す。高麗《こま》・百済《くだら》・新羅《しらぎ》、皆御路《みなおほち》に哀奉《みねたてまつ》る。皇太子《ひつぎのみこ》、群臣《まへつきみたち》に謂《かた》りて曰《のたま》はく、「我《われ》、皇太后天皇《おほきさきのすめらみこと》の勅《みことのり》したまへる所《ところ》を奉《うけたまは》りしより、萬民《おほみたから》の憂《うれ》へ恤《めぐ》む故《ゆゑ》に、石槨《いはき》の役《えだち》を起《おこ》さしめず。冀《ねが》ふ所《ところ》は、永代《ながきよ》に以《も》て鏡《あきらかなる》誡《いましめ》とせよ」とのたまふ。

斉明七年（六六一）年七月二四日に筑前国の朝倉宮で客死した斉明天皇の尊骸は、十月二三日に難波津まで運ばれ、十一月七日から飛鳥の川原で殯《もがり》が始められた。発哀《はつあい》の儀は九日間に及んだという。その後、中大兄皇子は百済再興の遠征に手をとられ、白村江の敗戦後は九州から畿内にいたるまでの山城建設に専念し、この葬儀の翌月には近江への遷都を強行した。そのような慌ただしい時期であったためか、母である斉明天皇の「石槨の役」を停止した。放棄された石槨は貝吹山の近くに残る益田岩船《ますだのいわふね》と考えられる。あの巨石を尾根づたいに八〇〇メートルばかり南にある牽牛子塚《けんごしづか》古墳まで運び、天智四年（六六五）二月二五日に薨去《こうきょ》した間人皇女との合葬陵にする予定であった。多くの役夫が犠牲になりそうな難工事をやめ、墳丘内に現存する二上山産凝灰岩の石室に替えたものと、私は見ている。それでも大工事にはなるのだが。

合葬用に設計された石室をもち、整然とした八角形墳である牽牛子塚古墳は、真の斉明天皇陵であると多くの研究者が推測し、大田皇女の墓として不思議でない、入念に仕上げられた刳貫式《くりぬきしき》石槨（越塚御門《こしつかごもん》古墳）が『日本書紀』の記載通りの位置から二〇一〇年に発見されたこともあって、さらにその可能性が高まっている。

牽牛子塚古墳（図1❼）は高取川に向けて口を開く、奥行き六五〇メートルばかりの谷の最奥部北寄りに築かれている。中国の南朝陵墓に類似する理想的な谷を景観域とする古墳である。しかも、キトラ古墳や高松塚古墳のような斜面に密着する立地ではなく、短いながらも腰の高い尾根上に築かれた「谷奥部突出型」の立地をしており、私の視点から見ても天皇陵とするにふさわしい古墳である。

さて、『日本書紀』の記事に見られる高句麗・百済・新羅の使者たちが発哀したという御路であるが、谷筋の発掘調査が行なわれていないため、まだ未発見である。ただ、越塚御門古墳の石槨前には人頭大の石で縁取られ、小石の敷き詰められた幅一メートルの道が四メートルにわたって検出されている。このような道が谷筋にも設けられていたのではないかと想像している。というのも、同時期の中国では皇帝陵の正面に石造物を並べた神道（陵墓の参道）を設けることが制度化しており、外国の使者に対する権威づけになっていたからである。御路で三韓の使者に発哀させたことも、唐の国勢に追いつこうとする意識の表れではなかろうか。

ところで、谷筋を御路とすることは、南朝陵墓に例が見られる。図16（四八頁）は江蘇省の南京市や丹陽市に分布する東晋・宋・斉・梁・陳時代の陵墓を四〇基以上調査し、その結果として得られた考古学的な情報と文献資料を基にして描いた南朝時代の皇帝葬儀風景である。色々な要素を描きこんでいるが、注目していただきたいのは、石造物が並べられた神門とそこから墳丘へ向かう神道である。

南朝陵墓では、谷奥に墳丘を築くため、周囲の水が集まりやすく、そのため墓室内の排水施設が充実している。墓室の水は墓前から谷筋に沿って長く伸びるレンガ積みの下水道で神門の方向へ排出される。その下水道の上が神道になっていたと考えられる。門前の石造物のうち、柱状のものは華表《かひょう》と呼ばれ、上方に彫り出された石板の額に被葬者の名が刻まれる。横に建てた墓碑によって生前の偉業も伝えられる。葬儀のときだけでなく、後の皇帝が謁陵《えつりょう》（墓参り）を行なう際にも、神門に立って陵を仰ぎ見た。仏教を信奉し、「皇帝菩薩」と呼ばれた梁の武帝が大同一〇年（五四四）、四二年ぶりに亡父と亡母の墓である蘭陵郡（丹陽市周辺）の建陵に墓参したことが『南史』「梁本紀」に見える。

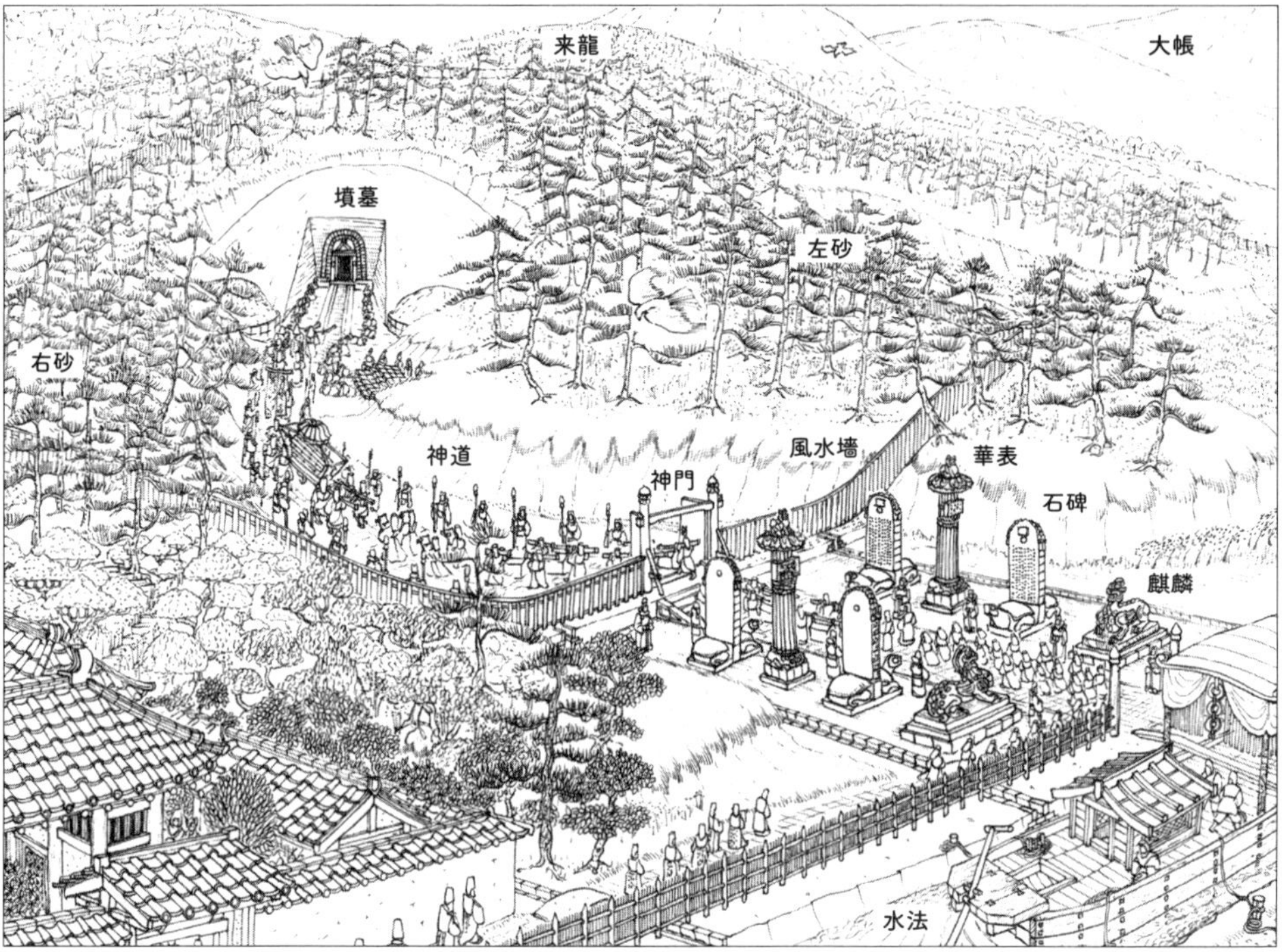

図16　南朝陵墓の葬儀風景（筆者の想像復原図）

三月甲午《さんがつこうご》（一〇日）、蘭陵《らんりょう》に幸《みゆき》し、庚子《こうし》（一六日）建陵《けんりょう》を謁《えつ》す。紫雲《しうん》有《あ》りて陵《りょう》の上《うへ》を蔭《おほ》ひ、食《しょく》（膳の供え）の頃《ころ》乃《すなは》ち散る。帝《みかど》、陵《りょう》を望《のぞ》みて涕《なみだ》を流《なが》す。霑《うるほ》し所《ところ》の草《くさ》、皆変色《みなへんしょく》す。陵《りょう》の傍《かたは》らに枯泉《こせん》有《あ》り、是《これ》に至《いた》りて水流《みずなが》れ香《かほ》ること潔《きよ》し。

武帝の父、梁文帝の建陵は今も田園に石麒麟・石華表・石碑が一対ずつ並び、神道の幅は一七メートルと広い。そこから西へ五〇〇メートルばかりで谷奥に突き当たる。付近の土地は平坦で、谷も穏やかである。陵の傍らに泉があるという記載もうなずける地形である。ここで大事なのは、武帝が陵を「望んだ」という表現である。墳丘から離れたところで遥拝したのだろうか。紫雲が陵の上を覆っているように見えたのも、遠くから眺めていたことの証である。おそらく武帝は墓前ではなく、石造物の並ぶ神門において謁陵の儀式を行なったのだろう。

この記事を引用したのは、奈良時代にも似たような場面があったからである。『続日本紀』天平神護元年（七六五）十月の記事を読もう。藤原仲麻呂の乱を切り抜け、重祚《ちょうそ》した称徳天皇（孝謙天皇）が翌年に平城宮から飛鳥を経て、紀伊国へ行幸した際の記事である。

是《こ》の日《ひ》（十月一三日）、大和国高市郡《やまとのくにたけちのこほり》の小治田宮《おはりだのみや》に到《いた》りたまふ。壬申《みずのえさるのひ》（一四日）、車駕《きょが》、大原《おほはら》・長岡《ながをか》を巡《めぐ》り歴《へ》、明日川《あすかがわ》に臨《のぞ》みて還《かへ》りたまふ。癸酉《みずのえとりのひ》（一五日）、檀山陵《まゆみのみささぎ》を過《す》ぐるときに、陪従《ばいじゅ》の百官《ひゃくくわん》に詔《みことのり》して、悉《ことごと》く下馬《げば》せしめ、儀衛《ぎゑい》にその旗幡《はたま》を巻かしめたまふ。

平城宮を出て、その日のうちに飛鳥の小治田宮（小墾田宮）に着いた天皇は、翌日に大原（小原）、長岡（岡）、明日川（苑池遺跡付近か）をめぐり、その翌日に飛鳥を出発した。途中に通過した檀山陵とは、称徳天皇からすれば曽祖父に当たる草壁皇子の墓であり、越智丘陵の佐田に築かれた束明神古墳《つかみょうじん》（図1⑯）が有力な候補地である。古墳の発掘調査報告書を執筆された河上邦彦《かわかみくにひこ》氏は、一行が通った道は今も痕跡が残る紀《き》路《じ》であろうと推測された。その通りであると思う。

ただ、束明神古墳は高取国際高校と櫛玉命《くしたまのみこと》神社の間に口を開く、奥行き一キロばかりの蛇行した谷の奥にあって、紀路からは見えにくい。たとえ墳丘が見えたとしても、陵号を記した大きな標柱が立っているわけでもなかろうから、持統三年（六八九）に薨去し、七〇年あまりも経過した草壁皇子の檀山陵であると、どうしてわかったのだろうか。下馬し、旗幡を巻くことを、横切る際に命じていることからも、紀路からほど近い場所に陵前であることを示す標柱か門、あるいは鳥居のような施設が建てられていたと考えるのが自然である。そこは紀路が束明神古墳の景観域の開口部を横切る櫛玉命神社のあたりかも知れない。開口部に神門があり、谷筋に敷設された神道を遡って墳丘にいたる南朝陵墓のような兆域設計が終末期古墳の時期より採用されたのではないかと、私は予想している。将来において、この予想を明かす遺跡が発見されるのを待つばかりである。

3　貴人の葬儀風景

墓前の景観が見えてきたところで、実際に行なわれた墓地での葬儀を文献資料から再現してみよう。頼る史料は養老律令の「喪葬令《そうそうりょう》」である。平安時代前期の官人、惟宗直本《これむねのなおもと》の手になる『令集解《りょうのしゅうげ》』に遺された条文に次のような送葬用具の規定が見える。少し引用が長いが、条文を省くのはあまり宜しくない。

①凡《およ》そ親王一品《しんのういっぽん》には、方相《はうさう》・轜車《にしゃ》各《おのおの》一具、鼓《く》一百面《めん》、大角《だいかく》五十口《く》、小角《せうかく》一百口、幡《ばん》四百竿《かん》、金鉦《こむしやう》・鐃鼓《ねうく》各二面、楯《たて》七枚《まい》、発喪《はちあい》三日。

②二品《にほん》には、鼓八十面、大角四十口、小角八十口、幡三百五十竿。

③三品《さんぼん》・四品《しほん》には、鼓六十面、大角卌口、小角六十口、幡三百竿。其れ轜車・鐃鼓・楯・鉦、及び発喪の日は、並に一品に准《なぞら》へよ。

④諸臣の一位及び左右の大臣は、皆二品に准へよ。

⑤二位及び大納言は、三品に准へよ。唯《ただ》し楯・車を除《のぞ》け。

⑥三位には、轜一具・鼓四十面、大角廿口、小角四十口、幡二百竿、金鉦・鐃鼓各一面、発喪一日。

⑦太政大臣には、方相・轜車各一具、鼓一百四十面、大角七十口、小角一百四十口、幡五百竿。金鉦・鐃鼓各四面、楯九枚、発喪五日。

⑧以外《いぐゑ》の葬具《さうぐ》及び遊部《あそびべ》は、並に別式《べちしき》に従《なぞら》へよ。

⑨五位以上及び親王、並に轜車及び帷帳《ゆいちょう》を借《か》り、若《も》しくは私《わたくし》に備えむと欲《おも》はば聴《ゆる》せ。

品位		方相	轜車	轜	鼓	大角	小角	幡	金鉦	鐃鼓	楯	発喪
親王	一品	1	1		100	50	100	400	2	2	7	3日
	二品		1		80	40	80	350	2	2	7	3日
	三品・四品		1		60	30	60	300	2	2	7	3日
諸臣	太政大臣	1	1		140	70	140	500	4	4	9	5日
	一位・左右大臣			1	80	40	80	350	2	2		3日
	二位・大納言			1	60	30	60	300	2	2		3日
	三位			1	40	20	40	200	1	1		1日

表1 「喪葬令」に規定された親王・諸臣の葬具と発喪（筆者作成）

⑩女も亦、此に准へよ。

奈良時代に完成した規定であるため、キトラ・高松塚古墳の時代にそのまま当てはめてよいのかどうかが問われるところであるが、孝徳天皇が発した大化二年（六四六）三月甲申（二二日）の詔、いわゆる「大化薄葬令」によれば、王以上の葬儀には帷帳に白布を用い、轜車を使うこと、上臣や下臣の葬儀も帷帳に白布を用いるが、轜車は使わず、肩で担いで行くこと、庶民の場合は帷帳に麁布《あらぬの》を使うことなどを命じており、規定の萌芽が見られる。

天武一二年（六八三）に壬申の乱で功績のあった大伴連望多《おおとものむらじまぐた》（馬来田）が急死した際、鼓吹を発して葬ったことが『日本書紀』に記される。鼓や大小の角笛をはじめ喪葬令に見える送葬の鳴り物や旗幡は、キトラ・高松塚古墳の時代にも使用されたと考えてよかろう。

表1には「喪葬令」の規定をわかりやすく示した。一品親王と太政大臣に限って使用されたのが方相の具である。方相とは儒家の経典である『周礼《しゅらい》』「夏官」に記される方相氏のことで、四ツ目のついた黄金の仮面をつけ、熊の毛皮をはおり、赤い裳《も》をはき、左手に楯、右手に戈《ほこ》（横刃の鉾）を持って邪気を追い払う演者であり、追儺《ついな》にも葬儀にも動員される。喪葬令では一具と記すことから、方相氏が使う面具や楯・鉾の一式であろう。幡は今でいうノボリである。送葬の途次には

前後左右に隊列を組み、最終段階では墓前から伸びる道の左右に長い列をなしたものと思われる。

帷帳とはトバリのことであるが、今日の葬式に建てられるテントのことではなかろう。テントは当時の用語で「次《じ》」という。帷帳の使い方は中国の史書に参考となる記載がある。倭の五王の出典として知られる『宋書』の「礼志」に次のような記事がある。

宋文帝の元嘉《げんか》十七年（四四〇）七月壬子《じんし》、元《げん》皇后崩《ほう》ず。兼司徒《けんしと》・給事中《きゅうじちゅう》の劉温《りゅうおん》、節《せつ》持《も》て喪《そう》を監《み》る。神《しん》虎門《こもん》に凶門《きょうもん》を設け、柏歴《はくれき》は西上閣《せいじょうかく》に至る。

文帝の元皇后の袁斉嬀《えんせいぎ》が宋の都、建康《けんこう》（現南京市）の顕陽殿《けんようでん》で崩御し、劉温が葬儀を取り仕切ったときの話である。凶門が設けられた神虎門はその名から顕陽殿の西門と思われ、門から西上閣までの距離は不明であるが、わざわざ礼志の話題になっていることから、それなりの距離があったはずである。そこに柏歴を連ねたことを記した記事である。

凶門とは骨となる木柱の周囲に細い竹をめぐらせて束ねた「表」という標柱を一対で立てたもので、宮中や屋敷で死者が出たことを示す標識である。南朝陵墓の華表にその痕跡が見られる。柏歴は喪帳ともいい、出棺の道に張り渡すトバリである。漢代から始まった新たな葬俗であり、贅沢で無駄だからやめよと、礼官たちの非難の対象となった。逆にいえば、通俗化していた。

そういう風俗は簡単にはなくならず、清代の翟灝《てきこう》（一七一二―八八年）が著した『通俗編』の「儀節」には「今の喪家《そうか》、白絹《はっけん》を結びて旒《りゅう》と為し、門外に表す」と記録している。凶門・柏歴に用いられた竹や布の組み合わせといえば、今日の我が国でも葬式で樒《しきみ》を並べる際、白布や青竹を使用する。偶然の一致ではない気がする。

喪葬令に規定された帷帳も貴人は白布を用いた。どこに、どういう姿で張られるのかは律令に記していないが、借りてまで使用するケースがあるのだから、葬儀には不可欠のトバリであったことは確かであろう。ただ、宮門や宅門から墓地までの距離は遠すぎる。私は兆域の門から石室まで張り渡された白布ではなかったかと想像している。

それにしても、送葬の儀式に動員される人の数が多いのには驚く。規定された鼓や角笛や幡を一人ずつが持ったとすれば、一品親王では七〇〇人近く、太政大臣ならば九〇〇人近くの、今風にいうスタッフが動員されたことになる。これに親族や来賓を加えると、古墳の前にどれほどの参列者が集まったことか。

高松塚古墳の東壁男性像が持つ傘蓋《さんがい》は、絹布と飾り布の配色が一位の持ち物であることを示している。被葬者がそれほどの身分であれば、古墳の谷が埋まるほどの人数が哀哭の儀に参列した可能性が高い。高松塚古墳では壁石南端の切欠（面取部）にまで内壁の白漆喰が塗られていた。外観を意識した左官の仕事である。石室南端の五メートル先には哀哭を捧げる礼拝石とも思える二尺四方の切石が置かれ、少なくともその位置からは石室内をうかがえる。複数の参列者が石室をのぞきこめたとすれば、白無垢の壁に浮かぶ極彩色の壁画を鑑賞し、語り草にすることだろう。少なくとも画家は、大衆に見られることを覚悟して制作に打ちこまなければならない。手は抜きづらい。

II　描こうとした壁画世界

一　壁画の構成と保存状況

1　壁画は被葬者の視点から見よう

すでに表明したように、短い期間のなかでも、キトラ古墳が高松塚古墳に先立って築造されたものと確信している。壁画についての推論もすべてその順序を前提として行なう。その前提が崩れると、多くの点で表現を訂正しなければならなくなるのは、覚悟の上である。まずはキトラ古墳の壁画を紹介しよう。

図17（五八頁）をご覧いただきたい。キトラ古墳の壁画展開図であり、かなり苦労して制作している。壁画は発表されたキトラ古墳の彩色写真を拡大してトレーシングペーパーをかけ、筆でトレースした図面を縮小して石室の各面に貼りつけた。天文図は奈良文化財研究所が二〇一六年三月に刊行した『キトラ古墳天文図　星座写真資料』の図面をパソコンでトレースして貼りつけている。壁画を筆でトレースをしたのは、形を写す一方、画家の筆遣いを感じるためであり、この作業を通じて得た情報は多い。他方、天文図は絵画というよりは、金箔と朱線で描いた図面であるため、正確に図形を写し取れればそれでよかろう。芸術性をそこに感じる必要は、あまりない。図18（五九頁）に掲げた高松塚古墳の展開図も同様の作業で作成した。

二〇〇八年の拙著『高松塚とキトラ　古墳壁画の謎』に掲載した展開図も同じように制作したが、正確さはこの書の図面が上回る。というのも、拙著出版後に正式な報告書が出され、精度の高い石室の図面とフォトマップが提示されたからである。私の技術が向上したからではない。

そこで改訂版の展開図を見ていただこう。まずは東西南北の話である。展開図の上を北、下を南としたのは地図と変わりない。ところが、東西は逆転させている。これは壁画が被葬者に贈る絵画であるとの前提に立ち、北枕で仰向いて横たわる被葬者から見た展開図にしたためである。地図は上空から見下ろした地表のありさまであるが、壁画は床から天井を仰ぎ見るように眺めるのが正当であろう。よって、東西が逆転する。

北枕であったと考えるのは、高松塚古墳では上半身の遺骨が北壁近く、キトラ古墳では人骨・歯牙・刀装具が石室の北半部に集中している状況を見ての推理であり、報告書では断言を避けている。いずれの古墳も盗掘によって荒らされ、盗掘口から土砂が流入して骨歯が移動した可能性も捨てきれないからであろう。ただ、畿内では古墳時代から遺体を仰向けて北枕にする埋葬が慣例化していたため、画家もそのことを想定して壁画の構成を考えたはずである。ということで、この展開図を頭上に掲げ、四壁がだらりと下に垂れてくるような立体を想像してご覧いただきたい。そうすれば、被葬者と同じ方向から壁画を鑑賞できる。といっても、壁画はすべてが残っていたわけではない。どのような壁画が保存されていたのかを、面ごとに解説しておこう。

2　天文図と日月の保存状況

キトラ古墳の天井は内面をあらかじめ彫りくぼめ、屋根形に刳《く》りこませている。同じような石室をもつマ

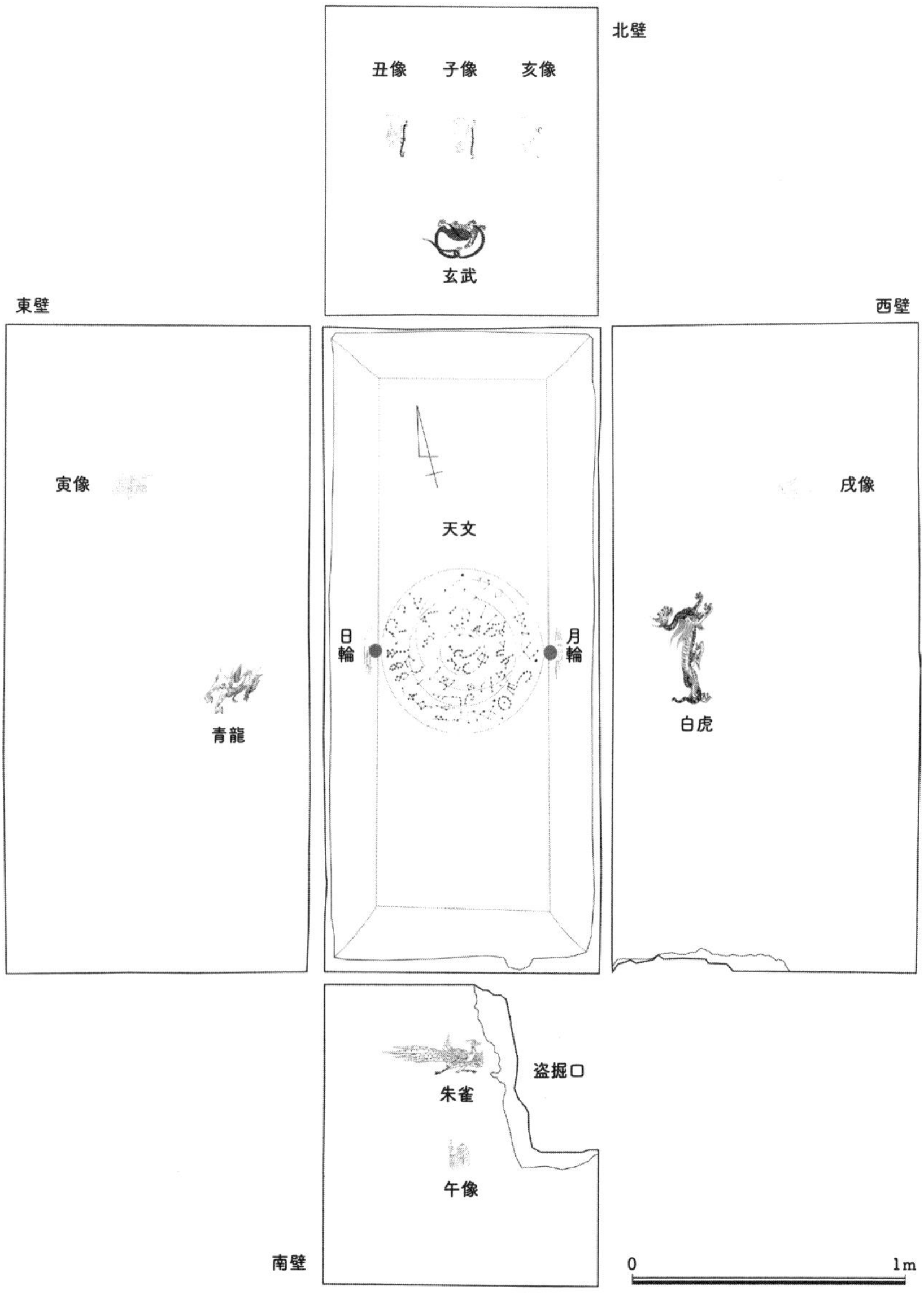

図17　キトラ古墳の壁画展開図(著者作図)

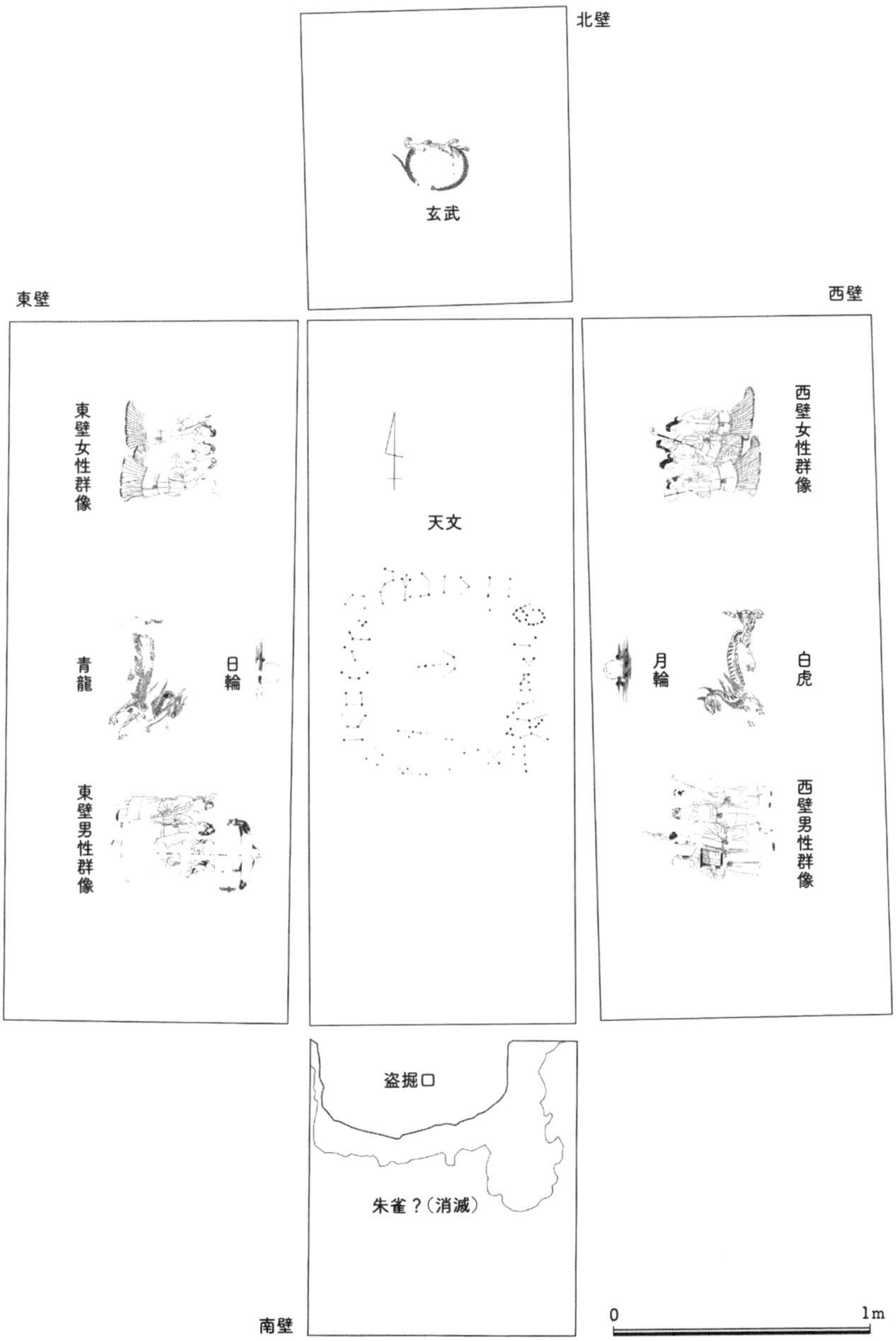

図18 高松塚古墳の壁画展開図（著者作図）

ルコ山古墳や石のカラト古墳でも同様の刳りこみがなされているため、むしろこちらが普通であると考えたほうがよい。横穴式石室に残る家形石棺の蓋にも同様の刳りこみがよく見られる。家形石棺に先行する形式の割竹形石棺・舟形石棺・長持形石棺などでは、蓋の外面にあわせるように深い刳りこみが施されている。さらにいえば、割竹形木棺も同様である。たいていは天井を平たくしても支障がないほど棺の身を深く彫りこんでいるのだが、それでも蓋を刳りこむのは被葬者が窮屈な思いをしないようにとの配慮であろうか。

一方、高松塚古墳では刳りこみのない平坦な天井で、最近の報告では「平天井《ひらてんじょう》」の用語で統一している。それにしたがおう。石工としては手間がひとつ省けるのであるが、やはりなかをのぞきこんだときの窮屈感は否めない。二〇〇八年の拙著では「石工の勝手な変更である」と結論づけてしまったが、そうでないかも知れない。そのことはこの書の核心になることなので、あとでしっかりと論じたい。

さて、キトラ古墳の屋根形天井では、天井面が中央の水平面と周囲の斜面に分かれる。水平面の中央には、内規・赤道・黄道・外規の四圏をコンパスで朱書し、そのなかに星座を配置した天文図が描かれ、外規の東辺と西辺から斜面にかけて日輪と月輪が描かれている。刳りこんだ面の上から漆喰が塗られているので、水平面と斜面の境はそれほどはっきりせず、屈折はやわらかい。天文図は残りがよく、一部が漆喰の剥落によって失われているものの、全体に何を表現したものかがわかる。日輪と月輪は金箔と銀箔で表現され、その部分が故意に削られているため、なかに描かれた図像がかなり損なわれている。一方、日輪と月輪の下に描かれた朱の平行線や山岳はよく残る。

高松塚古墳の平天井も中央に天文図が表現されているが、星座を正方形にめぐらせ、星座の数もキトラ天文図に比べて少ない。基準の円も描かれていないため、「天文図と呼べるのか」という意見さえある。一部が損なわれているが、こちらも全体として何を表現したいのかがよくわかる。天文図は平たい天井面いっぱいに描かれ、両辺と壁との間隔は東西とも一二センチ弱しかない。その隙間に日月を描くと、かなり窮屈になる。そのこともあって、日月は壁面の上部に描かれている。キトラ古墳と同様、金箔を貼った日輪と銀箔を貼った月輪が故意に削られ、しかも、こちらのほうが手ひどく削られているため、なかに描かれた図像はさらに大きく損なわれている。一方、下の朱線や山岳はよく残る。

概して、キトラ古墳と高松塚古墳の天文図と日月はよく残り、画家が表現しようとした天体・天空の世界が読める。高松塚古墳の天文図は新たに出された解体報告にも詳細な図面が示されていないが、『キトラ古墳天文図 星座写真資料』のなかにフォトマップとトレース図が掲載されているため、そちらで細部を観察できる。

3 四神図の保存状況

四神とは東の青龍、西の白虎、南の朱雀、北の玄武を総称した用語であるが、本来は五霊と呼び、中央の麒麟をあわせて五行思想を反映した図像となる。麒麟を描くべき場所は四壁でもなく、天井でもなく、ましてや床でもない。空中である。よって、図像としては描けないが、古代の人々は四神図を見て、麒麟の存在を意識したかも知れない。あるいは、現代人と同様、すっかり忘れていたかも知れない。「四神図は五行思想にもとづく」と聞いた際、「五行なのに、なぜ四神なのか」と疑問に思った場合は、もともと麒麟が想定されていたものと考えていただければよい。

キトラ古墳も高松塚古墳も四神図が描かれているが、残り方が違う。キトラ古墳の場合は白虎・玄武・朱雀の三神がよく残り、青龍は壁面の変色とともに下半身がほとんど消え去っていた。赤外線撮影によっても筆の跡が確認できない状態である。高松塚古墳は逆に青龍がよく残り、白虎も発見当初はよく残っていたが、その後の変化によって、ほとんど消えてしまった。現状では、赤い舌だけがよく目立つ。玄武は中央が金属製の工具で何度か叩かれ、亀と蛇の頭部がほとんど失われている。朱雀は閉塞石の中央が盗掘によって大きく損なわれ、それとともに漆喰壁が大半失われていたため、残念ながら片鱗すら確認できない。なので、描かれていたとも、描かれていなかったとも断定できない。三神では四神図を描く意味がないため、「描かれていただろう」と推測しておくほうが無難である。

4　十二支像と人物群像の保存状況

壁面の下方は展開図では周囲になる。キトラ古墳はそこに獣頭人身の十二支像が並べられ、高松塚古墳では四人一組の人物群像が四組描かれていた。女性八人、男性八人の一六人であり、女性の組は北寄り、男性の組は南寄りに配置されている。被葬者が北枕で寝ているとすれば、女性は顔のすぐ横、男性たちは足元の位置になる。四組ともよく残り、故意に損なわれた形跡はないが、頭部が消えかかり、表情が不確かな人物が何人かいるのは悔やまれる。

キトラ古墳の十二支像は、北壁の亥像・子像・丑像、東壁奥の寅像、西壁奥の戌像が壁面に残っていた。

南壁中央の午像は壁面に付着した泥に反転して残り、鮮やかな朱色の衣をつけている様子が写真でもよくわかる（口絵）。最も残りのよい寅像が真っ先に報道され、当初は「獣頭人身像」と呼ばれていたが、石室の方位にあわせて十二支の獣が配置されていることから、六支が泥の浸入で消えてはいるが、十二支の獣像を表したものとして、ほぼ間違いはなかろう。よって、この書でも十二支像として話をする。消えた六支も壁面が損なわれているわけではないので、将来的に何らかの新技術で確認されるかも知れない。

キトラ古墳の壁画は、漆喰が石材の面から剥離し、壁面ごと大きく崩れそうなところがあったため、しっかりと付着した天文図も含めてすべてが剥ぎ取られ、古墳の近くにある体験館にケース入りで保存されている。高松塚古墳の場合は、周知の通り、カビの繁殖による壁画の劣化が防げず、石室そのものを解体し、石材ごと飛鳥歴史公園館の裏に建てられた保存施設に平置き保存されている。いずれも墳丘のなかに戻すことが前提で保存処理を行なっているというが、私が生きている間に戻せるかどうかはわからない。ぜひ次世代の読者に見守っていただきたい。

二　昇りくる日と沈みゆく月

1　似て非なる両墓の壁画構成

キトラ古墳と高松塚古墳が、立地や墳丘・石室の構築法において、かなり似ていることは前章までで説明した。そして、壁画の描き方や構成においても酷似する。当時の職人や芸術家は個人で生業を立てているのではなく、集団のなかで建築・彫刻・工芸・絵画などの作品を生み出していた。もちろん、個展を開くためでなく、依頼を受けての仕事である。集団で壁画の制作に当たったと考える以上、両古墳の壁画をもって、「一人の同じ画家が描いた」とはいいきれないが、同じ集団が手がけたことは断言しておく。最もあり得そうな話は、「芸術家と呼べる経験と力量を具えた一人の画家が弟子たちを指導しながら制作し、ここぞという絵画は画家みずからが筆を振るった」との推論である。私は数々の講演をしてきたが、いつもその線で話をしている。

キトラ古墳の壁画展開図（図17）と高松塚古墳の壁画展開図（図18）を比べながらご覧いただきたい。天文図に円形と方形の違いがあることによって、ずいぶんと印象が異なる。概して、円形は「回転」の印象、方形は「安定」の印象を与える図形である。素人目に見ても、そういうことはわかる。賢い画家が構成の段階で気づかないわけはなかろう。円形天文図と方形天文図の選択は画家の積極的な意思によるものと思う。どういう意思かは、この書のクライマックスでお話しする。

東に描かれた日輪と西に描かれた月輪は、いずれも雲海もしくは海原が表現されているため、連山もしくは水平線から昇る印象と沈む印象を受ける。東の空から昇りくる太陽、西の空へ沈みゆく満月を表現したものとしてよかろう。キトラ古墳の場合は天井の斜面が上昇と下降を表現するのにうってつけの場所となった。高松塚古墳の日月は壁の垂直面に描かれたが、上昇と下降の印象は損なわれていない。

四神はどうであろうか。青龍と白虎は四匹とも前足を前に出し、後ろ足を力強く動かしている。つまり、前に向かって疾駆もしくは飛翔している印象である。キトラ古墳のみに残された朱雀も脚を大きく広げている。まさに大鳥が翼を広げ、助走をつけて飛び立とうとする姿である。一方、玄武は両古墳とも亀が主体で、からみつく蛇をあてがっている。亀の脚が前に向けられているものの、首をねじり、顔を背後の蛇に向けているため、動きが止まっている。そもそも亀は「支える」動物として造形される場合が多く、速く動く印象はない。

四神の動きに注目すれば、キトラ古墳は白虎が奥に向かっているため、被葬者が青龍と合わせ見ると、回されている印象を受ける。朱雀もその回転を助長している。円形天文図と同じ印象である。一方、高松塚古墳は青龍も白虎も外に向かっているため、連れ出される印象を受ける。朱雀図は残っていないので、何とも言及のしようがない。両古墳とも玄武が動きとは無関係であるが、そもそも被葬者が仰向いて寝たままの姿で玄武を眺めるのは、角度的に無理がある。被葬者の鑑賞用というよりは、五行思想の四方を表現するためのパーツあるいは起点としての意味合いが強い。

キトラ古墳の十二支像も基本的には石室の方位を定めるための仕掛けである。確認された六支はいずれも右斜め前を向き、右手に武器を持って直立している。命じられた通りに立っている印象を与える図像である。持ち場を離れないことが彼らの役目であると、二〇〇八年の拙著では表現したが、その考えはあまり変わっていない。

高松塚古墳の人物群像は一六人のうちの一一人が入口の方へ顔を向けている。あとの五人は画面の奥からこちらを向いたり、後ろの人と会話をしたりと、顔の方向を変えているが、思えば、一六人ともに入口を向いている画面など、退屈極まりない。顔や身体の向きに変化をもたせる手法は、中国の墓室壁画でよく見かける。画家がかの地で学んだならば、十分に心得ていた手法であろう。つま先や女性の裳の流れを見る限り、群像も全体として外へ連れ出す印象を与え、青龍や白虎の連れ出す印象と重なる。白虎の向きがキトラ古墳と高松塚古墳で逆さになっていることを、あれこれと類例を出して論じる向きもあるが、画面構成のなかで語るべきことである。思想がどうの、民族がどうの、政治がどうの、という水準の話ではない。

2　キトラ古墳の日輪に残るカラス

天文図はこの書の核心であるため、あとでまとめて解説する。ここでは、日輪と月輪から個別に解説してゆこう。名称については、元日や即位の儀に立てる幢《どう》（飾りのついた鉾）の名から日像《にちぞう》・月像《がつぞう》とも呼ばれるが、日輪や月輪に描かれる図像に重きを置いた名称であるため、輪のなかに図像があったことを示唆する言

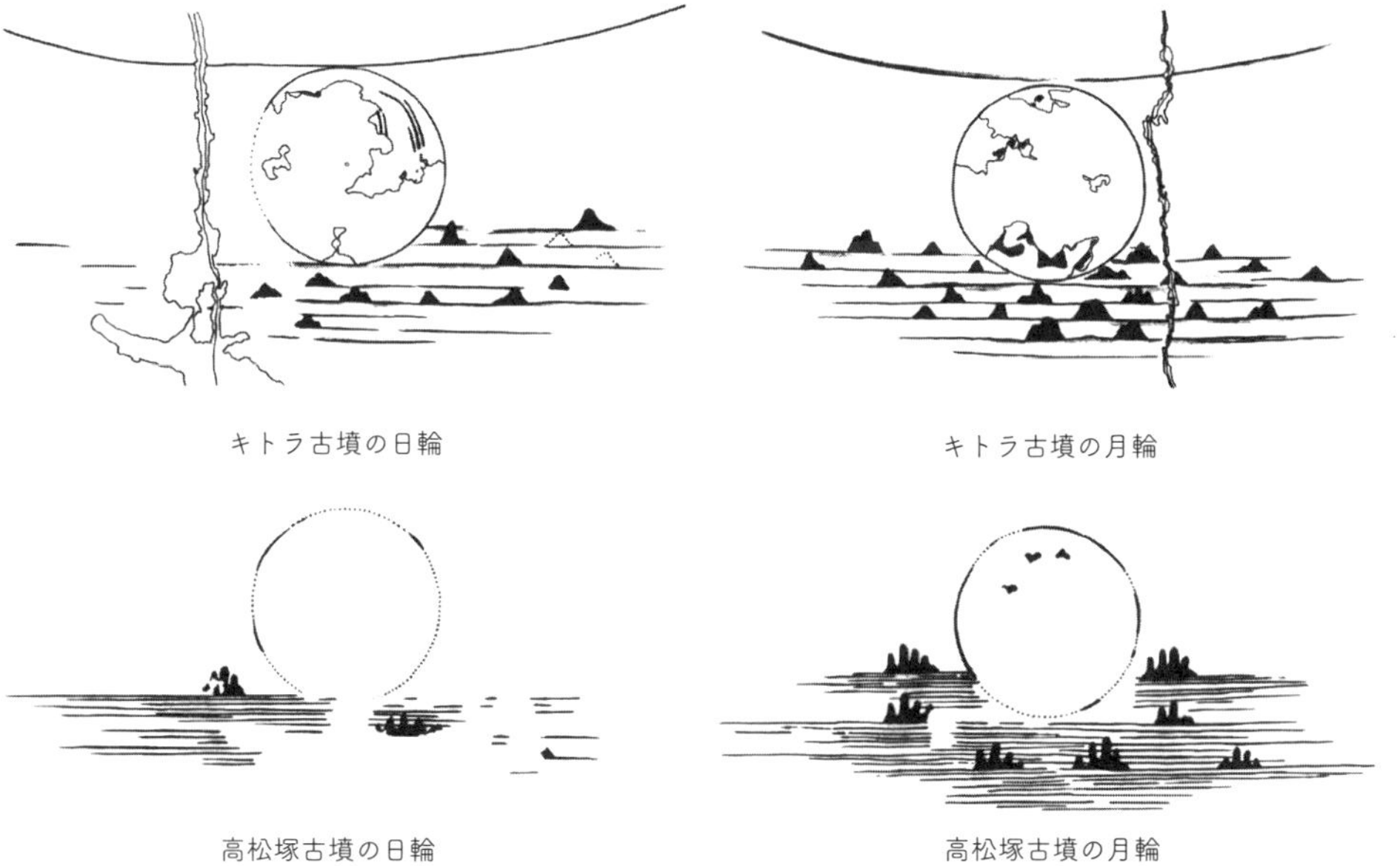

図19　キトラ・高松塚古墳の日輪と月輪(筆者作図)

図20　左から、唐墓壁画の日輪図と金烏（唐永泰公主墓、8世紀初頭）、前漢時代の帛画に描かれた金烏（長沙馬王堆1号漢墓、紀元前2世紀前半。ともに報告書掲載の図版を筆者がトレース）

葉である。キトラ・高松塚古墳の日月はいずれもコンパスで引いた完全な円形であった。円形が目立つので、私は日輪・月輪と呼んでいるが、なかに図像が描かれていたと考えているので、日像・月像でもかまわない。ちなみに、太陽は中国や高句麗でも円形に描かれる。月もたいていは満月で表現されるが、たまに三日月を表した例もある。ただ、キトラ・高松塚古墳では、三日月は登場しない。

天文図の外規に接するように直径五・三センチの金箔が貼られている。円の周囲にはかすれた金箔の縁に黒い輪郭線が見え、中心にはコンパスの針を当てた黒い穴が残る。穴が黒いのは、金箔を貼っても穴の窪みが消えず、そこに図像の墨が入ったためと思われる。時計の文字盤をもって解説すると、日輪の金箔は一〇時から三時までの方向がよく残り、一時から三時にかけての部分には、中心近くと輪郭近くにそれぞれ二、三条の跳ね上がる墨線が確認できる。七〇六年に築かれた唐の永泰公主《えいたいこうしゅ》墓の日輪と対照すれば（図20左）、それが太陽に住むという「金烏《きんう》」の翼と尾であることがわかる。一一時の方向にはカラスの嘴《くちばし》と思える弧線も確認できる。

金烏は三本足のカラスであり、我が国の八咫烏《やたがらす》と像が重なるが、もともとは二本足に表現されていた。中国湖南省の長沙市で発見された前漢長沙国丞相《じょうしょう》の夫人墓（長沙馬王堆一号漢墓）からは「銘旌《めいせい》」と呼ばれる昇天図の帛画《はくが》（絹布に描かれた絵）が出土し、そこに描かれた金烏は明らかに二本足であった（図20右）。とはいえ、南北朝時代の北斉墓壁画では、すでに三本足に描かれ、唐代の墓室壁画では、そうあるべきであるかのように三本足となっている。キトラ古墳の金烏も三本足であった可能性が高い。

日輪の下には朱色の絵具で八本ばかり水平に平行線を引いている。線はフリーハンドで引かれているため、平行線の間隔は均一でなく、長さも不揃いである。朱線の端が日輪にかかるところで、絵具が金箔の輪郭に沿ってわずかに流れていることからして、金箔を貼ったあとに引かれた可能性もある。平行線の三、四本は線の下部が暈《ぼか》され、いわゆるグラデーションがかかっている。永泰公主墓の日輪の下には山岳の遠景が描かれ、山にかかる雲か霞かを数条の平行線で表現していた。原形はこのような山岳図であったのだろうか、グラデーションの上端からは三角形の峰がいくつか突き出ている。山は平行線と同じ朱色をもって描かれている。筆を上げて下ろすだけの簡単な描画である。かつてはなかに色が塗られていたようで、山の部分だけくすんだ茶色に見える。

描画の手順をまとめると、まずは天文図の外規から日輪の半径分だけ外にコンパスの針を当てて墨線で円を描き、それにあわせて上から金箔を貼り、濃い墨で金烏を描き、手書きで水平線を引き、何本かを暈したあと、線の上端に三角形の山岳を描いて着色する、という手順を踏んだものと思われる。

3　満月の三点セット

日輪と同様に直径五・三センチの円をコンパスで墨書し、上から銀箔を貼っている。下の朱線も八本ばかりをフリーハンドで平行に引いている。何本かを暈すのも同じである。山岳は日輪よりも稠密に配置され、やはりこちらも色をのせていたらしい。月輪中央のコンパスの針を立てた部分は漆喰が剥がれて、位置がわかりづらいが、円は正円であるため、コンパスを使ったことは間違いない。線はエッジが立ったように硬い。

コンパスは「規」といい、漢代から唐代にかけてたびたび絵画のモチーフとなった男女神像である伏羲《ふっき》・女媧《じょか》図で女媧が持つ道具としてたびたび図化されているため、形はよくわかる。現代の文房具と同じような二股のタイプと、針のある軸にL字形の金具をわたすタイプがある。大きな円を描くときには後者が有効であるが、そもそもこのような器具を使わなくとも、一本の細い板だけで、十分に円は描ける。興味深いのは、工具の先につけられた筆の形状である。日輪・月輪の輪郭を描いた筆と天文図の外規などを引いた筆は明らかに太さが違うため、少なくとも二種類の筆先をもつコンパスを使用したことはわかる。

さて、銀箔の月輪であるが、そのなかに月の三点セットが描かれている、というのが私の持論である。三点セットとは樹木と蟾蜍《せんじょ》（ヒキガエル）と白兎である。いずれも不老長寿の仙薬にかかわる図像であり、中国では満月のなかにそれらを描くのが通例となっていた。月輪をよく眺めると、灰色に風化した銀箔の表面に糊の跡が残ったような、ややつやのある変色部分が見える。私はそれを着色されていた部分と考えた。色をのせた箇所とそうでないところの風化の度合いが違うものと考えたのである。目を凝らして輪郭をたどれば、樹木の根や葉、カエルの曲がった脚、ウサギの直線的な脚、ウサギが搗《つ》く臼の高台らしきものの輪郭が見えてくる。そのような痕跡は見えないとの疑念も出されたが、とにかく精細な写真をたくさんの目で見ていただくことが肝心である。後人の判断にまかせよう。

4　怪しげな高松塚古墳の山岳

高松塚古墳の日輪と月輪が壁面の上部に下ろされていることは先述した。その直径は月輪が七・三センチ、日輪は残存する輪郭から中心を求めて測ると、同じほどの大きさとなる。キトラ古墳の五・三センチに対して二センチ大きい。日輪も月輪も中央が大きく削られているが、日輪の金箔は時計の文字盤にして四時から六時の方向と、一〇時から一二時の方向に残されている。右上の金箔は輪郭がよく残り、そこには金箔の縁に沿って朱線の弧が見える。八時の方向にわずかに残る輪郭にも朱線が見え、線上に金箔の破片が付着している。コンパスで朱線の円を描いたあと、それにあわせて金箔を貼ったのであろう。

日輪の下の平行線は少なくとも一五条は引かれている。線はキトラ古墳のものよりは稠密で、しかも濃い。暈しの手法は見られず、線の多さで面を表現しようとする意図がうかがえる。平行線は定規に手を添えながらすべらせたかのように正確に引かれ、交わっている箇所は見られない。筆を左方向からすっと入れ、右方向へすっと抜いているため、線の両端が細く、なかほどが厚い。線に迷いがなく、手慣れた筆さばきが感じられる。山岳は濃緑と濃紺の絵具で描かれ、一部が朱の平行線にかぶさっていることから、最後に付け加えるように描かれたことがわかる。山は短い五指のような形に描かれ、キトラ古墳の単純な山とはずいぶん印象が異なる。雲気が立ち昇るような姿にも見え、神秘的である。法隆寺の玉虫厨子にも、似たような雲形の山岳が描かれている。

日輪の輪郭線と平行線との間が剥がれ、前後関係がはっきりしない。残念ながら、日輪のなかは損傷が激しすぎて、たとえ金烏が描かれていても、今となっては確認できない。とはいえ、月輪に三点セットの痕跡があるならば、金烏が描かれていた可能性が高まる。月輪はどうであろうか。

5　蛍光X線分析で見えた高松塚古墳月輪の葉

月輪は銀箔であるためか、盗掘者によって削られた部分が少ないが、銀箔が黒ずんでしまって、なかに描かれた図像ははっきりとしない。何かが描かれているようにも見えるが、写真を目視しただけでは像が浮かばない。月輪の輪郭は他のものと同様、コンパスで引かれている。エッジの立った鋭い線である。墨線のように見えるが、赤味がかったところもあり、朱線が黒く変色したようにも見える。銀箔は輪郭線にあわせて貼られているが、若干直径が小さく、そのため輪郭線との間に隙間ができている。

下の平行線は輪郭線を描いたあとに引かれたようである。線の稠密さは日輪と変わらないが、少なくとも二五条は引かれ、そのため上下の幅は分厚い。山岳の描き方は日輪と同様であるが、蛍光X線撮影によって、こちらははっきりとその形が浮かんだ。その画像では濃緑や濃紺の山岳が薄紫色に輝いて見える。報告によれば、顔料にラピスラズリをすりつぶした粉を混ぜているのだという。人物群像の緑色や紺色の部分も薄紫色に輝いている。

注目すべきは、月輪の上部にも薄紫色に輝く部分がちらほらと見えることである。そこに緑か紺の何かが描かれていたことの証である。私はこれを樹木の葉と見た。推理がすぎるかも知れないが、高松塚古墳の月輪にも月の三点セットが描かれていたと考えたい。そうなれば、日輪には金烏が描かれていた可能性が高まる。何らかの新技術が日像と月像を浮かび上がらせることを期待する。

6 海の穴から出て海の穴に沈む日月

さて、両古墳の日月をすべて解説したところで、所見を整理する。キトラ古墳では日月とも天文図の外規に接して描かれていた。高松塚古墳では壁に下ろされ、天文図からは離れている。両者の共通点は、天文図のなかに入っていないことである。固定して動く恒星は天体に貼りついているかのようにとらえられ、日々動き回る日月と五星（水星・金星・火星・木星・土星）のいわゆる七曜は天体と大地との間を浮遊するものと思われていた。それらは天空のものである。天文図は天体の図面であるため、天空をさまよう日月などに居場所はない。よって天文図から日月を放り出した画家は正しい。

日輪や月輪の下に引かれた平行線はいずれも朱線で表現されていた。なおかつ日輪や月輪の横手にまで平行線が及ぶため、日月は平行線で表現される平面の上に転がっているか浮いているかのような印象を受ける。永泰公主墓の平行線は山岳にかかる雲か霞を思わせるものであったが、両古墳では山よりも面が目立つ。あたかも海原にいくつもの島が浮いているような図像である。平行線の朱色が光を表すものならば、日輪と月輪は海原を照らしながら昇ったり沈んだりするものとの観念が図像に反映されているのではなかろうか。

そこで思いいたるのが『晋書』「天文志」に紹介された渾天説《こんてんせつ》である。天は卵の殻、地は黄身のように天の中央に孤立する。天は大きく地は小さい。天の表と裏には水があり、天地は気に乗って立ち、水に乗って動くという。

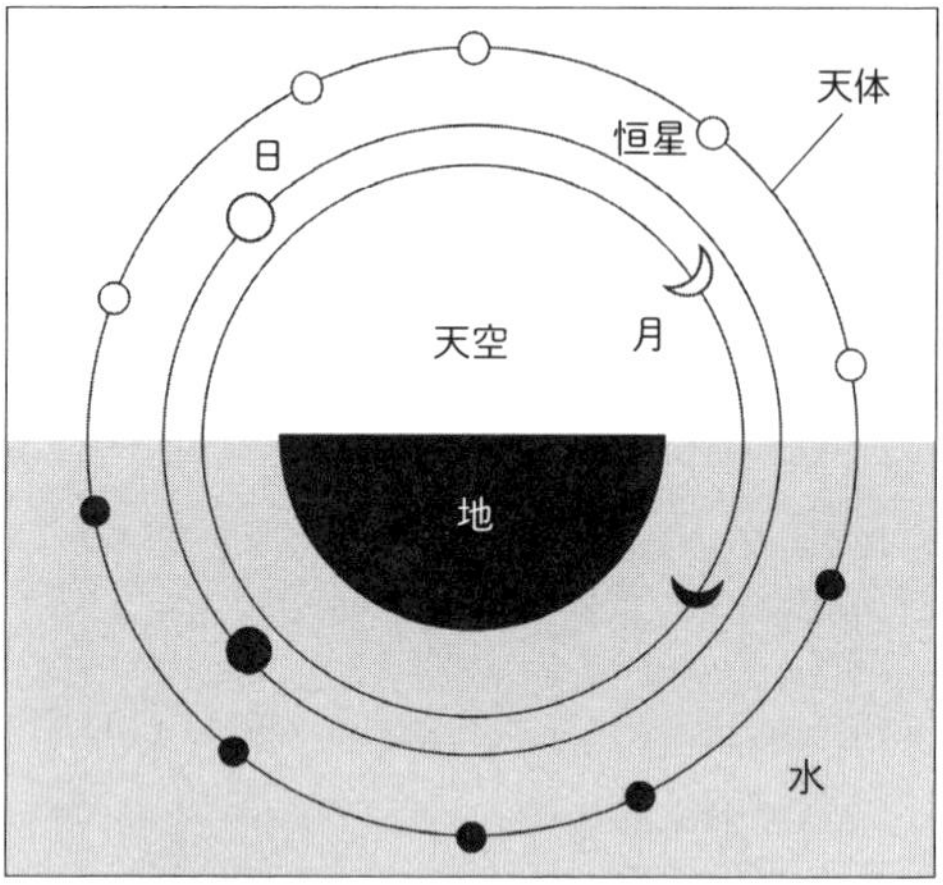

図21　渾天説の宇宙観（筆者作図）

うまく説いたものだが、この説法によれば、大地と天体の間に水、つまり四海があり、大地と天体の間を浮遊する日月は海面から出て、海面に沈むことになろう。キトラ・高松塚古墳の日輪と月輪が海面からひょっこりと顔を出し、海面にぽたりと沈むように描かれるのが、こうした渾天説の世界観によるものならば、画家は天文学に明るい人物である。

両古墳の日輪と月輪を細かく観察すると、ほぼ同じ手順、ほぼ同じ手法で作図されたことがわかる。絵師の集団が同じであることを裏付ける。同時に、平行線や山岳の描き方に違いが感じられる。大雑把にいえば、キトラ古墳のそれはダイナミックで絵画的、高松塚古墳は几帳面で図面的である。このことは次に解説する四神図についてもいえる。

三　四神図の徹底比較

1　勢いよく飛ぶ東壁の青龍

先述したように、キトラ古墳では四神がそろい、高松塚古墳は朱雀図が失われていた。四神については、両者をひとつひとつ比べながら、共通点や相違点を指摘しよう。

キトラ古墳の青龍は上半身のみが残存し、高松塚古墳の青龍は後ろ足がやや損なわれている程度で、ほぼ完存していた（図22、七七頁）。よって、高松塚古墳の青龍を先行させながら解説する。青龍は画面に向かって左から右へ進む姿勢をとっている。石室でいえば、奥から外へ向かって走り出そうとしている。あるいは、飛び出そうとしているようにも見える。キトラ古墳の青龍も同じ向きである。龍は大きく口を開け、喉の奥から出た長く赤い舌は先端が上に反り上がる。目は両方とも描かれ、瞳はやや離れ気味で上を向く。今から向かう遠方を眺めているかのような表情である。頭上には二本の角があり、後方にたなびく。いわゆる龍の軟角《なんかく》である。長く尖った耳や後頭部の毛が軟角と同じ方向へたなびき、前方からの強風が感じられる。風が吹いてくるのではなく、疾駆して空気を抜けている姿である。項《うなじ》を這《は》う焔《ほむら》の流れもその印象を高めている。頸《くび》に斜格子紋の赤い首輪が巻かれているが、喉まではいたっておらず、よって窒息感はない。キトラ古墳の青龍も首輪をつけられているようである。胸の脇からランドセルのベルトのように赤い帯が出て肩を越え、先を細めながら後方へなびく。その前縁に沿うように波打った平行線が描かれているのは翼の風切《かざきり》であろう。肩のあたりには鱗状の雨覆《あまおおい》も見られる。

胸を張り、前足を突っ張り、指を反り返して爪を立てる。後ろ足は左膝を曲げ、右膝は後方へ伸ばし、爪を地にひっかけて蹴り出している。前足がまだ次のステップに入っていないことから、ジャンプした瞬間をとらえたような印象を受ける。キトラ古墳の青龍は前足を確認できるだけであるが、腕は高松塚の青龍よりも明らかに太く、力強い。

頸部と臀部には焔が流れ、肩や後ろ足の膝には蕨手《わらびて》のような紋様が絡む。中国の青龍図を、時代を追って見れば、焔は南北朝時代の仏教隆盛期に背びれが宝珠に化け、そのうち宝珠が退化して焔だけが残ったものであることがわかる。蕨手紋は元来、空を飛ぶ禽獣《きんじゅう》の前面に貼りついた雲であった。雲を引きちぎりながら飛ぶ禽獣を表現したものである。それがいつの間にか身体に粘着して雲形の紋様になった。

このような変容の過程は各時代の図像を集め、初めてわかることで、画家は「そう描くものだ」という伝統的な様式のみを学んだものと思われる。ただ、青龍の青みがかった緑色の身体を真っ赤な焔と雲紋ではさむ大胆な色遣いは、この画家の着想であろう。形ばかりが論じられるが、この画家の色彩感覚は唐墓壁画の絵師を上回るものであると、私は思う。キトラ古墳の青龍が消えかかっているのは残念であるが、強い推進力は表情と前足だけでも十分に伝わってくる。美しく整った高松塚古墳の青龍に対し、キトラ古墳の青龍は勢いがある。

図22 キトラ古墳(上)、高松塚古墳(下)の青龍図(筆者作図)

2　白虎はコピーされたのか

キトラ古墳の白虎図は、完璧に残っていた。高松塚古墳の白虎も発見されたときは、ほぼ完存していた。カビの繁殖を防ごうとして塗布した薬品がアダになったようである。二〇〇四年に文化庁が監修・出版した『国宝　高松塚古墳壁画』の写真では、黒い目玉と赤い口元だけが浮かび上がる、気味の悪い姿に変貌していた。衝撃的な変化が高松塚古墳の保存問題を引き起こしたことは、私のなかでは記憶に新しい。

さて、「両古墳の四神図は同じ粉本をもって描かれた」との説もあるため、白虎図においては、そのことに主眼を置いて説明しよう。図23をご覧いただきたい。上段はキトラ古墳、中段は高松塚古墳の白虎図をトレースしたもので、下段は高松塚古墳の白虎を左右反転させてキトラ古墳の白虎図に重ねたものである。薄くしたほうが高松塚古墳の白虎である。大きさや角度をそろえて重ねたが、重ねきれない。どうしてもずれるところが出てくる。特に背中の盛り上がりが違う。

百聞は一見に如かずの格言通り、今でいうコピーでないことは瞭然とした。粉本とは下絵のことであり、参考にするために先人の作品を模写したものも粉本ならば、画家が創作過程において下書きをした絵も粉本という。私はこの画家が唐への留学経験があると確信しているが、おそらく都の長安で多くの作品を見ながら大量の粉本をつくり、日本に持ち帰ったものとも推測している。その画家にとっては粉本であるが、彼に学ぶ弟子たちにとっては原画となろう。絵師の集団で共有する場合は大切な財産となるため、それを現場で使うことはしないだろう。粉本からさらに粉本をつくるはずである。画家本人が現場に立つ場合も同様であ

図23　キトラ古墳(上段)、高松塚古墳の白虎図(中段)、両白虎図の合成図(下段、薄い線が高松塚古墳の白虎図、左右反転。筆者作図)

る。ここでは煩雑さを避けるため、画家が持ち帰った粉本を仮に原画と呼び、現場で使用するものを下絵と呼ぶ。

図23の合成図を見る限りにおいては、同一の下絵から念紙《ねんし》で転写したとは思えないほどのずれがある。実際には大きさも違う。念紙はカーボン紙に似た転写用の紙であるが、黒色ではなく、ベンガラなどの赤色が使われている。描き直しがきかない日本画の制作では、欠かせない用紙である。キトラ古墳や高松塚古墳では、壁面に念紙で転写した際の尖筆《せんぴつ》の深い溝跡が確認されている。壁が生乾きのため、不覚にもついてしまったもので、制作者が意図したことではなかろう。壁に溝をつける筋彫《すじぼり》として、意図した技法のようにとらえてもよいが、筋が深すぎては、あとの描画にも邪魔になる。所々にしか尖筆の跡も残っていないので、描画する線のすべてを写すのではなく、下当《したあ》たりをつけるための線と考えたほうがよさそうである。

およその形を写しとれば、あとは下絵を横に置いて見ながら、あるいは手の記憶のままにフリーハンドで墨線を引いてゆく。ここで、下絵を描いた者と壁に描く者が違えば、きっとぎこちない絵になろう。何を描くべきなのかをよく心得てかからなければ、あれほど自信のある線は引けまい。そういうことは、トレースすればわかる。下絵を描いた者が画家本人なのか弟子なのかは別にして、下絵制作者と壁画制作者が同一人物であると、私は考える。

白虎図を比較して思うに、画家の原画が同じであることは確かだろう。異なる原画から出た絵画であるというには似すぎている。おそらく同じ原画を見ながら、それぞれの古墳のための下絵を制作して使用した、という推理が最もあり得る。キトラ古墳の白虎は前足の爪先から後ろ足の踵《かかと》までが三九・七センチであるのに対し、高松塚古墳の白虎は四四・四センチである。看過できない大きさの違いがある。およその幅を決めたのち、原画を見ながら描き直した下絵であろう。両古墳の白虎は向きが違うため、高松塚古墳の白虎図を制作するに当たっては、下絵を裏返し、透かし見ながら新たな下絵を描いたのかも知れない。実に手間のかかる作業である。「同じ粉本をもって描かれた」などと軽く論じては、制作した者の苦労が報われない。

白虎も青龍と同じく、疾駆する姿をしている。高松塚古墳の青龍図と白虎図の胴部がよく似ていることから、同じ粉本をアレンジしたものかと推測する向きもあるが、重ねても、合わない。試しに両古墳の白虎図と青龍図の四枚を、すべての組み合わせ、つまり六通りで重ねてみたが、いずれもうまく合わない。ところが、その作業のなかで気づいたことがある。白虎と白虎、青龍と青龍は、やはり比較的重なるところが多い。つまり、青龍を白虎に、あるいは白虎を青龍に化けさせたのではなく、白虎の原画と青龍の原画がそれぞれあった、という結論が導ける。ひいては、青龍と白虎を一対で描いた先人の手本が唐の都にあった証にはならないか。

3　最高のバランスを見せる朱雀

残念ながら高松塚古墳の朱雀図は、跡形もなく消え去っている。盗掘口のすぐ下あたりに描かれたものと推測されるが、その部分は壁土ごと剥がれている。もともと描かれていなかったという者もいるが、これも残念なことに、その説を否定する材料がない。ただ、朱雀図が描かれなかったことを証明する材料もない。朱雀図の有無は議論をしても無駄である。

図24　キトラ古墳の朱雀図（筆者作図）

これはもしかしたら、と思える痕跡が石室解体時に南壁の石（閉塞石）を外したところ、発見された。床石の上に水銀朱が三滴ばかり落ちていたのである。しかしながら、それは朱雀の朱色に使ったものではなく、女性群像の口紅などを塗る絵具を持ちこむ際に、絵師の手からこぼれたものであろうと、報告者は推測している。朱雀図が墓道を掘り直し、閉塞石を再び開けたあと、石室外で描かれたものならば、その絵具はそこに落ちない。水銀朱の滴も朱雀図の有無を判断する材料にはならないだろう。そのため、実証のない推測となるが、「キトラ古墳に四神がそろい、高松塚古墳に三神までが描かれているからには、朱雀図を描いた可能性は高い」と憶測でいうしかなかろう。

盗掘口が西の隅にそれたため、幸運にも残されたキトラ古墳の朱雀図は、唐や高句麗の墓室壁画も含めた数ある朱雀図のなかで最も芸術性の高い作品のひとつであると思う。何よりも、バランスがよい。といっても、盗掘口にかかって失われた左の翼を復原しての話である。図24は二〇〇四年に拙著『キトラ古墳は語る』（ＮＨＫ出版）を上梓した折に、右の翼を反転させて左の翼を復原した私の図面である。実際には、左翼の先端部分は消え去っている。ところが、似たような復原図が多く出回っているため、あたかも原画に両翼が残っているものと錯覚をする人も多いのではないか。私の責任でもある。現状の朱雀図は図17（五八頁）の展開図に示した。

ただし、左翼の雨覆《あまおおい》までは、はっきりと残っているので、翼の角度は想像できる。右翼と同様に高く持ち上げていることだろう。よく見ると、遠近をもたせるためにか、右翼の雨覆よりも左翼の雨覆の幅を狭く描いている。その比率をもって翼全体の幅を割り出した。雨覆の上端の高さは若干であるが左翼が下がる。よって、翼の先端もやや下がるだろう。そういう計算のもとに描いた復原図であり、適当に描いたわけではない。

両翼を大きく広げているため、翼が全体に占める割合が大きい。図を薄目で見ると、よくわかる。ところが、後方になびく六枚の尾羽《おばね》にキツネの尻尾のようなボリュームがあるため、左右の均衡がとれ、どちらに傾くということなく釣り合っている。なおかつ、ここで持てば釣り合いそうな重心が両足の間に当たるため、身体の軸がぶれず、飛翔に不安を感じさせない。みごとである。

図は安定しているものの、左脚に力をため、右脚を後方に蹴り飛ばすしぐさは、前へ進む速さを伝え、高く上げた翼には、空気をかきおろす力強さを感じる。バランスを崩さず、天高く飛び立とうとする大鳥を表現した絵画であることは間違いない。トレースをしていて最も感心したのは目の表現である。朱雀の嘴から尾羽の先端までは三八・四センチ、頭部の幅は三センチばかりである。目の幅は七ミリで、瞳にいたっては、虹彩の直径が三ミリ、瞳孔の直径はわずか一ミリ程度である。それなのに、筆さばきに迷いはなく、少しでも瞳がずれると間の抜けた表情になるところ、この位置しかないというところに瞳があり、瞳孔がある。まさしく画龍点睛の故事通りである。画家の筆力のおかげで、描かれた朱雀にも迷いがなく、これから飛び立とうとする方向をしっかりと見据えている。

余談ではあるが、中国の絵画史をたどれば、朱雀の原型が孔雀であることがわかる。頭上の冠羽《かんう》、頸部や雨覆の鱗状紋がその名残である。ただ、孔雀にはのどの肉垂《にくだれ》はなく、後方の尾羽も孔雀の美しい飾り羽《ばね》のなれの果てである。実物のスケッチをせず、様式だけで芸術を伝えると、往々にしてこうなる。尾羽についた爪状の紋様も、元は羽根に付着した雲紋であった。画家がかの国で写した手本がすでにそういう退化をしていたのであろう。画家にも限界がある。そして、限界といえば、次に解説する玄武図にも、あり得ない変貌が隠されている。

4　にらみ合う亀と蛇の秘密

玄武の字面を見れば、黒く勇ましいという意味になるが、亀と蛇を絡ませた図案であり、いずれも勇ましいという印象からは遠い。蛇が亀に絡みついて脅し、それを亀がよく防ぐという意味で武と名づけられたのだ、という後人の説がある。玄は五行思想で北の色が黒であることに由来する。青龍・白虎・朱雀と同様に、こちらは説明しやすい。

図像として、亀と蛇の組み合わせが図案化するのは、考古学的に見て前漢時代からである。秦代にもあったかも知れないが、戦国時代にまでは遡らない。そもそも五行思想は秦の始皇帝が騶衍《すうえん》という遊説家の説に

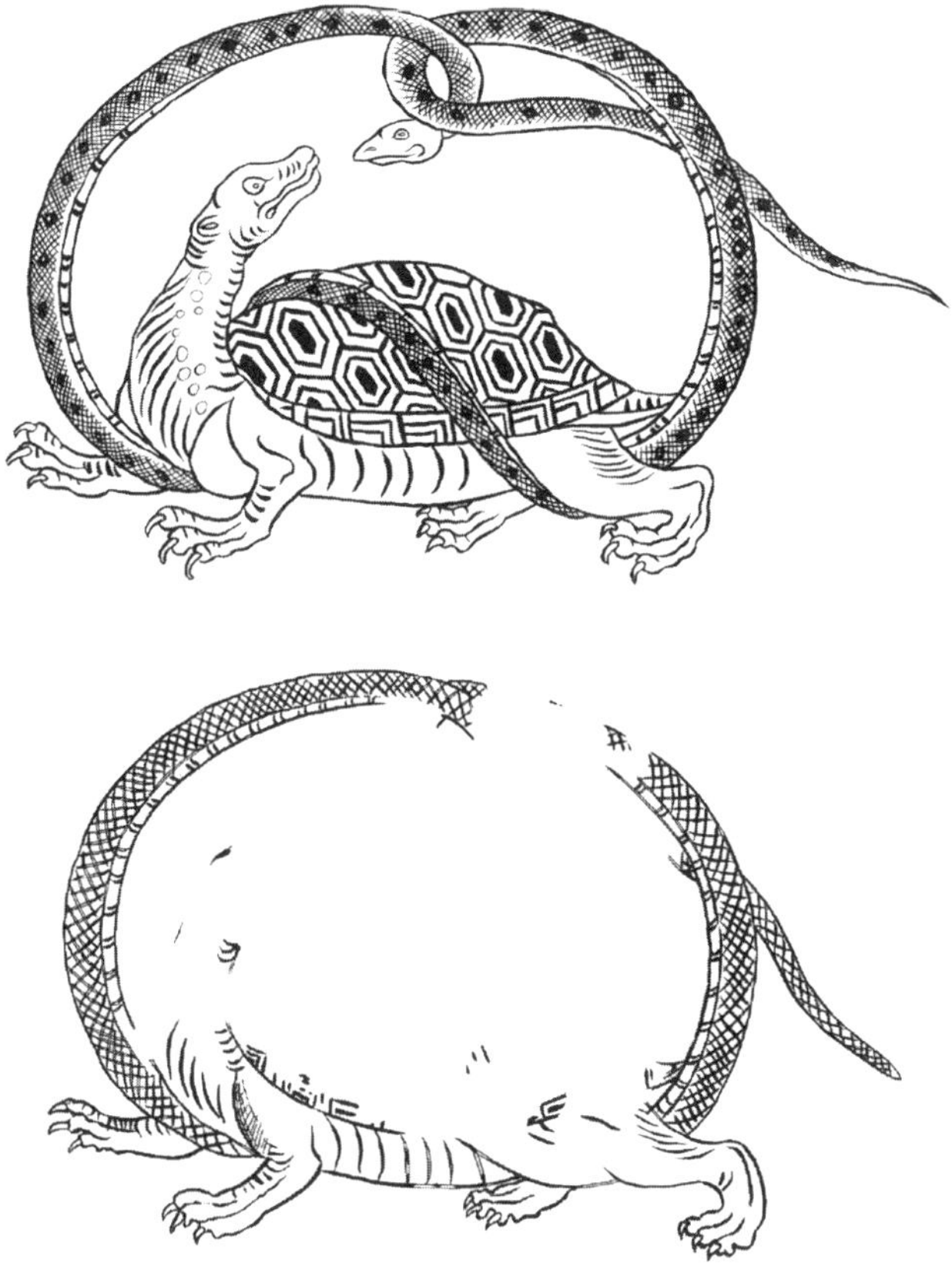

図25 キトラ古墳(上)、高松塚古墳(下)の玄武図(筆者作図)

惚れて執政の方針に応用したものであるため、五行が図像化してゆくのは、それからの話である。
漢代に儒家が編集した『礼記《らいき》』の「曲礼《きょくらい》上」に「行《すす》むに朱鳥《しゅちょう》を前《まへ》にし、而《しこう》して玄武《げんぶ》を後《うしろ》にし、青龍を左にして、而《しこう》して白虎を右にし、招揺《しょうよう》上《うへ》にあり」と記されたのは興味深い。曲礼は日常のさまざまな礼儀を説いたもので、ここでは天子が遠征する際の行軍を話題にしている。天子の兵車を守る部隊の軍旗は前方を朱鳥（朱雀）、後方を玄武、左方を青龍、右方を白虎の旗にせよとの指示である。

上方にかかげる招揺とは北斗星の第七星であるが、一星だけでは絵にならないだろうから、天極《てんきょく》を示す星座が描かれた旗か幕かと思われる。ここでは、前進する際、玄武が後方に配置される神獣であることに注目していただきたい。そもそも亀と蛇には先導の印象はない。先導はやはり速く飛ぶ朱雀が務めるものだろう。一方、武を防御の意味とするならば、後方の守りを固める役目を玄武が担わされるのは、当然である。先に私は被葬者が仰向いて寝たままの姿で玄武を眺めるのは、角度的に無理があると述べた。たとえ見えなくても、玄武が北の壁に描かれているだけで、被葬者は安心感を覚えるのだ、と付け足しておこう。

さて、その玄武図であるが、両古墳の玄武図とも悪戯《いたずら》をされている。二〇〇八年の拙著では、鎌倉時代に盗掘をした人物の心理にまで言及したが、そのときに日月の金箔や銀箔は少しでも金になると思い、がりがりと削り落としたのではないかと推理した。一方、玄武図に対しては、恐れか腹立たしさか、特に亀や蛇の顔をめがけて盗掘用の工具を振り下ろしたのではないかとも書いた。今でもその推理は捨てていない。さらに、盗掘者は同一犯人で、高松塚古墳を先に物色し、その次にキトラ古墳を狙ったのではないかとも、大胆に推理した。報告では、高松塚古墳の盗掘者は「幅八〜一〇センチのU字形鍬《くわ》・鋤《すき》先状を呈する」工具、キトラ古墳の盗掘者は「蛤刃形《はまぐりば》の刃先をもつ手斧」と推測している。高松塚古墳の報告者は墳丘を掘削した工具をそのまま使ったものともいう。長柄の工具では穴のなかでの作業ができないだろうから、刃先が彎曲した手鍬のような工具が想像できる。同一犯かどうかを捜査のような鑑定で判断できないだろうか。

高松塚古墳の玄武図を叩いた工具は刃先の平たい手鍬であろうか。漆喰面に少なくとも四回の叩き跡、三回の掻き取り跡がつき、平刃を思わせる真一文字の傷跡が生々しく残されている。攻撃は執拗である。そのため、図の中央は壁土ごと消え去った。一方、キトラ古墳の玄武も攻撃を受けているのだが、平刃のエッジを使い、上から下に傷をつけたようである。しかも一回きりであったため、亀の後頭部が若干削られるだけで済んだ。このような違いから、高松塚古墳の盗掘では敵意をもって、キトラ古墳の盗掘では挨拶代わりに傷つけたのではないかとも推理した。いずれにしても、盗みを目的としない悪戯であることに違いない。

そういう事情で、高松塚古墳の玄武図は中央が消えているが、幸いキトラ古墳の玄武図は亀と蛇の表情がわかる。朱雀図と同様、目の表現がすばらしく、両者の目線がぴったりと一致する。亀は目をいからせ、口を結ぶ。緊迫感が伝わるが、互いに口を結ぶため、相手を威嚇する程度の緊迫感で終わっている。

そもそも亀と蛇はなぜ向かい合っているのか。私は中国の玄武図を遡り、漢代の画像にその答えを見つけた。もともと亀は怪しげな水草をくわえていたのである（図26、八八頁）。神仙思想の流行した時期であるだけに、亀を不老長寿の代表として、それが仙薬の水草を食べて生きながらえていると設定したのである。一方、蛇の寿命は一般に一〇年程度であり、長生きの印象はない。つまり、短命の蛇が長寿の亀から不老長寿の仙薬を奪おうとしているのである。ところが、様式化してゆく過程で肝心の水草が消え、何のために両者

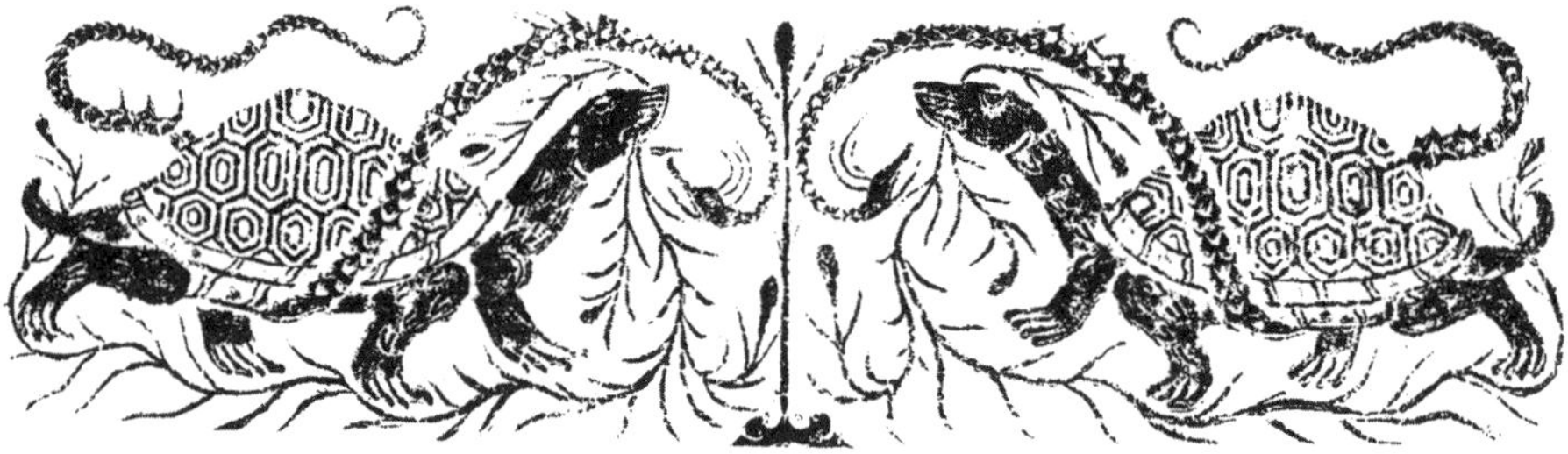

図26　前漢武帝茂陵白鶴館出土の玄武紋甎《もんせん》

が向かい合っているのかがわからなくなった。わからなくなっても、争いの緊迫感を出さなければ、亀がもつ防御の印象を出せず、「武」ではなくなる。キトラ古墳の玄武図に争いの緊迫感が表現されているのは、そうした伝統を忠実に受け継いだからであろう。

亀は両古墳とも画面に向かって左方向へ足を向けているが、首をねじり蛇が迫る後方へ顔を向けているため、前への動きは感じられない。後ろ足を曲げるのは、相手を威嚇するため尻を持ち上げ、甲羅を大きく見せようとするときである。私は家のなかで亀を飼い、毎日のように威嚇されているから、亀の動きには詳しい。歩く際の両手は平泳ぎのような方向で交互に半回転させる。図のように両手とも前に出すのは、どちらかといえば威嚇の体勢である。

5　玄武図でわかる古墳の前後関係

ところで、そろそろ玄武図のあり得ない変貌の答えを出そう。甲羅である。あるはずの腹甲が描かれていない。これも様式化の結果であり、北魏時代の石棺に刻まれた線刻画では、球審のプロテクターのような楯状の腹甲が胸の前に突き出ている。それが様式化して身体に密着し、紋様になり、消え去った。何度もいうが、実物をスケッチせず、先代の作品を無批判に踏襲していると、こうなる。ところが、面白いことに、亀の前足が収まる腹甲の内弯部が弧線として残った。キトラ古墳の亀の左脇に注目していただきたい。ミカンの中袋のような形をした膨らみが残っている。「残っている」と表現したのは、高松塚古墳の玄武図では消え去っているからである。キトラ古墳の下絵がつくられたときには、原画をそのまま写し取ったのであろうが、高松塚古墳の下絵を描いた者は違和感を覚えたのだろうか、その部分をなくしている。

考古学では、人工物が変化してゆく過程で、機能していた部分が機能を失っても、紋様などで形だけが残る部分を、生物学の用語を借りて「痕跡器官」と呼ぶ。スウェーデンの考古学者であるオスカル・モンテリウス（一八四三～一九二一）が提唱した型式学において、人工物の前後関係を立証する目安として用いられた。つまり、痕跡器官がより当初の形を留めているほうが古いという判断である。日本でも銅鐸の鈕《ちゅう》や須恵器の提瓶《さげべ》の把手《とって》を例として語られ、型式学の骨となっている。私は玄武図の脇の膨らみを痕跡器官と考え、より当初の形を留めているキトラ古墳の玄武図が先行して描かれたとの結論を出した。その後の論著において、この推論に対する真っ向からの反論はうかがえない。

図27 亀の腹甲に見られる弯曲した輪郭（筆者撮影）

四　十二支像の守り方

1　節分に活躍する十二支たち

すでに述べたように、キトラ古墳では四壁の下方に獣頭人身の十二支像が方位にしたがって描かれ、そのうちの六支が残っていた。東壁の寅像、西壁の戌像、南壁の午像、そして北壁の亥・子・丑像である。十二支は守護神であると、論説では必ず出される見解である。ならば、どのような守り方をしてくれるのか。そのことを追究しないことには、上滑りの論説となる。そこで、彼らの働きを示す史料を提示しておこう。西晋時代（三世紀後半～四世紀初頭）の皇族でもあり学者でもある司馬彪《しばひょう》が編んだ『続漢書《ぞくかんじょ》』の「礼儀志」に、現代の日本でも節分に行なわれる大儺《たいな》（追儺《ついな》）の儀式が解説されている。その全文を書き下して引用する。


臘《ろう》（十二月）に先《さきだ》つこと一日《いちじつ》、大儺《たいな》をす。之《これ》を逐疫《ついえき》と謂《い》ふ。

其《そ》の儀《ぎ》、中黄門《ちゅうこうもん》の子弟《してい》の、年十歳《としじっさい》以上、十二以下の百二十を選び、侲子《しんし》と為《な》す。

皆、赤《あか》き幘《ずきん》、皂《くろ》き製《ころも》にて、大きなる鼗《ふりつづみ》を執《と》る。

方相氏《ほうそうし》は黄金《こがね》の四目《しもく》にして、熊皮《ゆうひ》を蒙《こうむ》り、玄《くろ》き衣《ころも》、赤き裳《も》にして、戈《ほこ》を執り、盾《たて》を揚《あ》ぐ。

十二獣に衣・毛・角有り。

中黄門、之を行《すす》め、冗従僕射《じょうじゅうぼくや》（宦官の門吏）、之を将《ひき》ゐ、以て悪鬼《あっき》を禁中に逐《を》ふ。

夜漏上水《やろうじょうすい》（日暮れ）、朝臣会し、侍中・尚書・御史・謁者・虎賁《こほん》・羽林《うりん》郎将の執事《しつじ》（担当者）、皆、赤幘《せきさく》にて陛衛《へいえい》す（宮殿の階を守る）。

乗輿《じょうよ》（皇帝）、前殿に御《ぎょ》すれば、黄門令、奏して曰く、「侲子備へて逐疫を請へ」と。

是に於て、中黄門倡《うた》ひ、侲子和《わ》して曰《うた》ふらく、「甲作《こうさく》は殈《きょう》を食《くら》ひ、胇胃《ひつい》は虎《こ》を食ひ、雄伯《ゆうはく》は魅《み》を食ひ、騰《とう》簡《かん》は不祥《ふしょう》を食ひ、攬諸《らんしょ》は咎《きゅう》を食ひ、伯奇《はくき》は夢《ぼう》を食ひ、強梁《きょうりょう》・祖明《そめい》は共に磔死《たくし》・寄生《きせい》を食ひ、委随《いずい》は観《かん》を食ひ、錯断《さくだん》は巨《きょ》を食ひ、窮奇《きゅうき》・騰根《とうこん》は共に蠱《こ》を食ふ。凡そ十二神をして悪凶を追ひ、女《なんじ》が躯《からだ》を赫《かわは》ぎ、女が幹《ほね》と筋《すじ》を拉《ひ》き、女が肉を解《きりはな》し、女が肺腸《はいちょう》を抽《ひ》かしめん。女《なんじ》、急ぎ去らず後《おく》るれば、糧《えさ》と為らんや」と。

因《よ》りて方相と十二獣との儛《まひ》を作《な》す。嚾《さけ》呼び周徧《めぐ》りて、前後省《まへがしりへとな》ること三過《みたび》せば、炬火《きょか》を持ち、疫《えき》を送りて端門《はもん》より出づ。門外の騶騎《すうき》、炬《たひまつ》を伝へて宮を出で、司馬闕門《しばけつもん》の門外、五衛の騎士、火を伝へて雒水《らくすい》の中に棄《す》つ。百官の官府《かんぷ》、各《おのおの》木面獣《ぼくめんじゅう》を以て儺人師《だじんし》と為《な》り、訖《をは》らば、桃梗《とうこう》（人形）・鬱櫑《うつりつ》（神の名）・葦茭《ゐこう》（アシの束）を設く。畢《をは》らば、執事の陛する者、罷《や》む。葦戟《いげき》・桃杖《とうじょう》は以て公・卿・将軍・特侯・諸侯に賜ふと云ふ。


後漢時代の都、雒陽《らくよう》（洛陽）の宮中で行なわれた大儺の儀を解説したものであり、その場面が目に浮かぶほど具体的に記されている。臘は臘日で十二月八日。後漢時代には、その前日が大晦日とされていた。つまり、年の終わりに一年の厄を払い、新年を迎えるのが大儺の儀である。ここでも黄金四目の面をつけ、熊皮をはおる方相氏が主役である。

そのサポーターとしてついたのは、宮中に勤務する中黄門（宦官）の養子から選ばれた一二〇人の子どもたちであった。今の小学校でいえば、高学年の児童である。彼らは赤い帽子をかぶり、赤を重ね染めして黒色となった衣をつけ、日暮れに皇帝がお出ましになるのを待ち、方相氏の後ろにしたがい、列をつくり、回りながら、原文に記されたような、子どもにはふさわしくない恐ろしい歌をうたう。十二柱の神々が悪い鬼たちを食べてしまうぞ。食われないうちに、とっとと去れ。という内容である。

後半に出てくる松明は、三巡の踊りで駆逐された悪鬼たちが火の周囲について出てゆくという設定である。松明は宮城正門の端門から皇城正門の司馬門へリレーで伝えられ、最後には雒水《らくすい》（現在の洛河）に棄てられる。天文学者としても有名な後漢時代の張衡《ちょうこう》がうたった『東京賦《とうけいふ》』には、洛河の橋まで落として、悪鬼が戻らないようにしたという。また、門外から洛河までは騎兵千騎と歩兵千人が三隊をつくって松明を運んだというから、雒中は見物人であふれ返ったことだろう。桃の木やアシでつくった厄除けの人形や小物は、戟《げき》や杖《じょう》に仕立て直し、新年の厄除けの意味で高位高官のものたちに配られた。行事のおすそ分けである。

さて、ここで注目すべきは、方相氏とともに厄除けの舞を舞う十二獣である。十二獣とは「衣・毛・角有り」と簡単に記される。衣は演者がつける衣裳、毛と角はその面の外観をいったものであろう。獣頭人身のかっこうをした演者の姿が思い浮かぶ。十二獣は十二属ともいい、属は神の眷属《けんぞく》（従者）であることを意味する。子どもたちが唱和する歌に甲作《こうさく》から騰根《とうこん》にいたる十二柱の神が列挙されるが、十二獣はその神々の眷属として登場し、方相氏と舞をともにするのである。侲子《しんし》が一二〇人選ばれるのは、一獣に一〇人ずつ割り振るための数合わせであろう。十二獣が十二支に当てはめられた禽獣ならば、彼らは、悪鬼を食べる神に代わって鬼を払う者たちであったことになる。彼らが鬼を退治するのではなく、去らなければ神に食べられるぞと告げる役目であった。告げるだけであるから、彼ら自身は怖くなくともよい。

それでは、なぜ十二神であり、十二獣なのか。そのヒントは「宂従僕射《じょうじゅうぼくや》」にある。それぞれの門に詰めて、人の出入りを管理する役目を担う宮中の宦官である。彼らが中黄門とともに方相氏・十二獣・侲子たちをサポートした。原文の流れからすれば、中黄門が方相氏、僕射たちが十二獣についたものと思われる。つまり、役に当たる僕射は十二人か十二の倍数であったはずである。私は逆に、彼らの数が大儺の儀に十二の神獣が登場するきっかけになったものと思っている。なぜか。それは宮城の門が十二門だからである。

『周礼《しゅらい》』「考工記」に「匠人《しょうじん》国を営むに、方は九里にして、傍《かたはら》ごとに三門」と記され、それに後漢時代の大学者である鄭玄《じょうげん》が「天子は十二門にして、十二子に通ず」と注釈をつけた。皇帝の都は正方形につくり、一辺ごとに三門を設けよとの規範を示すもので、宮も城もそうあるべきだ、という理想形である。前漢の長安城や後漢の雒陽城が外郭城の設計にその規範を使っている。実際には色々な事情があって、各辺三門の規範が崩れている場合があるが、藤原京や平城京では『周礼』の規範を忠実に受け入れ、平城宮にも十二門が設けられた。中国において「天子十二門」が慣用句になり、その発想を遣唐使に同行した留学生たちが持ち帰ったのだろう。

鄭玄が付記した「十二門が十二子（支）に通じる」との発想が大儺の儀に応用され、宮の四方を悪鬼から守る意味においても、十二門を守る神や眷属である十二獣を儀式の脇役にしたのではないかと、私は思い始めている。まだまだ深く追究すべき話題ではあるが、キトラ古墳の十二支を語る際には、十二獣が悪鬼を駆逐する神の眷属であること、行事では獣頭人身の姿で現れること、十二門、つまり四方の守衛を暗示させることなどを押さえておけばよかろう。

　鄭玄が十二門と十二支を結びつけたのは、方位での配列が共通するからである。その方位であるが、中国では「二十四方位」が基本である。現在の四方位や八方位や十六方位はいずれも中心点からの放射線で表されるが、古代中国では方形の枠を二四枡に分割して方位を示した。大地が碁盤のように四角いと考えていたから、それにあわせて方位のとらえ方も四角くなった。図28にその模式図を示したので、ご覧いただきたい。四隅には八卦のうちの四卦、つまり艮《うしとら》・巽《たつみ》・坤《ひつじさる》・乾《いぬい》が使われる。訓読みの種明かしは、それぞれをはさむ十二支の読みである。その十二支は各辺に三支ずつが配置される。十二であるから割りやすい。ただ、その間を埋める十干(甲《きのえ》・乙《きのと》・丙《ひのえ》・丁《ひのと》・戊《つちのえ》・己《つちのと》・庚《かのえ》・辛《かのと》・壬《みづのえ》・癸《みづのと》)のうちの八干しか入らず、あとの二干は中央に放り出される。十干にあえて訓読みでルビを打ったのは、戊・己が土のエトであることを示すためである。五行説では、土

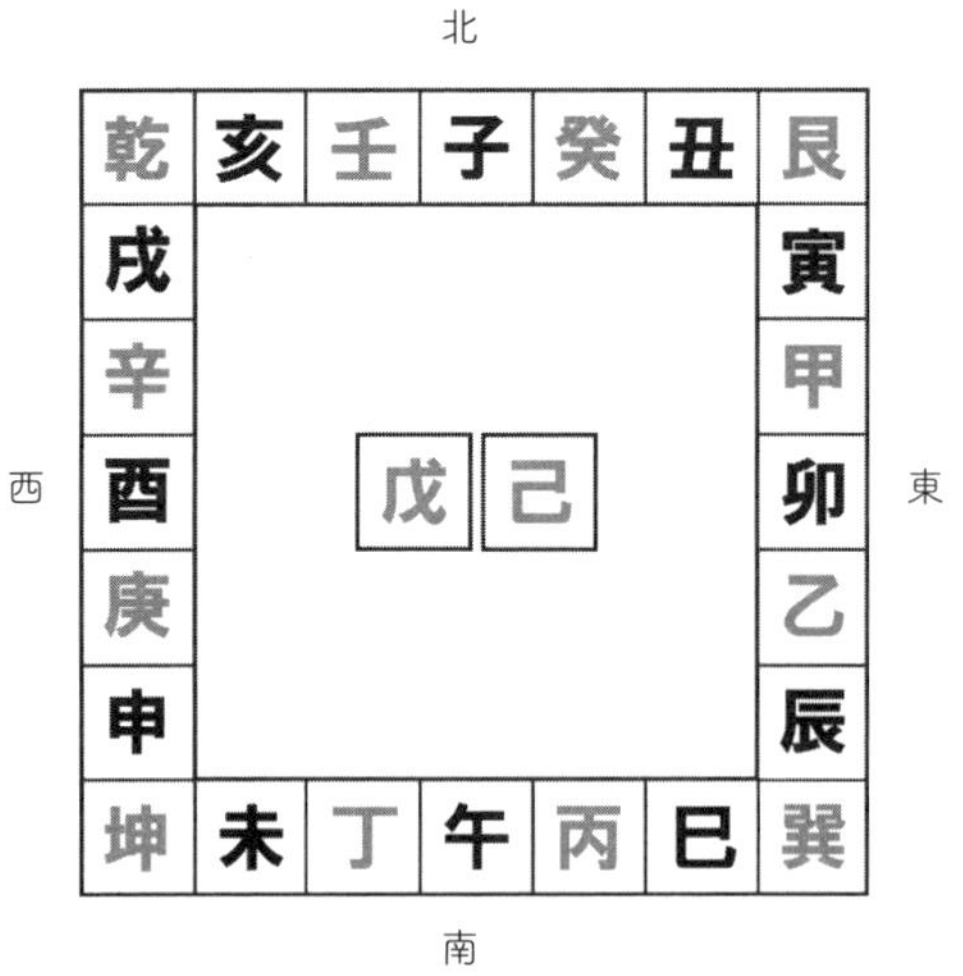

図28　二十四方位図（筆者作図）

は中央のものであるため、戊・己も中央に収まり、周囲の列には入らない。

2　寅像が持つ鉾の意味

みごとな理屈で構成された二十四方位のうち、寅像の方位は東方の北寄りに当たる。石室は長方形であるため、東西面は十二支の並びが間延びをする。方位の枠を餅のように伸ばして定まる位置に寅像が描かれているものと説明すればよい。方位にしたがって描かれたと先述したのは、そういうことである。石室の中心点から一二本の放射線を均一の角度で引いて定めた、という意味ではない。

図29　キトラ古墳石室東壁の寅像(筆者作図)

寅の身長は一七センチばかりである。数値だけではわかりづらいだろうから、定規を出して、その長さを実感していただきたい。親指と中指を広げたくらいの高さしかなく、低い。石室が小さいのはわかるが、それにしても、もう少しは大きく描けたであろう。しかし、画家はそうしなかった。私に答えがあるわけではないが、今後、十二支像の低さを考える必要がある、とだけは提起しておこう。

寅像は笑っている、ように見える。白虎もトラであるので、比べていただきたい。笑っているとまでは断言できないものの、迫力の違いは歴然としている。南壁の午像も文字通りの馬面で、少し驚いたような目は所在無く、呑気なムードを醸している。寅像の視線にも厳しさを感じない。激しく抗戦するのではなく、持ち場を離れないように命じられた衛兵のように、そこにいることに意味があると、私は以前に結論づけた。平たくいえば、侵入者に対して、警笛を鳴らすだけの役目であると考えている。

とはいえ、携えているのは笛ではなく、武器である。寅像は鉾《ほこ》を持つ。ただ、先端は剣菱形《けんびしがた》で、鋭利さは感じられない。舞楽で使用する鉾がこのような形をしている。刃部と長柄の接合部からは、半円形の板に色とりどりの布の短冊を並べたような飾りが垂れる。キトラ古墳の寅像の持つ鉾の幡は下端に縁がつき、赤色に塗られている（口絵）。短冊の一枚には同じ赤色が塗られ、他の短冊にも着色されているようだが、すでに脱色して、色の組み合わせがわからない。

北斉文宣帝《ぶんせんてい》高洋（五六〇年葬）の墓とされる河北省の磁県湾漳《じけんわんしょう》北朝壁画墓には、墓道に勇壮な儀仗《ぎじょう》出行図が描かれ、そのなかに半円形の飾りをつけた戟《げき》を持つ武士が見える（図30）。戟とは矛頭の付け根にL字形の戈部《かぶ》（枝状の刃）がついた長柄武器で、石上神宮《いそのかみ》に伝わる七支刀も戟の特殊形である。半円形の飾りを「幡《ばん》」

といい、短冊の垂飾を報告書では「彩帯《さいたい》」と名づけている。ここではその用語を借りよう。幡には獣面が描かれ、下に垂れた七枚の彩帯は「朱紅《しゅこう》・青灰《せいかい》・暗紅《あんこう》・黄褐《おうかつ》・白」などで色分けされ、ある彩帯にはペルシャ風の錦などによく見られる白色の連珠紋が描かれているという。残念ながら正式な報告書にも不鮮明な写真しか掲載されず、図面も大雑把で、詳細は記述のみに頼らざるを得ない。

このような戟と幡は唐墓壁画にも何例か見られるが、いずれも列戟《れつげき》もしくは棨戟《けいげき》と命名された、威儀を整える兵器架として登場する。『周礼』「天官」に祭壇や宮門を「棘門《きょくもん》」とせよ、という指示があり、後漢時代の学者が棘門に注釈をつけ、「戟をもってつくった門である」と論じたことを拡大解釈したことに始まる制度である。門前の左右に木架を建て、並べた戟の本数で主人の地位を示した（詳細は拙著『唐代皇帝陵の研究』

図30　河北省磁県湾漳北朝壁画墓の持戟兵士図（筆者トレース）

学生社）。妹の永泰公主と同じく唐高宗乾陵《けんりょう》に陪葬された懿徳《いとく》太子の墓（七〇六年葬）にその姿が見える。やはり幡に獣面が描かれ、五、六本の彩帯が垂らされている。朱色が目立つのは湾漳北朝壁画墓と同じで、キトラ古墳の寅像とも同じである。朱色は彩帯の組み合わせに入れなければならない色彩であったのだろう。

キトラ古墳の寅像が持つ鉾は列戟とも関係がありそうであるが、尖筆の跡がくっきりと残る鉾先の刃部は枝分かれをせず、戟ではない。おとなしく並べるものではなく、翻った袖や見得を切る左手を見ても感じるように、これから鉾を振るい始めそうな雰囲気を漂わせている。鉾を振るうといえば、今日の舞楽で舞台の清めとして行なわれる「振鉾《えんぶ》」は、文字通り鉾を振るう演目である。笛や鼓にあわせた優雅な動作の中にも、メリハリのある動きに戦いの激しさが伝わる。緩やかな動作に秘められた力強さは雅楽の真髄である。静かに立っているように見える寅像にも、これから鉾を振るうのではないかとの予感がする。

3　右前の白い衣装をつけた戌像

西壁の北寄りに襟や袖が赤色で描かれた白色の衣を着る像が残る。その位置から戌像であることは、まず間違いなかろうが、頭部は失われ、全体に損傷が激しい。一部が残っていただけでも幸いである。寅像と同じように右手に鉾を持っているようである。衣の白色は西方の色である。どうやら十二支は五行にもとづく五色をもって壁ごとに衣を色分けされていたらしい。東壁の寅像は脱色した紫色に見え、南壁の午像は鮮やかな朱色、北壁の三支は黒っぽい。

白色は漆喰の色と同化してしまうため、見栄えがしない。壁面は白い漆喰を塗っているため、そのまま墨線だけで輪郭を描けば白衣となるのだろうが、拡大写真を見ると、壁がこすれて真新しい色が見えている箇所の白に光沢があって鮮やかである。高松塚古墳の蛍光X線分析では、鉛の成分が多いことを感知しているため、鉛白が使われたのではないかと推定されている。白虎図の箇所では、白の上に白を重ね、発色をよくしたようである。戌像の衣の部分は、さらにその上に白を重ねたのかも知れない。今日、ペンキを塗る際も、白色は重ね塗りをするのが常識である。

さて、ここでは襟のことを話題にしておこう。戌像の胸元を見ると、襟を表現した逆三角形の下端が、画面に向かって左に流れている。像からすれば右へ流れる。つまり通常の右前であり、熟語では右衽《うじん》（右袵）という。衽は訓読みを「おくみ（おくび）」といい、着物を前で重ねてはだけないよう、幅を広くするために縫いつけた半端の布である。着物を重ねて右脇に衽を入れることを右衽といい、右前ともいう。右や左の話はやたらと混乱するので、私は「前から見てソの字に見える着方です」と簡単に説明することにしている。

図31　キトラ古墳石室西壁の戌像（筆者作図）

その反対が左衽であり、死装束をそうするものだと教えられるが、中国の史書などでは、蕃夷の人々の後れた習俗として、侮蔑的に記される。そういうことを気にして、養老三年（七一九）二月三日に元正天皇は「天下《あめのした》の百姓《おおみたから》をして、襟《えり》を右《みぎ》に」せよとの詔を発した（『続日本紀』）。逆に言えば、それまでは平気で左衽にしていたことがわかる。高松塚古墳の人物群像が左衽であることをもって、遅くとも七一九年までの絵画であろうと推測されるのは、そういう理屈である。ただ、十二支像の衣に関しては、大陸の手本を見て描いたのならば、そういう詔とは無関係の話になる。

4 日本の調査技術が救出した午像

日本の発掘調査技術は世界的に見てもトップレベルである。図面の制作や報告書の質も高い。濱田耕作先生が二〇世紀初めに近代的な考古学を起こされてから一世紀あまりの間、それぞれの考古学者が研鑽を重ねてきた結果である。キトラ古墳における石室の調査も慎重に進められた。発掘を担当した人々の苦労は相当なものであったと、部外者ながら敬意を表する。それにも増して大変であったのは、壁画の取り外しであったと聞いている。壁画を剥がす決断については賛否両論があるが、作業に当たった人々の努力は一点の曇りもない成果を生んだ。その最たる成果が、消え去るはずの運命であった午像の検出である。現場を指揮された東京文化財研究所の川野邊《かわのべ》渉《わたる》氏が二〇〇六年に飛鳥資料館で開催された展覧会の図録『キトラ古墳と発掘された壁画たち』に生々しい調査記録を綴っておられる。そのまま引用して、発見の感動と苦労を後世に伝えよう。

泥に覆われた漆喰層が非常に脆く取り外しが難航し、一部の漆喰を壁に残したまま取り外しを行なったところ、漆喰がない窓の部分に極めて鮮やかな赤色が覗いていました。この時は、技術者一同息を呑みました。取り外した漆喰層は極めて脆く、さらに取り出したことによって生じた水分の蒸発によってみるみるひび割れが生じました。とりあえず、水分を保たせる処置をし、奈文研に運びました。その後、泥の方に付着した顔料か本来の漆喰層かどちらを優先するのかを検討していただいた結果、図像の確認が優先との決定が下りました。それを受けて、図像確認のために、漆喰層をわずかずつ除去する作業を行い、逆像ながら、午像全体を確認することが出来ました。非常に脆弱な泥の上に乗っている顔料層の強化はなんとか行うことが出来ましたが、その基盤となっている泥の層は粒子が細かく、わずかな水分量の変化で微細な亀裂を生じてしまいます。今後午像をそれが乗っている泥の層とともに安定化することが最優先の課題です。現状は、湿気った塩の板の上に乗っているチョークの粉を保存しなければいけないような状態です。

図32　キトラ古墳石室南壁の午像（画像を左右反転して筆者が作図）

どうであろうか。緊迫した現場のシーンがありありと浮かび上がる記録である。このように、漆喰に描かれた午像は付着した泥に反転して残っていた。泥にパックされたのは鎌倉時代の盗掘後であろうから、四〇〇年を経過しても、午像の赤色が鮮明であったことの証でもある（口絵）。逆像であるから、図32のトレース図も左右を反転させ、本来の向きに戻している。漆喰ごと泥が剥がれ落ちた下方は失われているが、上半身はほぼ完璧に検出された。寅像と同じく右手で鉾を持つ。鉾先は剣菱形をしており、精細な写真を、目を凝らして見れば、午の頭部側に向かって分岐する戈部がついているように見える。となれば、鉾ではなく戟である。よって、二〇〇八年の拙著で掲載したトレース図を少し手直しした。戟頭の下には、やや離れて幡がぶら下がり、彩帯が五枚ばかり並ぶ。幡と彩帯のうちの二枚は衣服と同じく朱色が塗られていた。彩帯の端は剣菱形に尖り、午像の方向になびく。午の前から爽やかな風が吹いているようである。中国の北朝墓壁画や唐墓壁画では、幡の彩帯がよく揺れている。絵面《えづら》が単調にならないようにとの配慮と、場面が野外であることの暗示である。

衣服に注目すれば、朝顔のように大きく広がって翻る寅像や戌像の袖とは違い、午像の袖は長く下に垂れている。どちらかといえば、対面する北壁の三支とよく似た、おとなしい袖である。東壁と西壁、南壁と北壁の衣服をそれぞれそろえているのかも知れない。十二支の構成は何となく意味ありげである。

5　鉤鑲という名の武具を持つ北壁の三支

北壁は盗掘口から流れこむ水を何度か受けたようで、ひどく荒れていた。そのため、退色が進んでいたが、幸い持ち物や袖などはよく残る朱色であったため、輪郭は大体つかめる。そこで、頭部をよく見ると、亥像はイノシシの特徴的な耳、子像はネズミの小さな顔、丑像は角張った頬のラインが確認できる。亥・子・丑の三支であることは、まず間違いない（図33、一〇四頁上）。いずれも赤い襟と袖の黒っぽい衣裳を右衽にはおり、左手に弓形の器物を持つ。この写真を見たとき、私は即座に「鉤鑲《こうじょう》」という名の楯を思い浮かべた。三国志関連の小文を書き続けていた時期であり、後漢・三国時代の武器・武具を調べていたことが、偶然にもキトラ古墳の壁画に結びついた。弯曲した形をもって、弓であろうという推測も出されたが、弓にグリップはつかない。弓矢に欠かせない弦も表現されていない。ただ、鉤鑲とするには違和感もある。説明しよう。

鉤鑲は後漢時代（紀元一～三世紀）に登場する鉄製の楯であり、武士がそれを使って相手の刃を止めている姿が画像石に刻まれ、実物も河南省鶴壁《かくへき》市の工場建設中に発見されている（李京華「漢代的鉤鑲与鉄鉞戟」『文物』一九六五年第二期）。図34（一〇四頁下）はその実測図のトレースである。弓状に弯曲した鉄棒の本体に隅丸方形の鉄板がリベット留めされている。鉄板の後ろはグリップになり、そこを持って扱うようである。上下が外に向かって弯曲しているのは、そこで刃を止めるためであり、下端は丸い豆状の膨らみがつけられて、受け止める機能を補っている。鉄板から前方へ突起付きの短い棒が出ているのは、受け止めた刃が下方へすべるのを防ぐ工夫であろう。よくできた設計である。本体の長さは六一・五センチと報告されている。皮革製の一般的な持楯《もちたて》の高さが六〇～七〇センチであるから、これもまた片手で持って使うものだろう。そ

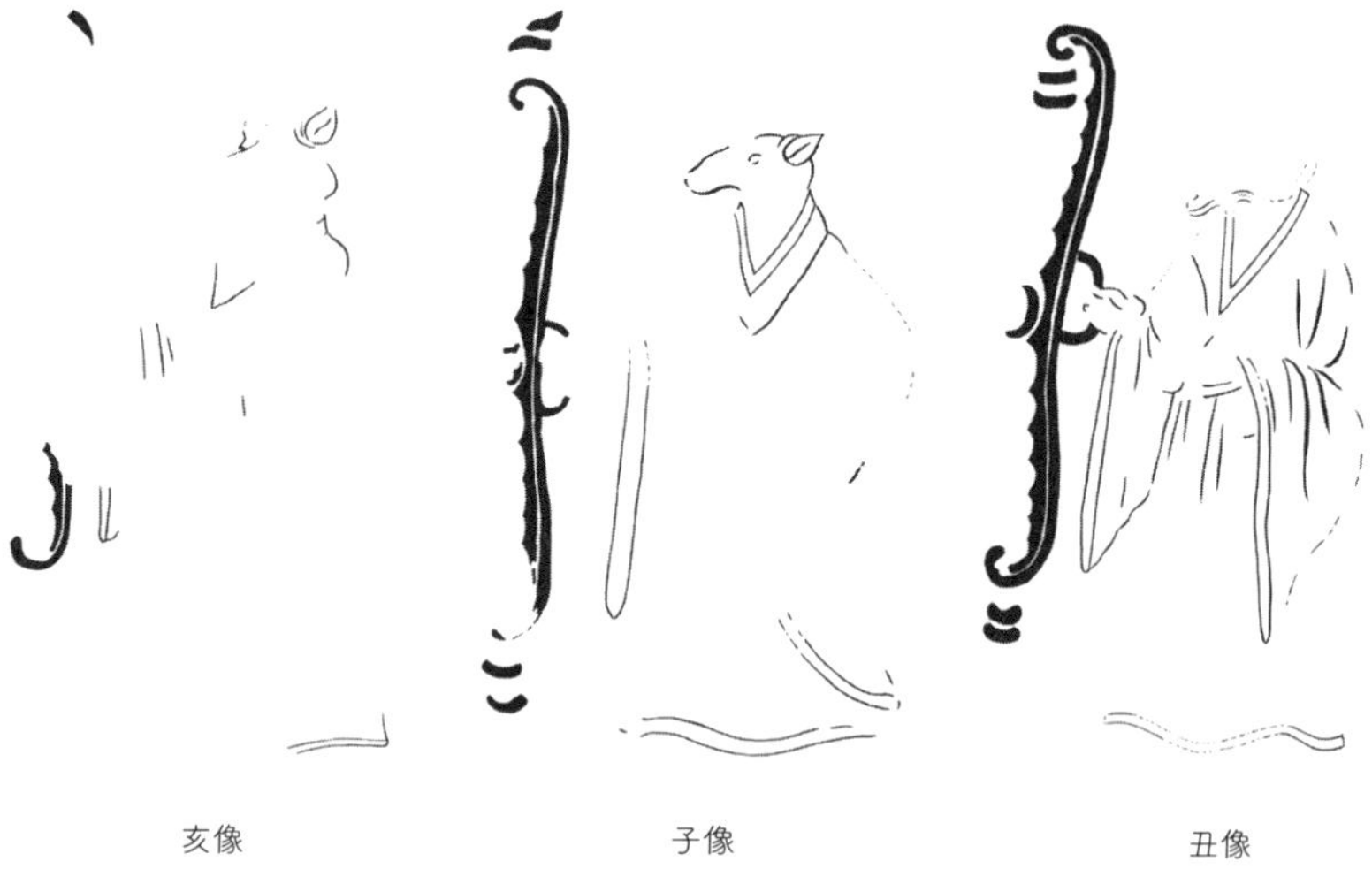

図33　キトラ古墳石室北壁の十二支像(筆者作図)

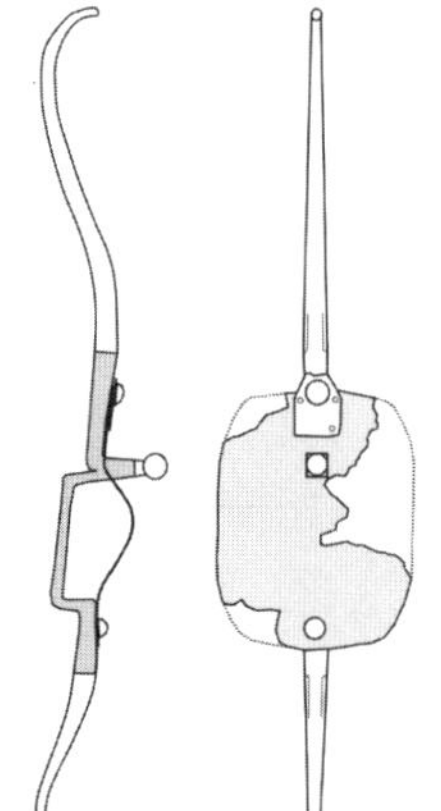

図34　後漢時代の鉄製鉤鑲(筆者トレース)

もそも拳《こぶし》を守るだけの鉄板では、置楯《おきたて》のように、飛来してくる矢に対して身を守ることはできない。

持楯は左手で扱い、右手に大刀を持って、相手の刃を止めながら隙を狙う。つまり、相手も同様の武器・武具を持つ一対一の個人戦で初めて有効な防具である。画像石における鉤鑲の使用場面を見ていると、集団戦ではなく、武術の試合のように見える。後漢時代は儒教が浸透し、礼節のある戦い、つまり武道が発達した時代でもある。そうした時代にふさわしい楯が鉤鑲であると思われる。日本でもそうであるが、武術は武者の舞になることが多い。わけても中国の武道は回転運動を旨とするため、舞になりやすい。

図35　江蘇鎮江出土の東晋画像甎

鉤鑲の存続期間は長くなく、東晋時代（四世紀）の画像甎《せん》（レンガ）に表現されたものが江蘇省鎮江市で出土しているが（図35）、この例を最後に、考古資料からも消えてしまう。ただ、その画像甎で鉤鑲と大刀を振るっているものが獣頭人身の神獣であることは興味深い。これは鉤鑲が現実の武道から神霊世界での武具に変化したことの証となる。鉤鑲が邪気に対する防具になったならば、厄除け儀式の用具となっても、おかしくはない。つまり、実戦で使用されなくなっても、辟邪《へきじゃ》の舞の小道具として存続した可能性はある。そのように類推するのは、キトラ古墳の三支が持つ鉤鑲に実用ではあり得ないものがついているからである。房《ふさ》飾りである。

三支のうち鉤鑲が最もはっきりと残るものは丑像である。それを見ると、後漢時代の実例と同じく、本体の上下は外に向かって弯曲し、先端が丸く膨れている。本体の前面が波状につくられているのは、刃が上下にすべらないようにとの工夫が残ったものか。グリップの前に突き出た三日月の飾りも同様の働きをするパーツであったのだろう。それらは防具としての機能を感じさせるもので、違和感はない。それはいいのであるが、上端と下端につけられた房飾りは不要であろう。この飾りを見ただけで、この防具が実用品でないことが明らかである。しかも、それはかなり揺れるものであったらしく、子像が持つ鉤鑲にいたっては、上端の房飾りが躍り上がっている。午像の傾いた幡のように、風が吹いていることを示したいのであろうか。あるいは子像が鉤鑲を振るったことを暗示しているのであろうか。

　鉤鑲と考えるには違和感があると先述したのはその点もある。ただ、それにも増して違和感を覚えるのが、長さである。三支の持つ鉤鑲は身長に近い高さがあり、相手の刃を止めるには長すぎる。もしこの端に刃を受けたとすれば、片手だけでは止めきれまい。実用の鉤鑲が六〇センチばかりであったのは、それなりに意味がある。持楯は必要最小限の高さでつくるものである。三支の鉤鑲は舞の小道具になって久しいのか、どうも見栄えを重視した姿に変貌しているようである。そこで楯を持つ舞楽の話をしておこう。

6　舞楽の小道具を持つ三支の役目

『日本書紀』持統二年（六八八）十一月四日の条に天武天皇の棺をいよいよ殯宮《もがりのみや》から出す際のことが記されている。まずは皇太子（草壁皇子）が公卿・百寮、諸国の賓客たちを率いて、慟哭の儀を行ない、奠《みけ》（酒食）を捧げ、そして、楯節舞《たたふしのまい》が挙行された。楯節舞は楯伏舞あるいは楯卧舞とも書き、楯と刀を持って舞う踊りである。伏や臥の字が当てられるのは、低い姿勢になり、楯を持つ姿勢が特徴であったためか。演者は必ずしもこういう凶礼だけに駆り出されるものではなく、天平勝宝四年（七五二）四月には、大仏開眼《かいげん》法要で五節舞《ごせちのまい》や久米舞《くめのまい》の演者たちとともに登場している。それはめでたい場であった。凶礼にも吉礼にも登場できるのは、熊の毛皮をかぶって厄を払う方相氏と同じである。

律令制のもとでは、今でいう公務員として舞者や奏者が置かれた。養老律令の「職員令《しきいんりょう》」によると、朝廷の「雅楽寮《げがくりょう》」には官員六人に加えて、雅楽の部門に歌師《うたのし》・舞師《まいのし》・笛師《ふえのし》など一〇人を勤務させよと規定されている。今風にいえば、国立の音楽大学の教員である。それ以外に、唐楽・高麗楽・百済楽・新羅楽・伎楽・腰鼓などの部門にもそれぞれ師匠が配備され、弟子たちを指導していた。舞師には一〇〇人の舞生《まいのしょう》がつき、日々の練習に努めた。雅楽は文武の雅曲《げこく》、正舞《しょうぶ》、雑舞《ぞうがく》などに分かれ、曲目には久米舞・五節舞・田舞・楯臥舞・筑紫舞・諸県舞などがあって、楯臥舞は土師宿祢《はじのすくね》や文忌寸《ふみのいみき》など一〇人が受け持っていた。彼らは甲冑をつけ、刀と楯を持って演じた。楯が刀とともに大事な持ち物であることは、今日の雅楽でも変わりはない。

北壁の三支が持つ房飾りつきの鉤鑲はこのような舞に用いられた楯であったのかも知れない。ただ、三支は右手に鉤鑲を持ち、左手には何も携えていない。いわば防御するだけの守護神である。これにも違和感を覚えるが、すぐ上に描かれた玄武の亀が防御をもって「武」とされることに通じるアレンジかとも思える。

画家が北壁の玄武と三支で「防御」を表現したのならば、他の壁にもそれぞれの役目をもたせた可能性は高い。東壁の寅像と西壁の戌像は、朝顔に似た大きな袖が翻り、動きを感じさせる。上方に描かれた青龍や白虎とともに「躍動」の印象を与える仕掛けか。それでは南壁はどうだろう。午像の鉾の先端が枝分かれしているとすれば、戟であり、戟といえば列戟を髣髴とさせる。列戟は門前で威儀を示す施設である。石室の門扉となる南壁に描くにふさわしい。ならば、上方の朱雀は、門から外界へ羽ばたく役目をもつ仕掛けか、と思えてくる。

十二支の着衣は五行説によって色分けされていた。二〇〇八年の拙著では、それらをもって陰陽五行思想の世界観をつくる構成要素であると、わけしり顔で結論づけたが、画家は四神と十二支をもって、もうひとつの演出をしていたのではないか。北壁で背後の憂いを断ち、東西の壁で門出の勢いを感じさせ、南壁で出発の気分を高める。被葬者の魂はおのずと動く。飛び立つ先は単なる外界ではなく、はるか上方の「天」である。あとで解説するが、天文図は四神や十二支と連動している。かつてキトラ古墳の壁画に昇天のテーマがある、とまでは読めたが、まさか十二支の持ち物にいたるまで仕掛けの伏線を張っていたとは。画家の思索はどこまで深いのか。脱帽するしかない。

Ⅲ　飛鳥美人たちはなぜ描かれたか

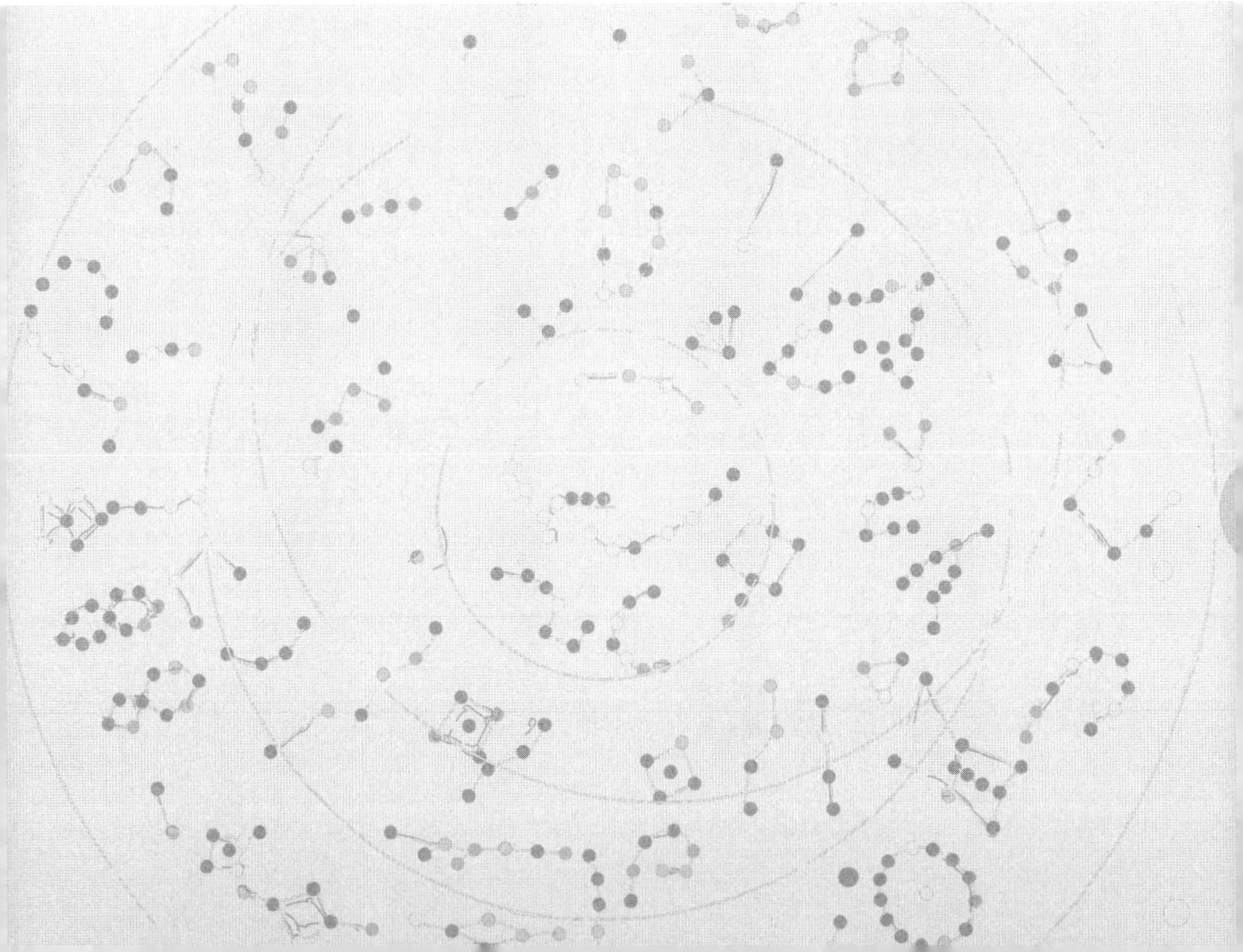

一　威儀を示す男たち

1　軽い色彩の人物群像

「ピクニック気分の万葉人」と、二〇〇八年の拙著で人物群像を評したのが真面目な研究者を刺激したようで、その後、複数の反論があった。ただ、この感想は、あれからまったく変わっていない。これからも変えるつもりはない。

高松塚古墳の群像はとにかく軽い。彼らの動きや表情だけでなく、その色遣いに重さが感じられない。一九六〇年代に欧米を席巻したポップアートを思わせるような配色である（口絵）。かつては「葬送の絵画」などと解説されたものだが、そういう暗さとは無縁の色彩である。国宝であることの理由をいうなら、「七、八世紀の全世界において、これほど軽やかな絵画はなかろう」という、粋な評を加えていただきたいほどである。大陸の影響を受けた画風であることは間違いないが、画家はいかにも「日本的な」作品を遺してくれた。皮肉ではない。深みのある軽さこそが日本文化であると、常々思っているから、こういう言い回しになる。ご理解いただきたい。

さて、高松塚古墳の人物群像をおさらいしよう。群像は四人一組で、四組一六人が描かれている。南寄り

（入口寄り）の両壁に男性群像、北寄り（奥壁寄り）の両壁に女性群像が描かれている。被葬者が北枕だとすれば、足元に男たち、顔のすぐ横に女たちが描かれていることになる。被葬者は歯牙の磨耗度による鑑定から中高年の男性であると推定されている。そのことをもって「最高の贈り物です」と、よく講演・講座で冗談交じりに話をする。ただ、男性を前、女性を奥に描くのは、唐墓壁画などでは当たり前のことであって、画家の独創ではない。そこで、これからの比較のために、七〇六年に再葬された懿徳《いとく》太子の墓を例として、唐墓の壁画構成を解説しておこう。

2　懿徳太子墓の壮大な壁画

懿徳太子は諱《いみな》を李重潤《りじゅうじゅん》といい、第四代皇帝、中宗李顕《りけん》の次男である。のちに中宗を毒殺した韋《い》皇后の子であるが、そのような事件が起こるかなり以前の七〇一年に世を去った。謀反の計画ありとして死を賜ったのだが、則天武后による李氏粛清の一環であった。当時、重潤は数え年の二〇歳で、同時に死を賜った妹の永泰公主李仙蕙《りせんけい》にいたっては、まだ一七歳であった。帝位を剥奪されていた中宗が七〇五年に復位し、則天武后が世を去ると、中宗は悲運の息子と娘の亡骸を父の高宗が眠る乾陵の近くに破格の扱いで改葬させた。そのような経緯から、懿徳太子墓や永泰公主墓の墓室壁画は、すぐ近くにある章懐《しょうかい》太子墓の壁画とともに、一流の画家が手がけた芸術性の高い作品となっている。唐墓壁画の最高峰といっても過言ではない。

図36（一一三頁）をご覧いただきたい。長安や洛陽の近郊には黄土の台地が広がり、地下水位が低く、土のしまりがよいことを利用して、地下深くに墓室を構える土洞墓《どどうぼ》が発達した。四角い竪穴を掘り、底の壁に

横穴を穿って墓室とした墓である。戦国時代に発生したのち、しばらくは上から棺を吊り降ろして墓室に入れていたが、そのうち離れた場所から竪穴に向かうスロープを掘り、奥壁にトンネルを開けて、吊るさずに棺を入れる形式が現れた。それが発展すると、こういう立派な構造になる。竪穴が並んでいるのは、墓室を深くするため、底までの深さを調節しながら穴を並べ、その底をトンネルで貫いてスロープの墓道を延長させるための工夫である。これらは工事中や埋葬時の明かり取りにもなる。中国の考古学者は竪穴といわず、「天井《てんせい》」と呼び、前（南）から第一、第二と数えている。ただ、日本語の天井《てんじょう》と漢字が同じで紛らわしいため、ここでは便宜的に吹抜《ふきぬけ》と呼んでおく。

吹抜の数は身分を示し、最高を九つとして、皇太子ならば七つの吹抜が並ぶ。墓室も皇子クラスならば一室であるが、前後二室にしているのは、皇太子の規格である。ちなみに、皇帝陵は三室である。墓道と吹抜を結ぶトンネルを「過道《かどう》」といい、両側の壁に掘られる側室を「小龕《しょうがん》」という。このあたりは埋葬後に版築で埋め戻される。スロープが水平の通路に変わるところから奥へ続くトンネルを「甬道《ようどう》」といい、穹窿天井《きゅうりゅうてんじょう》（ドーム型天井）の前後二室も含めて、内から甎《せん》（レンガ）を積んで崩落を防いでいる。

埋葬後、甬道の入口に甎を積んで閉塞し、その外は版築で埋め戻されるが、内側は空間として残る。空間のなかに前後ふたつの石門が設けられるのも皇太子クラスの規格である。後室は西側が広くとられ、そこに棺を収める石槨が建てられる。寄棟造りの木造建築をかたどったもので、壁面・扉・柱などは線刻画で埋め尽くされる。概して石槨や石門の線刻画には優れた作品が多く、壁画とともに唐代絵画史を語る際の貴重な資料となる。

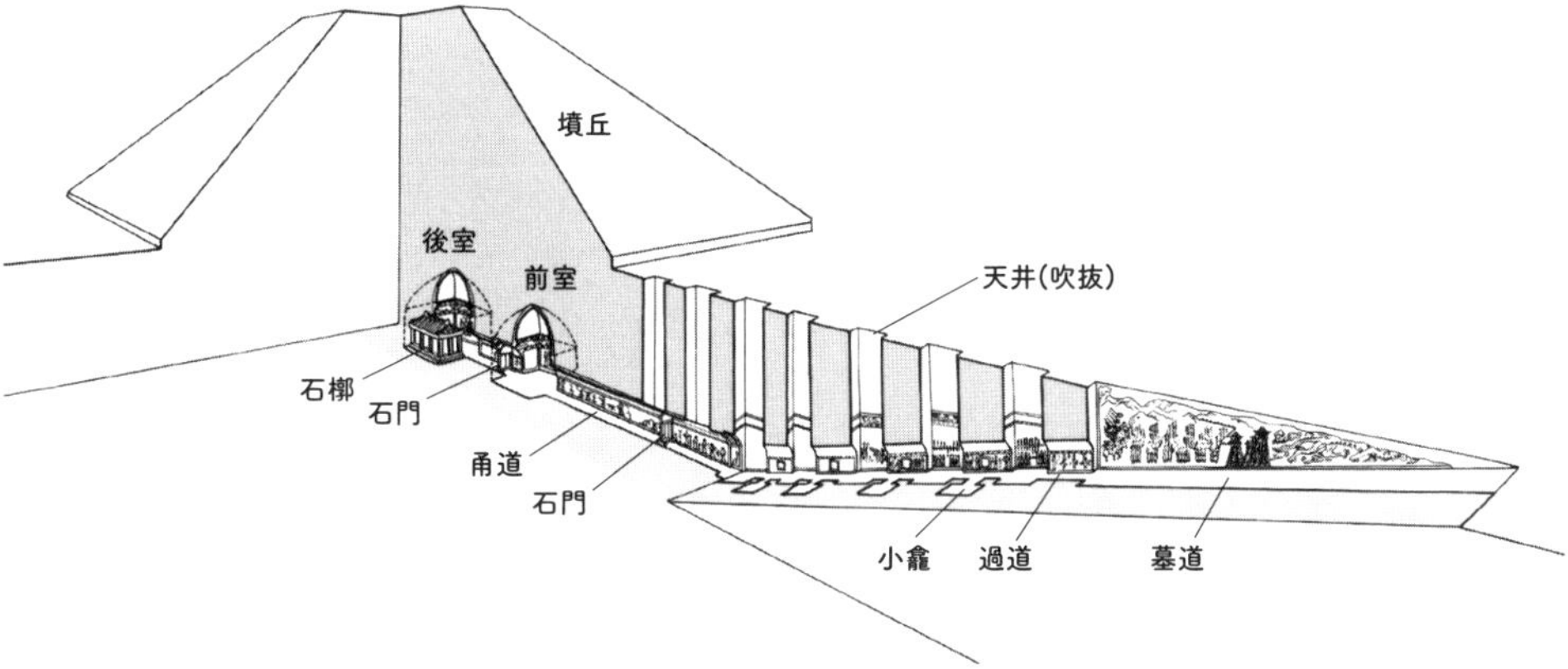

図36　唐懿徳太子墓の構造（筆者トレース）

壁画は墓道・過道・吹抜・甬道・墓室の壁面や天井に漆喰を塗って描かれる。墓道入口には雲紋が散りばめられ、そのなかを東壁に青龍、西壁に白虎が闊歩する。ともに地上に出る南側を向き、後方の儀仗《ぎじょう》隊の先導役を務めているような印象を受けるが、二匹の後ろには楼閣《ろうかく》があり、架空世界と現実世界を分けている。門外の広場に並ぶ多数の儀仗隊は、数人で隊伍をつくり、後ろから主人が出てくるのを待っている。誰一人として後ろを振り向く者はおらず、真面目さが伝わる。彼らに動きはなく、旗だけが風を受けて後方へはためいている。儀仗隊の背後に山が並ぶが、長安城のすぐ近くに山はない。これから遠方に出かけることを暗示するものだろうか。

墓道奥壁の過道上には、門楼が描かれる。宮殿に入るように墓室へ入ってゆく演出は、キトラ・高松塚古墳の第一天井石の屋根形加工に共通する。門をくぐって中庭に入り、中庭の奥にある門をくぐって次の中庭へ、という繰り返しをもって深奥《しんおう》性を高めるのが宮殿の設計理念で、唐墓では、それを過道と吹抜で表現している。庭には樹木や草花が植えられ、その間にオオヤマネコやヒョウを連れた胡人（北方や西方の異民族）たちが並ぶ。やはり主人の外出を待っているようだが、儀仗隊ほどには硬くない。顔の向きも不揃いである。吹抜の左右両壁に先述した列戟（九七頁）が設けられ、その前に儀仗隊が整列する。ここでも後ろを向く兵士がおり、会話をしているようである。列戟の吹抜が二回続いたあと、その奥には鷹狩の用意をした男たちや袋に包んだ団扇《うちわ》を持つ女たちが待つ。団扇は丸い扇であり、主人にさしかけるため、翳《さしば》ともいう。夏は涼風を送り、冬は寒風を遮るために使う。袋をかけているのは、主人がどこかに着座するまでは使わないからであろう。彼らの後方に主人の乗用車らしき幌《ほろ》つきの車が描かれることから、狩人や侍女たちはともに外出をするのだろう。

一方、甬道に入れば、ロウソクの立つ燭台を手にした女性も描かれる。外出の印象はなく、宮中の庭でくつろぐ女性たちに変わる。女性たちの間に草花をはさみ、花の香りを暗示する。室外の空気を吸ってリフレッシュしているような場面である。前室や後室にいたっては、柱や梁まで描かれ、完全に室内の風景となる。とはいえ、閉塞感を避けるためか、柱間は壁がなく、女性たちが室外の渡廊や回廊を行き来する光景が描かれる。前室では、菓子を盛る盆、手水を入れる瓶《へい》、虫を払う払子《ほっす》、灯りとなる燭台などを持ってこちらに向かってくる女性が描かれ、後室では女性の持ち物に箏《こと》・箜篌《くご》（ハープに似た弦楽器）・琵琶などの楽器が加わる。後室の女性たちはそれほど列をなさず、主人が座を立つのを待っているかのような雰囲気が漂う。雑談が聞こえてきそうな場面である。出かけるといっても、城外ではなく、宮中の他の場所であろう。

前室・後室とも梁から上にはそれまで描かれていた花柄の格《ごう》天井はなく、屋根が飛んで空が広がり、穹窿天井に星や天の川、日月などが適当に散りばめられる。星座を几帳面に表現することはせず、「適当に」という表現がふさわしい描き方である。穹窿天井の形そのものが天体であるため、正確さは求められなかったのであろう。星空の雰囲気が出ればいい、程度の天文図である。

総括すると、壁画は墓道から墓室にかけて段階的に構成され、(一)門外に並ぶ儀仗隊、(二)狩りをともにする男性、(三)外出用の車にしたがう男女、(四)宮廷で外気を楽しむ女性、(五)宮中生活の供をする女性の順に五段階で展開する(表3、一四一頁)。

三段階でくくれば、威儀を示す場面(前方画)、外出をうながす場面(中間画)、宮中生活を楽しむ場面(後方画)の順となる。さらに大きく割り、二段階でくくれば、遠方への外出(野外場面)と宮中での享楽生活(室内場面)に分けられる。いずれの人物群も主人を動かそうとする目的をもつが、人物の表情を見ると、前方から奥に向けて徐々にリラックスしてゆき、誘いの強さが緩まる。いきなり強く引っ張り出すのではなく、主人が自分のペースで気持ちよく外出できるようにとの配慮がうかがえる。実によくできた構成である。

それでは、高松塚古墳の人物群像はどうか。懿徳太子墓壁画のような理知的な構成はあるのか。被葬者をリラックスさせる仕掛けはあるのか。それを確かめるため、組ごとに検証してゆこう。

3　四の目に並ぶ東壁の男性群像

東壁の男性群像(図37、一一七頁上、口絵)は、上から見てサイコロの四の目のように、二行二列で並んでいる。前二人は石材の隙間から侵入してきた木の根が垂らす鉄分を含んだ水によって茶色く変色し、見えづらい。東男1(東壁男性群像第1人物の略。以下同じ)はアゴにヒゲを蓄え、くすんだ青っぽい色の上着をはおり、頭には黒い帽子をかぶる。胸の前に黄色い平袋《ひらぶくろ》を抱えているようで、左肩に懸けた吊り紐と四角い袋の上端が見える。平袋は僧侶の頭陀袋《ずだぶくろ》に似ており、何らかのつながりがあるのかも知れない。下半身は大きく損なわれ、上着の下端の隅と思える箇所がかろうじて確認できるにすぎない。ヒゲやもみあげや眉は毛を一本一本、丁寧に描いている。北朝陵墓や唐墓に見られる手法である。

東男2は東男1の右横（人物から見た左右。以下同じ）に並ぶ。肩のラインがそろい、きっちりと横並びになっていることがわかる。姿勢は東男1と同様であるが、手には傘蓋《さんがい》を持っている。長柄の持ち方は左手が上、右手が下で、両手の間は拳《こぶし》が三つのほど入る隙間をあけている。柄を胸や肩に当てず、腕の力だけで支えている様子は真面目さを感じさせる。上着は黄色く、袖のなかに緑色の裏地が見える。派手な色遣いである。下半身の損傷は東男1よりもひどい。頭には黒い帽子をかぶり、風で飛ばされるのを防ぐ掛緒《かけお》がうなじから頬にかけてはっきりと見える。よく見れば、東男1にも掛緒が見えるが、次の東男3にはない。前二人は風表《かざおもて》になるため、子どもの帽子のような紐が必要なのであろう。

4　傘蓋の色が語る被葬者の身分

さて、東男2が持つ傘蓋であるが、表は深緑、裏地は赤色である。傘の柄が当たる頂や骨の先が当たる四隅は柿のヘタのような形をした赤い錦の布で補強され、四隅からは緑色の房《ふさ》飾りが垂れる。錦は菱紋・重圏《じゅうけん》紋・連珠紋の組み合わせ紋様を織りこんだペルシャ風の錦で、同様の錦を表に貼りつけた補強布が正倉院南倉の宝物に残る。ペルシャ伝来の錦をまね、四川で生産されたものが出回ったため、「蜀江錦《しょっこうにしき》」ともいう。四隅の房はそれぞれ鎖編みをした二本の太い紐を垂らし、途中で蝶結びにしてボリュームを出している。傘蓋

図37　高松塚古墳の東壁男性群像（筆者作図）

図38　高松塚古墳の西壁男性群像（筆者作図）

品位		表	裏	頂・角	総
皇太子		紫	蘇芳	錦	紫
親王	一品〜四品	紫大纈	朱	錦	紫大纈
諸臣	一位	深緑	朱	錦	深緑
	二位・三位	紺	朱	錦	※
	四位	縹	朱	錦	

※二位・三位も左右大臣・大納言であれば、総を垂らすことができる。

表2 「儀制令」に規定された親王・諸臣の傘蓋（筆者作成）

は配色などが使用する貴族の身分を示すことから、壁画をもって被葬者を考える際に最もよく引き合いに出される持ち物である。そして、養老律令の「儀制令《ぎせいりょう》」に見られる次のような規定が必ず引用される。

凡《およ》そ蓋《きぬがさ》は、皇太子は紫の表《うへ》、蘇芳《すは》の裏《うら》、頂《いただき》及び四角《しすみ》に錦を覆《おほ》ひて総《ふさ》垂れよ。親王は紫の大き纈《ゆはた》、一位は深き緑、三位以上は紺、四位は縹《はなだ》、並に朱《あか》き裏、総《ふさ》には同色《どうじき》用ゐよ。

蘇芳は深紅、纈はシボリ、縹は水色である。この条文には『令義解』の加筆があって、

四品以上及び一位は頂《いただき》・角《すみ》に錦を覆ひて総垂れよ。二位以下は錦を覆へ。唯《ただ》し大納言以上は総垂れよ。

という。少し複雑なので、表2で整理してみた。東男2の持つ傘蓋は表が深緑、裏が朱で、表と同じ深緑の総（房）を垂らしているから、律令制下であれば、諸臣の一位に相当するが、一位に相当する官は太政大臣で、飛鳥・奈良時代では大友皇子・高市皇子・藤原仲麻呂・道鏡の四人だけである。該当するのは高市皇

子だけであるが、高市皇子は親王でもあるため、紫系の傘蓋を用いたはずである。このように制度化する前のこととしても、東男2が持つ傘蓋は親王か左右大臣クラスでなければ、おそらく使用ができない配色である。

5 平たいカバンと白い袴

東男3も東男1と同じような青っぽい色の上着をはおり、同じような黄色い平袋を胸に抱えている。右肩の吊り紐は明瞭で、そのラインはわずかに弧を描く。つまり、袋の中身は軽い。右手の添え方も下からではなく、横からである。重い荷物の持ち方ではない。袋は膨れておらず、板かシートのような平たい物を入れたようである。唐墓では李寿墓の石槨線刻画に似たような図柄がある。そこでは吊り紐はなく、飾りのついた「茵褥《いんじょく》」という名の座布団をふたつ折りにして腹の前に抱えた姿に描かれている。壁画では、やはりふたつ折りにして、小脇に抱えた例も見られる。どうやら座布団はふたつ折りが礼儀のようである。東男3が抱えたものは、座布団ほどの厚みは感じられず、やはり袋かと思われる。ただ、図柄の一致から、その中身が座布団の役目をするものと考え、二〇〇八年の拙著では「ピクニックシート」と表現してしまった。「敷物」程度に抑えておけば、反発を受けずに済んだかも知れない。基本的に見解は変えないのだが。

東男4は緑色の上着をはおり、下には「白袴《はっこ》」という白いズボンをはいている。男のズボンには天武朝から制服の模索があり、天武一一年（六八二）三月二八日の詔では親王以下、百寮の人々にいたるまで朝服《じょうぶく》に脛裳《はばきも》を着用することを禁じたが、朱鳥元年（六八六）七月二日の詔では脛裳の着用を許してしまった（『日本書紀』）。それを文武天皇は慶雲《きょううん》三年（七〇六）に再び禁じ、男は白袴をはけと命じたのである。脛裳の姿は不明であるが、その名からスカート状であったことは想像できる。スカートからズボンへという改革である。

東男４などが白袴をはくことから、高松塚壁画を七〇六年以降の作品であるとする意見もあるが、流行とお触れは必ずしも一致しない。天武一一年の詔によって大半は白袴をはくようになり、それが流行に圧されて撤回され、再び徹底が図られたのだから、原則的には白袴をはくのが朝廷の方針であり続けたのではないのか。そもそも、誰一人として着用していない衣裳をいきなり朝服として強いるだろうか。詔は方針にしたがわない者に対する訓戒と考えたほうがよい。

それはそうと、東男４が右肩に当て、右手を逆手にして持つ、赤く長い袋の中身は大刀《たち》と思われる。男性の身長を一六〇センチとして測れば、長さは一メートル強であり、袋の口を折り返して結ぶ作法などからして、鞘《さや》に納めた大刀として不自然はない。佩帯《はいたい》していないことから、主人の大刀であることも間違いなかろう。東男４がみずから護衛するための武器ではなく、外出する主人を立派に見せる儀仗具である。大刀袋に入れるのは、金物である大刀を野外で雨雪に晒さないためである。刀剣や弓矢は裸で持ち歩かない。

後列の東男３と東男４は身体を前に向けながらも、肩の方向が前二人と異なる。東男３が振り向いて話しかけるのに対し、東男４が応じているようである。あるいは、東男３はさらに後方の女性たちを見ているのかも知れない。真面目な前二人とは好対照であり、緊張を和らげてくれる。この点が男性群像の最も大きな仕掛けであると、私は思っている。

6 折りたたみ椅子は西方伝来

西壁の男性群像（図38、一一七頁下、口絵）の並び方は東壁の男性群像と同じである。サイコロの四の目に整列し、前二人は肩を並べて、まっすぐ前を見ている。東西の壁をあわせて、四人が横一列に整列していることになる。さしずめ「横一線のスタートライン」というところであろうか。風表となるため、西壁でも西男1と西男2の帽子には掛緒がつけられている。強風にあおられても、慌てて帽子を押さえることができない立場であるのだろう。少なくとも、西男1は「胡床《こしょう》」という折りたたみ椅子を両手で持っているため、手が離せない。大きな傘蓋を両手で持つ東男2と同じである。行進する楽隊の帽子に掛緒がつけられるのと同じ理屈である。

西男1は黄色い上着をはおり、緑色の帯をしめている。そこではたと気づくのだが、東西壁ともサイコロの四の目整列のなかで、右前方の衣裳が黄色く、右後方の衣裳が緑色である。また左サイドは前後とも青っぽい色で統一している。八人でそろえるのではなく、四人一組のなかで配色している。推古朝の冠位十二階より以降、朝服の色で位階を示してきたことを考えると、被葬者の付き人である男八人のなかにも上下の差があり、位にあわせて配列を定めていたのではないか。と思えてくる。役の辛さから言えば、傘蓋を持つ東男2が最下位で、軽くはあるが、道具の品格において劣る胡床を持つ西男1が下から二番目といったところであろう。いずれも四の目整列の右前にいて黄色い上着をつけているということで共通する。絵画として、色彩バランスを考えての配色であるかも知れないが、研究すれば、面白い事実が浮かび上がることもある。

胡床は西方伝来の家具で、後漢時代の霊帝期（在位一六八～一八九年）にシルクロードを通じて中国社会に入ってきたという。魏晋時代には着鎧《ちゃくがい》の武将が軍幕で用いるものとなり、隋代には農村にまで普及していた。唐墓壁画では侍女が持つ品々のひとつとなっている。西男1が持つ胡床は木製部分が黒漆で仕上げられた高価なもので、座面となる白布の裏に平行の紐を渡しているのは、体重を支える補強策であろう。身長をもって測れば、高さは三五センチばかりで、使用時には三〇センチ、つまり一尺ばかりとなる。それほど高くはない。尻に当たる横木が円棒となっているのは、すわり心地をよくするためで、そういう細部まで手を抜かず描写していることに感心する。左手が西男2の影に隠れているが、両手を使い胸の前で持っていることは明らかである。

7　不自然に膨らんだ男の手

ちょびヒゲを生やした西男2は右肩に長い武器をもたせかけ、右手を下方に当てて逆手に持っている。東男4が持つ大刀と同様、赤い袋に包み、刃部は袋の口を折り返してくくっている。長さは身長比で一四〇センチ弱であり、鉾にしては短い。鉾や槍は、直立して手をあげ、指が切っ先にかかるほどの長さが最適であると、武器研究家から聞いたことがある。つまり二メートル前後である。正倉院に「手鉾《てぼこ》」と呼ばれる長刀《なぎなた》が五本伝わり、そのうちの二本は全長が一四〇センチあまりである。袋の中身が手鉾である可能性は高い。東壁の大刀と同じく主人用の儀仗具であろう。

西男2の左手は不自然な位置にある。下げるでもなく、上げるでもなく、また腰帯に指をかけているわけでもない。軽く握って、手の甲を膨らませている。よく見ると、膨らんだ手の甲はやや下に向けられ、それに伴って肘が曲がる。曲がるというよりは、肘を張っている風に見える。つまり、威勢を張っているのである。このようなポーズは唐墓壁画にも見られるが、かの地では大刀の柄を握っている。握っているから、手が膨らむ。手の表現はそういう画面を模写したものだろうが、西男2は大刀を佩《は》いていないから、おのずと柄は省かれ、膨らんだ手だけが中途半端な位置に残る。そこでまた気がつく。男性は八人ともに自分を守る大刀を携帯していない。いわば護衛の兵士ではない。

ここで、舎人《とねり》と呼ばれる付き人たちの実態を示す史料を紹介しておこう。壬申の乱の一幕である。吉野で挙兵を決意した大海人皇子《おおあまのみこ》、のちの天武天皇が舎人である村国連男依《むらくにのむらじおより》・和珥部臣君手《わにべのおみきみて》・身毛君広《むげのきみひろ》らを美濃国へ先発させたあと、残った舎人のひとりが次のように忠言した。

近江の群臣《まへつきみたち》、元より謀心《きたなきこころ》有り。必ず天下を害《やぶ》らむ。則ち道路《みち》通ひ難からむ。何《いかに》ぞ一人の兵《いくさ》無くして、徒手《たなで》にして東《あづま》（尾張・美濃国）に入りたまふ。臣《やつかれ》恐るらくは、事の就《な》らざらむことを。

腕のたつ者をすべて先発させ、武術を心得ぬものばかりを残してどう切り抜けるのか、という嘆きであり、このあと大海人皇子は後悔して三人のうち一人でも呼び戻そうとした。『日本書紀』の逃避行記事は同行した舎人の日記を収録したものであるため、信憑性は高い。それにしても、呑気な話である。事後に忠言した舎人もどうかと思うが、先に気がつかない皇子も間が抜けている。身に危機が及んだ際にもこうであるから、当時の人々がいかに防衛・防犯に無頓着であったかがわかる。『日本書紀』や『藤氏家伝《とうしかでん》』には、警戒心の強い蘇我入鹿が大刀を肌身離さなかったと記す。逆にいえば、一般には大刀を佩かなかったことになろう。画家は八人の腰からわざと大刀を省いたのではなさそうである。

西男3はこちらを向いている。立ち位置は四の目を崩していないが、向きは他の三人と異なる。唐墓壁画の群像図にも同様の表現があるので、こういう人物の描き方は画家の独創ではなかろうが、鮮やかな緑色の上着をはおり、黄色い平袋を胸に当てて直立する人物は、西壁男性群像のアクセントであり、漢詩でいう起承転結の転に当たる。また、見る者の緊張を解く仕掛けともなっている。

ところで、西男3が持つ黄色い平袋の蓋には赤い絵具で何かが描かれている。中央の丸いかたまりから上方に向けて、翼のような弯曲する平行線が幾筋もひかれている。朱雀がこちらに向かって飛んでくるような姿にも見えるが、よくわからない。これが解読できれば、袋の用途もわかるかも知れない。

8　男たちのかぶりもの

袋を持つ西男3と長刀を持つ西男2の帽子は比較的鮮明に残っている。掛緒が有る無しの違いはあるが、帽子の描き方は同じである。帽子は二段に分かれ、下段は頭が入り、上段は髷《まげ》が入る部分であろう。その境目に黒い鉢巻状の紐が見える。帽子の生地は斜格子紋で表現され、それぞれの坪に菱形の紋様が実に丁寧に描きこまれている。そういう細部を見ると、斜格子は生地の粗さを示すものではなく、帽子を仕立てる布のパターンが斜格子と菱紋の組み合わせであったことがわかる。

目が粗く見えるので、「紗」という風通しのよい絹織物を漆で固めた「漆紗冠《しっしゃかん》」ではないかと考えられ、

『日本書紀』天武一一年（六八二）六月六日の条に見える「男夫《をのこ》始《はじ》めて髪結《かみあ》ぐ。仍《よ》りて漆紗冠《うるしぬりのうすはたのかうぶり》を着る」の記事がたびたび引用される。二〇一三年に長岡京左京の地から黒漆をかけた実物も出土して話題になった。その目は斜格子であったが、壁画に描かれた斜格子とは、目の細かさが違う。どうも違和感が残る。

　そこで東男3と東男4のかぶる帽子に注目していただきたい。彼らの帽子は真っ黒で、斜格子は見えない。二段に分かれるのは同じであるが、境目の前後に尖った角のような突起が見え、東男3では、後頭部からうなじへ長い一本が垂れている。明らかに西男2や西男3の帽子とは異なる。有名な法隆寺伝来の聖徳太子肖像にも黒い帽子のうしろから同様の角状突起が二本出ている。このようなかぶり物は唐墓壁画にも常見されるもので、名を「幞頭《ぼうとう》」という。中国では日常生活でも「後頭部に結い上げた髻を人に見せてはいけない」というマナーがあるため、皇帝から庶民にいたるまで、男はすべて髻を隠す帽子をかぶった。そのような帽子を「幘《さく》」という。冠は身分を表示するため幘の上につけるもので、あわせて冠幘《かんさく》という。

　幘はその字に含まれる巾の意味で、頭巾である。幞頭は幘の進化形であり、二枚の長い黒布を重ね、額からうなじへ向けてかけ、一枚を後ろでしばり、もう一枚を髻の前に回してしばる。しばった端が二本の角のように見えて、かっこうがよい。さらにかっこうをつける場合は「巾子《きんし》」という、漆で固めた布製のカップを髻に載せ、その上から幞頭を施す。こうすれば、髻を高く見せられる。髪の薄い者はなおさら使いたいということもあり、隋代に起こり、唐代に流行した。一九六四年に新疆《しんきょう》ウイグル自治区トルファン市のアスターナ古墓群で唐墓から実物も出土した。それを見ると、長岡京市で出土したものと似ている。天武朝に義務づけた漆紗冠の用語は、この巾子からつけられたのではなかろうか。

つまり、漆紗冠の「冠」は身分を示すかぶり物の意味ではなく、髷に載せて包むという意味を示すものと考えたい。そもそも、舎人たちは本当の意味での冠をつける身分ではない。彼らがつけるものは、唐流にいえば、幞頭である。唐人たちは流行にのって、かなり面倒くさい巾子と幞頭の着用を続けたが、日本では早くも省略形が発明され、巾子と幞頭を兼ねた帽子、つまり烏帽子ができあがったのでは。そのような推理ができるのも、画家が忠実に当時の服飾を描いてくれたおかげである。

9 飛鳥・奈良時代の超人気スポーツ

西男4の持ち物が外出の目的を物語る。毬杖《ぎっちょう》である。唐墓壁画で侍女が持つT字形の杖と比べられることが多いのだが、明らかに形状が異なる。彼が左肩でかつぐように持つ杖の長さは身長比で九〇センチばかりと、毬を打つ毬杖としても、歩行を助ける杖としても使えそうな長さである。ただ、上に向けられた頭はL字形で一方に曲がる。角度はやや鈍角で、曲がり角が、若干ではあるが、幅広くつくられている。私は二〇一〇年に平城遷都一三〇〇年を記念して放映されたNHK番組の『奈良時代一周』に出演したが、その際に、同じ大きさ、同じ形状の木棒を自分でつくり、俳優の瀬川亮さんと平城宮跡の草地で毬を打ち合った。使ってみると、よくできた形状で、実に打ちやすい。まさしく実験考古学的に毬杖である可能性を検証済みである。

毬杖を使って毬を打ち合う競技を「打毬《だきゅう》」という。中大兄皇子と中臣鎌足との出会いの場面で皇子が行なっていた打毬《まりうち》（『日本書紀』の表現）は状況からして、足で毬を打つ蹴鞠《けまり》であり、打毬《だきゅう》ではない。打毬《だきゅう》は杖で毬を打ち、相手のゴールに入れる競技である。まさしくグランドホッケーである。大陸では騎乗して打ち合う騎馬打毬、いわゆるポロが流行し、日本でも平安時代に朝廷で行なわれた。『宋史』「礼志」によれば、騎馬打毬はもともと軍中の戯れであったという。西男4が持つ毬杖は形状や長さからして、走りながら打つ徒歩打毬用であろう。その流行を示す奈良時代の一首をあげておく。

梅柳《うめやなぎ》　過ぐらく惜《を》しみ　佐保《さほ》の内《うち》に　遊《あそ》びしことを　宮《みや》もとどろに

（『万葉集』巻六－九四九）

この歌のどこが打毬のことを示すのか、と思われるであろう。解説が必要である。奈良時代初期の神亀《じんき》四年（七二七）正月に、聖武天皇が諸王・諸臣たちに勅命して近衛の役所である授刀寮《じゅとうりょう》に閉じこめ、その恨み言として詠われた長歌に添えられた反歌である。左注に詳しい事情が記される。

右は、神亀四年正月、数王子《おほきみたち》及諸臣子《またおみたち》等、春日野に集ひて、打毬《まりうち》の楽《たのしび》を作《な》す。その日忽《たちまち》に天陰《そらくも》り雨ふり雷《かみ》なり電《いなびかり》す。この時に宮の中に侍従と侍衛と無し。勅《みことのり》して刑罰を行ひ、皆授刀寮に散禁《さんきん》して、妄《みだ》りて道路《みち》に出づることを得ずあらしむ。時に悒憤《ゆうふん》して、この歌を作る。

旧暦の正月は現在の二月であるから、まだ寒い季節である。長歌には春の訪れを感じさせる表現があるので、正月も終わりかけの頃か。よい天気に誘われて、宮中の親王や諸臣、そして衛士たちもが春日野へ打毬を楽しみに出かけた。ところが、暗雲にわかに立ちこめ、雷が鳴り始めたのである。『続日本紀』には翌二月一三日の夜も雷を伴う嵐となったことが記される。寒雷の多い年であったのだろう。打毬は台無しであるが、それ以上に不運であったのは、ひとり宮中に残された聖武天皇の怒りに触れ、全員が授刀寮に閉じこめられてしまったことである。散禁とは、拘束具である枷《かせ》をはめず、部屋に閉じこめるだけの処罰であるが、雷雨がすぎ去っても出かけられない。その鬱憤を晴らすために詠んだ歌であり、名をあげると差しさわりがあるため、作者不詳となっている。

この歌からもわかるように、打毬は朝廷の者たちの大半が職場放棄をして出かけるほど楽しいスポーツであった。いつ頃から日本で流行し始めたのかはわからないが、この事件があったのは、高松塚古墳の時代からさほど時を経ていない。西男４の持つ毬杖はその流行を示す資料として活用してよいのではないか。同時にまた、彼らが出かける目的が打毬であったことを暗示する、画家の仕掛けではなかろうか。

二　語りかける女たち

1　原色ストライプは流行おくれ

東壁の女性群像（図39、一三一頁上、口絵）は男性群像から実寸にして一メートルあまり、男性像の身長を一・六メートルとすると、四・六メートルばかり離れている。大きな声を出さなくとも、会話ができる距離である。壁画では、その間に青龍がいるため、現実世界はいったん切られるのだが、男女が目線をあわそうとすれば、青龍の頭はその線よりも下で、邪魔にならない。公園で犬を連れながら会話をする飼い主たちの姿が思い浮かぶ。

東女４の身長は実寸で三四・五センチ、東男４の身長は三八・五センチで、九〇パーセント程度の差である。参考ではあるが、二〇一四年における二〇歳の男女差は九二パーセントであり、数値が近い。画家は男女の身長差をそのまま絵画に反映した可能性がある。このような微妙な差を描き分けられたのは、原画か下絵に男女の群像が横並びに描かれていたからかも知れない。単独の絵画では、拡大率や縮小率をあわせにくい。

個別の説明に入る前に、四人の衣服の色彩をまとめて説明しておこう。専門家は難しい色彩名称を使うが、読者には色を想像しにくい。また、印刷物の写真はどの色の発色をよくするかによって、全体の色調が大きく変わる。あまり細かい話をしても、伝わらないだろうから、これまでの通り、できるだけ身近な色で表現しよう。

東女1は薄緑色の上着をはおり、薄緑色《うすみどり》・赤色・群青色《ぐんじょう》・白色の順に色分けされた縦縞の裳《も》（スカート）をはいている。袖や裏地は桜色で、帯は赤い。薄緑色はパステルカラーのような明るさがある。東女2は黄色い上着に群青色の裳。袖・帯は不明瞭。東女3は朱色の上着に緑色の裳、袖・帯は不明瞭。東女4は桜色の上着に赤色と群青色の裳をはいている。袖・裏地・帯は緑色である。東女1と東女4では、上着の下端内側に袖や裏地と同じ色のフリルが幅広いタックで、裳の下端には白いフリルが細かいタックでめぐらされている。

裳の縦縞は東女1・4が多色、東女2・3が単色である。いずれも短冊状の端《は》切れを横に縫い合わせたものだろう。多色の縦縞を私は「原色ストライプ」と表現しているが、こういう裳が唐で流行したのは七世紀の中頃で、それを八世紀初頭まではいているのは、かなりの流行おくれである。また、上着が長すぎるため、身長を高く見せるストライプの効果が半減している。しかも、上着は蛮習の左衽に重ね、喉元で紐ボタン留め、という窮屈な着こなしである。

一方、永泰公主墓（七〇六年葬）に描かれた女性たちは、丸首の長い薄手のドレスを足先まで垂らし、ボレロジャケットのような短い上着を胸元で軽く留める。ショールをあわせている女性もいる。お洒落である。飛鳥美人たちには申し訳ないが、同時期の唐の貴婦人に見られたら、「野暮ったい」との評価を受けたことだろ

図39　高松塚古墳の東壁女性群像(筆者作図)

図40　高松塚古墳の西壁女性群像(筆者作図)

う。それでも画家は、当時の国内の服装をそのまま描いた。現実世界を表現することが求められたのだろう。

2　おしゃべりをする三人の女

それでは、彼女たちの持ち物を個別に説明しよう。東女１は黒い長柄に赤い円形の板がついた器物を持っている。涼風を送る用途であれば団扇《うちわ》、主人を隠す用途であれば円翳《えんえい》である。袖をあわせて持っているため、長さは大体でしか示すことができないが、身長比で測ると、およそ七〇センチばかりである。あおぐには長すぎる。主人を隠すには小さすぎる。自分の顔を隠すには、柄が長すぎて邪魔である。いわば中途半端な品物であり、持っていることに意味があるのだろう。つまりこれも儀仗具と考えたほうがよい。儀仗具とすれば、円翳と表現するのが正しい。

懿徳《いとく》太子墓壁画では、主人の供をする女性が袋に入れて大きな円翳を持っていた。日本の文献にも女性が翳《さしば》を持っていたことを示す例がある。『続日本紀』天平一二年（七四〇）の元日に聖武天皇が平城宮の大極殿《だいごくでん》で祝賀の朝拝を受けた際、「奉翳《はとり》の美人《みにん》は更《あらた》めて袍袴《ほうこ》を着《き》たり」との規定改正があった。美人は女官名で、宮中に仕える女孺《にょじゅ》のことである。奉翳を「はとり」と読むのは、もともとは鳥の羽根で翳がつくられていたことによる。このときの改正は翳を持つ女孺に上着と袴を着用させたことにある。袴は男のものであり、男装は唐の影響かと思われる。袴が似合うような女性であるから、大きな翳を持つ逞《たくま》しい姿が想像される。ただ、東女１が持つ円翳くらいなら、力はいらない。やはり、持っていることに意義がある儀仗具である。

東女２は裳の流れから判断して、東女１の背後に近づいているようであるが、東女４に語りかけている。

正面を向く東女3はその間にあって、二人の会話を聞いているように見える。東女2の口元が破損しているのは残念であるが、東女4は紅をつけた口角をわずかに上げ、微笑みながら聞いているように見える。真面目に前に進もうとする東女1を放っておいて、三人で何をしゃべっているのか。それはどうでもよいことだが、三人が醸す空気はとても柔らかい。彼女たちの衣裳に塗られた黄・赤・桜色の組み合わせも軽やかである。高松塚壁画の群像が放つ軽やかな印象の発生源はこの三人にあるのではないか。いい意味で、厳かな空気を壊してくれる。ムードメーカーである。

東女2と東女3は胸から腹にかけての欠損が大きく、いくら目を凝らしても持ち物が見えない。西壁にも手ぶらの女性がいるので、何も持っていない可能性も高い。それに対して、東女4が右手で持つ払子《ほっす》は形状をよく残す。払子は「蝿払《ようふつ》」ともいわれ、本来は蝿や蚊などの虫を払う道具である。唐李寿墓（六三一年葬）の石槨線刻画には菓子を大きなトレーに乗せて運ぶ二人の侍女が描かれ、その中間に払子を振り上げる侍女一人がいる。これは明らかに蝿を払う道具である。ただ、見ての通り、塵払《ちりはら》いにも似ている。実際、そういう用途もあったようで、唐墓の報告書などでは「払塵《ふつじん》」と記すものも多い。

いずれにしても、唐墓壁画に登場する払子は、李寿墓の線刻画とは違い、女性がただ持っているだけの儀仗具として描かれる。東女4もそういう意味で払子を持たされているようである。肩にかついではいないのだろうが、左手を垂らし、右手だけで払子を持つ仕草は、手をこまねき、両手で円翳を持つ東女1と比べて、ややだらしない。逆にいえば、東女4が東女1と同様、こまねいた両手で払子を持っていたら、三人のなごやかな雰囲気は生まれないだろう。彼女のだらしなさは、画家の仕業である。

3　奇抜な色遣い

西壁の女性群像（図40、一三一頁下、口絵）は高松塚壁画を代表する画面であり、一九七二年に発見されて以来、「飛鳥美人」の名が冠され、数えきれないほど紹介されてきた四人である。最も保存状態がよかったことも、人気の一因であろうが、やはり人の目を引くのは、色彩と構図の奇抜さであろう。

色彩は東壁の女性群像と同じく、上着は黄色・桜色・赤色・薄緑色の組み合わせである。ただし、色の順番は変えてある。裳の色も手前二人が原色ストライプ、奥二人が単色ストライプで、東壁と同じである。東壁と西壁を互いに意識して構図や配色を決めたのであろう。あまりバラバラでは統一感がないし、かといってまったく同じであれば単調である。そういう塩梅をしっかり考えている、と思えるのは、東女1と西女1の裳の配色である。西女1は四色の縦縞で人物から見て右から左へ向けて「緑」「赤」「群青」「白」の順番で並び、東女1は人物から見て左から右へ向けて「緑」「赤」「群青」「白」の順番で並んでいる。石室でいえば、いずれも入口から奥へ向けて同じ順番で色が並ぶことになる。これは統一感を出す工夫である。一方、西女4の裳を見ると、色の組み合わせは同じであるが、順番が西女1と逆転している。これは単調さを避ける工夫である。色の組み合わせについては、まだまだ工夫が隠されているのだろうが、あとは読者の解読にまかせよう。

そこで、色を調べるのなら、高松塚古墳のすぐ近くに解説された高松塚壁画館に足を運んでいただきたい。展示室の奥には実物さながらの石室模型が置かれ、両側の展示ケースには二種類の模写が掲げられている。

奥に向かって右は「発見されたときの状態」を忠実に再現した模写であり、左は最小限度の復原を施し、「描かれたときの原状」に近づけた模写である。いずれも一流の日本画家が手がけ、実物を見て色をあわせた作品であるから、写真以上に色彩が正確である。実物がカビで色あせた今となっては、なおさら貴重な資料となった。

4　奥行きを示す人物の重なり

西女1は手をこまねき、両手で円翳を持つ。裳の配色だけでなく、持ち物や持ち方も東女1と共通する。一歩前に出て、他の三人とわずかに距離をおくことも共通する。両壁の男性群像はそれぞれ前二人がきちんと前を向いて整列をしていた。女性群像でその役目を担うのは東女1と西女1の二人である。女性群像は列を乱しているように見えて、実は整然とした呼応を含んでいた。

西女2は桜色の上着をはおって真横を向いているのがわかる程度である。持ち物も見えない。ただ、その様子を見ただけで、彼女が孤立していることがわかる。画家は東女3のように、顔をこちらに向けて描くこともできたはずである。なぜ彼女はあらぬ方角へ顔を向けているのだろうか。真横を向く人物画は数多く発見された唐墓壁画のなかでも珍しい。ないことはないが、稀である。群像の向きに変化をもたせるのは唐墓壁画の影響であるといわれるが、群像のなかで真横を向く人物が描かれている例は見たことがない。単純に画家が真横の人物画を試したかったのか、とも思えてくる。石室の入口側を向くことから、これから向かう先を見ているのか、と解説してもよいが、画家の思索はもう少し深いように思える。深いといえば、この画

図41　唐懿徳太子墓前室壁画の女性群像（筆者トレース）

面の奥行きは東壁女性群像に比べて深い。

なぜ深く感じるのかと思い、両者をよく見比べると、はたと気づく。似て非なる構図をしている。東壁女性群像は東女1と東女4の裳の下端のラインがおおむね横一線である。画面でいえば、前列が平たく並び、なおかつ後ろの東女3が顔をこちらに向け、話を聞こうと近づいてきているから、なおさら奥行きの浅い構図になった。親近感を出すには、これでよい。

対して、西壁女性群像は西女1の裳の下端は大きく下がり、画面でいえば手前に近づいているため、西女3・4とあわせて、三人が千鳥式に並んでいる様が強調される。その深度と顔の向きが作用して、西女3が西女4の後方に続き、その西女4が西女1の後方に続いているように見える。三人が画面の奥からいったん被葬者に近づき、そののちに前方へ進もうとしているのなら、画面の深さを大切にしなければならない。それならば、西女3の後ろに隠れた西女2をより遠くに離す、つまり、より画面の奥へ下がらせる必要があろう。

西女2の桜色の上着をよく見ると、前二人の隙間からのぞく衣服のしわの墨線が下書きと仕上げでかなりずれている。下書きの線では奥行きが出ないことを気にしたのかも知れない。なにごとも実験が大事であるから、試しに西女２の横顔を東女３の正面顔に替えてみた。そうすると、後ろの人物の存在感が増してこちらに近づき、奥行きが半減してしまう。西女２がそっぽを向いて醸す疎外感が画面の深さにつながっていたのである。陰影や遠近の画法ではなく、色彩や対比で奥行きを出す挑戦に、画家は成功している。

図41をご覧いただきたい。一度話題にした懿徳太子墓の前室壁画であり、宮殿を出入りする女性たちを描いた群像である。柱や梁《はり》も描かれたものである。画面を二分する中央の柱に向かって左右から女性たちが進み、出会ったのちは、こちらに向かってくることを予感させる構図である。つまり、本場長安のこの画家は画面の奥行きに挑戦している。高松塚壁画の画家が大陸で学んだのは、筆の走らせ方だけではなかった。

5　わざと離した如意を持つ手

西女３は赤い上着が画面において大きな比率を占めるため、とりわけよく目立つ。持ち物もよく話題にされる。如意《にょい》である。僧侶や道士が持つ如意は雲形になって、当初の機能が完全に失われた。もともとは孫の手で、「爪杖《そうじょう》」と呼ばれた。清朝の厲荃《れいせん》が著した『事物異名録《じぶついみょうろく》』には「如意といふは、古《いにしへ》の爪杖なり。或《あるひ》は竹《ちく》木《ぼく》を用《もち》ひ、削りて人の手・指・爪を作り、柄《え》は長《たけ》三尺許《ばか》り。或は背脊《はいせき》に癢《かゆみ》有り、手の到らざれば、用以《もっ》て爬搔《はそう》すること人の意《おもひ》の如し」という。つまり、思いのまま背中を搔くことができることから如意と名づけられたのだ、という解説である。思いのままできることから、僧侶や道士の持ち物になったのだろう。北魏仏

図42　唐永泰公主墓石槨線刻画の如意を持つ男装女性（筆者トレース）

教石刻の皇帝礼仏図や唐の房陵《ぼうりょう》公主墓（六七三年葬）・永泰公主墓（七〇六年葬）などの前室壁画に侍女の持ち物として登場する。その形を見ると、爪先が丸く、すでに爪杖として使えそうにない。正倉院南倉にも如意が複数伝わるが、頭部に玳瑁《たいまい》や犀角《さいかく》を用いた高級品であり、東大寺の僧侶が姿を整えるために使ったものである。『貞観儀式』や『延喜式』などに記された元正朝賀《げんしょうちょうが》の儀でも、儀仗の列に如意が見える。爪杖は早くから如意となっていた。

西女3が持つ如意は身体比から七〇センチばかり。柄は黒く、頭部は曲がりながら広がり、薄くなった先端は四指に分かれるが、花弁のように丸い。柄の先はV字形に切れこみ、しっかりと頭部の茎《なかご》をはさんでいる。画家が当時の実物を見て描いたことは間違いない。気になるのは右手である。胸の前に当てた左手で如意の長柄を握るものの、右手は遊んでいる。柄から離しているのである。

図42は永泰公主墓の石槨に線刻された男装女性の姿であるが、見ての通り、両手で如意の柄を折れんばか

りに握りしめている。同墓の前室壁画では、払子《ほっす》を持つ女性が同様に両手で長柄を握りしめている。それが正しい持ち方であろうが、西女3はどうしたのか。右手は拳をつくって柄の延長線に傾きをあわせながらも、拳一つ分ばかり離してしまっている。もしかするとであるが、原画では作法通りに両手を使っていたのかも知れない。それをある配慮で離した。ある配慮とは、払子を片手で持つ東女4との調和である。仮に西女3が両手で如意を持っていたならば、絵面が儀式ばり、和やかなムードが損なわれる。東壁では後ろ三人を和ませた。それでは西壁も、横を向かせた西女2は放っておくとして、せめて後ろ二人を和ませよう。そういう計算が働いたのではないか。

6　近づいて誘う女

西壁で最も奥壁近くに描かれた西女4であるが、多くの人はこの女性をもって飛鳥美人と呼ぶのではなかろうか。残念ながら右頬のあたりが損なわれているものの、左右の輪郭によって復原は可能である。目鼻立ちがはっきりしていて、なおかつ最高の角度で顔を傾けている。まだ幼さを残しているのか、肩から腰にかけてのラインが華奢で、如意を持つ女性のいくぶん幅広い体つきと対照的である。裳の裾にちらりと見える舃《せき》（先が反り上がったクツ）の角度からして、左脚を出して歩み始めているようであるが、帯の結び目は中央にあって、腰はこちらに向けている。

身体のねじれは右腰のしわにも表れ、しわが集まるところに当てた右手はポケットに入れたように見える。実際にはポケットなどないから、腰に手を当てたポージングと表現したほうがよいのかも知れない。人差し指に親指を添えた左手の握り方は「さあ、行こう」という軽い決意を表現したものか。先述した千鳥の列では、被葬者に近いほうにいる。奥から歩み寄り、主人に決意をうながしてから方向を変え、入口へと歩み始める。身体のねじれは、回転の印象を与えるための工夫か。何も所持しないのは、声をかけるのが彼女の役目であることを暗示したものか。見れば見るほど奥が深い。

釈迦の涅槃像は北を枕にして西を向く。仰向けに横たわった被葬者がときどき同じように向きを変えるとすれば、この女性たちが真正面となる。「遺体が動くものか」と否定してしまえば、墓前で行なわれるすべての祭祀は前提を失う。遺体は動かなくとも、タマシイは動く。古来、その前提で墓はつくられ、墓祭が行なわれてきた。画家もまた被葬者のタマシイが棺を突き通して絵画を楽しむものと思い壁画を描いたはずである。その被葬者がときどき向きを変える西壁に最も強いメッセージをこめた。「さあ、外に出ましょう」というお声掛けである。

7　唐墓壁画を凝縮した人物群像

ここで人物群像を総括する。東男1・2と西男1・2は横一列に並び、まっすぐ前を向いて威儀を整えている。東男3・4と西男3・4は前列に後続しながらもやや砕け、毬杖をかつぐ西男4が示すように、遊びに誘うような気分を醸している。円翳を立てて進む東女1と西女1は女性陣の先導を務め、前列の男性陣について出てゆこうとしている。東女2・3・4と西女2・3・4は被葬者に近くはべり、心を和ませると同時に、ゆっくり歩み始めている。全体として外出の気分を出す絵画であることが、このように細部を見れば

懿徳太子墓	画面分割	墓道	過道・吹抜		甬道	前後墓室
	二段階	宮廷外			宮廷内	
	三段階	示威	外出		享楽	
	五段階	儀仗出行	野外遊行	門前外出	宮廷享楽	宮中生活
高松塚壁画人物群像		東男１・２	東男３・４	東女１	東女２・３・４	
		西男１・２	西男３・４	西女１	西女２・３・４	

表3　懿徳太子墓の壁画構成と高松塚壁画人物群像の役割（筆者作成）

わかる。

ここで画家自身に話を戻そう。私は彼が唐の長安で絵を学んだに違いないと確信している。その確信をもって、この文章を書いている。彼が長安で見たものは、墓室壁画だけではなかろう。宮殿や寺院の壁には一流の画家による至宝の作品が並んでいたはずである。それらを貪欲に写し取って帰国したに違いない。むしろ、墓室の壁画を見る機会はそうない。ただ、この画家は墓室壁画のことをよく知っている。と思うのは、何をどこに描けばよいのかを、よく心得ているからである。懿徳太子墓の壁画構成をおさらいしよう（一一三頁〜）。そこでは地上から墓室の奥に向かって、壁画が表3のように構成されていた。それに高松塚壁画人物群像を当てはめてみる。

この対照表を見てわかるように、高松塚壁画の画家は一六人の人物群像を描き分け、懿徳太子墓壁画のみごとな壁画構成をそれとなく画面に反映させている。ゆっくりと被葬者を誘い、力強く外出させる仕掛けを幅二メートルに満たない画面のなかで欠けることなく表現しきっている。この節の初めに、「高松塚古墳の人物群像に懿徳太子墓壁画のような理知的な構成はあるのか。被葬者をリラックスさせる仕掛けはあるのか」と自問した。中国の研究者にそう聞かれた場合、「それ以上である」という答えと理由を、私は用意できる。

Ⅳ　天文図はなぜ描かれたか

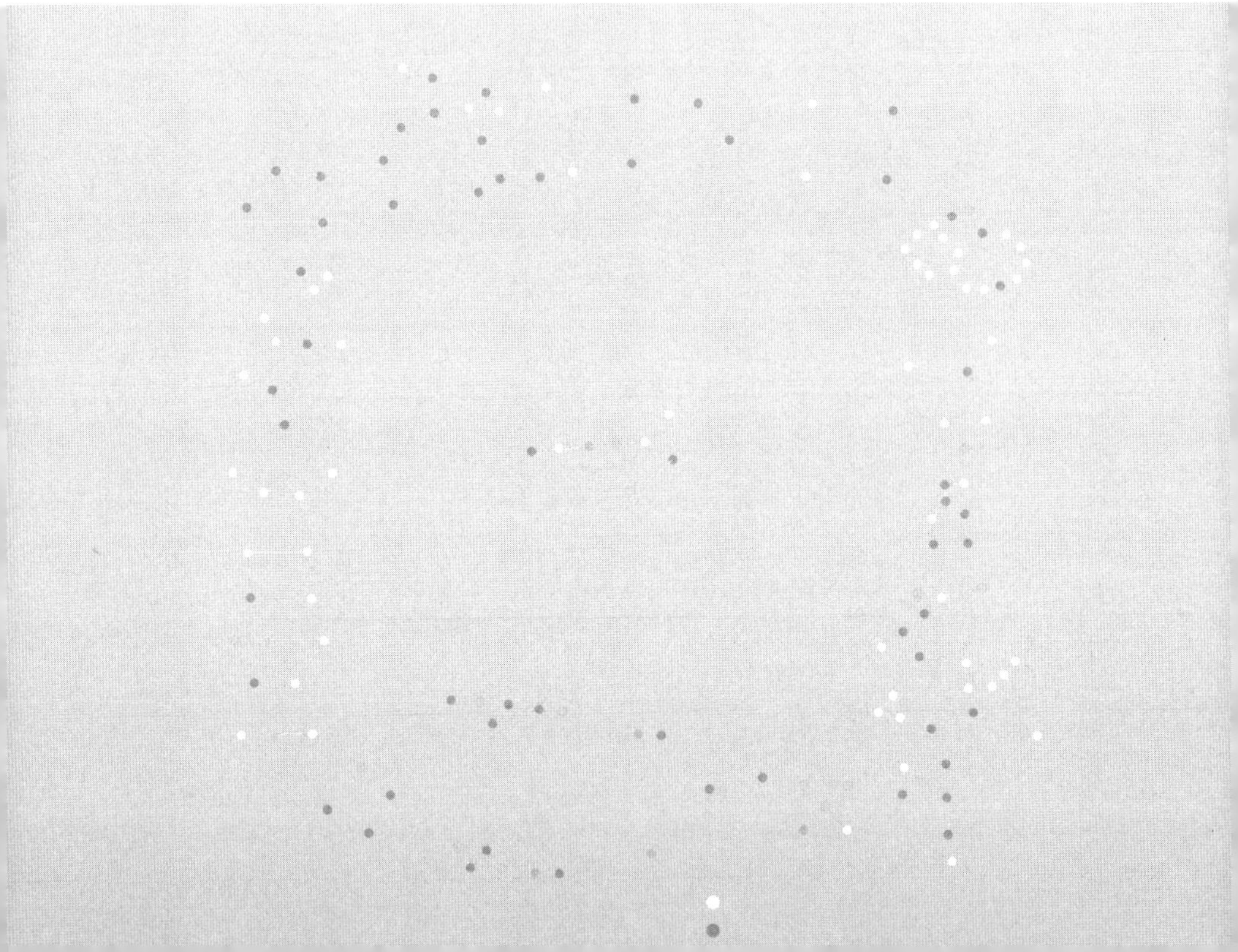

一　壁画と天文図の描き方

1　雛形のなかで吟味した壁画の構図

徹底して壁画と向き合ううちに、私にはこの画家の二面性が見えてきた。いい熟語が思い浮かばないのだが、「計算に計算を重ねて画面を構成する」理知的な顔と、「単調を嫌って変化をもたせる」芸術家としての顔である。理知と芸術。相反するようで、古来、巨匠と評されてきた芸術家は、たいていこのふたつの才能を兼ね備えている。

二〇〇八年の拙著では、画家が芸術家であるがために、キトラ古墳と高松塚古墳の壁画が異なる、というような主旨でまとめたが、その結論は間違っていないと、さらに分析を重ねた今も確信する。ただ、理知的な構成にいたっては、詰めが甘かった。画家のこだわりをくみ取りきれていなかった。この章からは、いよいよ天文図のことを話題にしながら、理知的な画家の顔を、よりこちらに向かせよう。

計算といえば、画家が両古墳の壁画を理知的に割り付けていることを前章で述べた。ただ、それは画家が行なった結果をおさらいしただけで、どのような方法で割り付けたのかを、まだ説いていない。そこで導入になるのが、先人の業績である。

高松塚古墳が発掘されたあと、所管はすぐさま文化庁に移り、次は文化庁の指導下に壁画の調査が実施された。古墳の調査は一九七二年三月に行なわれて、同年の一〇月二五日に中間報告である『壁画古墳 高松塚』が発行され、壁画の調査は一九七二年一〇月に行なわれて、『高松塚古墳壁画調査報告書』が一九七四年一二月に発行された。新たな調査結果にもとづく後者の本文に次のような見解が示されている。そのまま引用しよう。

まず壁画の技法を制作過程に則して考えたい。壁画概要及び現状記録付載の顔料の項に述べられた様に、石室の壁面はすべて純度の高い漆喰で平滑に塗りこめられ、当初は純白で緻密な美しい地膚をなしていたと思われる。この漆喰層は、側壁や天井壁を構成する三枚ないし四枚の切石の継目はもとより、両側壁と奥壁の間や、それらと天井壁の間にも連続して一様に塗られており、二次的な塗り加えの痕跡を見ないので、まず石室が組み上げられ、南壁（入口）だけを開けて全面に漆喰を施し、その後画家が石室内部に入って壁画の制作を行ったものと判断される。ついで遺体や副葬品が石室内に納められ、予め漆喰や壁画（推定）の施された南壁の切石で塞がれたのである。

かような制作状況を前提とした上で、次に壁画自体の作画過程を考えると、高松塚古墳壁画の特色をなす整然たる構図法、各壁面上の比例のよい配置などは、すでに外部で充分練り上げられた図様（下絵）によって壁画上に割り付けられたものと考えざるを得ない。これに関し、たとえば、法隆寺金堂壁画においては主要な輪郭に沿って筋彫の痕跡が認められ、下絵の図様を壁面に移す作業の一部を窺い知ることができる。しかし高松塚の場合、これまでの調査によっては、この種の筋彫の痕跡はどこにも見い出すことができず、どの様にして壁画各部の大きさや位置を漆喰下地の上に設定したかは明らかにし難い。古代絵画におけるこのための方法としては、筋彫の外いわゆるねん紙法や、粉末のこまかい孔を開け、有色の粉末などを上からふって壁面に印を着ける技法などが知られている。結局、高松塚の場合も、こうした何らかの方法によって、図様の配置がなされたと考えられよう。

建築の方面では仏塔などを建てる際に「雛形」を製作し、バランスなどを考えて本番の建設工事に臨む。それと似たような準備をこの画家も行なったのだろう、とする見解である。私もその通りであると思う。画家はあらかじめ石工や職人たちに石室や漆棺の寸法を聞き、板などで同じサイズの空間をつくり、そのなかに下絵を貼りつけ、寝転がって構図を確かめたのでは、と想像している。いきなり実物の石室でそのことを行なった形跡はない。時間も与えられなかったことだろう。墳丘や石室の構築が進められる一方で、壁画の構成や効果を吟味していたはずである。神業のように石室を仕上げた石工もそうであるが、画家は場当たり的に仕事をする人物ではない。

2　画家と弟子が共同で描いた壁画

問題はそれから石室へ転写する方法である。報告文を見ると、壁画の精緻な調査でもそのことを確かめられなかったようである。ただ、キトラ古墳においては、念紙法の痕跡が各所で確認されている。漆喰の乾きが不十分であったためか、下絵と壁の間に念紙を当てて転写する際の尖筆の跡が筋彫のように残ってしまった。とりわけ、乾きの悪い壁面下方の十二支像において顕著である。その反省を生かしてか、高松塚古墳では漆喰が乾燥する時間を十分にとり、同じ方法で転写したようである。もちろん、すべての線を転写するのではなく、報告文に例示したような法隆寺金堂壁画の筋彫と同様、主要な輪郭のみをうっすらと転写し、あとは下絵を描いたときの筆さばきをもって淡墨線で下書きを行ない、着色し、濃い墨で輪郭などを描き直して仕上げればよい。このようにすれば、少なくとも画面の位置や大きさは、雛形の空間で決めた通りになろう。

壁画調査の報告文では、高松塚古墳の壁画制作に少なくとも四人の絵師が携わったのではないかと推測している。古代絵画史の専門家や日本画家たちが実物を観察して細かく調べ、検討した結果の所見であるから、これ以上確かなことはない。ただ同時に、次のようにまとめている。

一方、画面相互間の差異にも拘らず、壁画全体の配置、構成には、相対する図様間の緊密な相応、壁面内の比例など、有機的かつ周密な配慮がはらわれており、そのための主任画家の存在を否定し得ない。これらの諸条件を考慮すれば、二人一組として二組、計四人位の画家が直接石室内で作画に従事し、さらに全制作の統率者があったと考えられることが一つの仮説として成り立ちうるのではなかろうか。

私は報告文にいう「全制作の統率者」こそ、唐への留学経験をもつ画家その人だと考えている。画家がひとりで描いたなどと、間違っても思っていない。ただ、ここぞという画面は弟子に代わって筆を振るった可能性は十分にある。逆にいえば、天文図の制作はどう考えても弟子の仕事であろう。あれは大変な作業である。すでにそれなりの年齢に達していたであろう画家のすることではない。弟子が率先してやるべき仕事である。

3　考慮された棺と台の寸法

さて次に、残された壁画から画家の割り付けを想像する。石室の寸法や壁画の配置はすでに解説した。あとは棺である。棺は遺体で決まり、墓は棺で決まる。棺を抜きにして石室を語ることはできない。キトラ古墳ではほとんど朽ちて、細かい破片としてしか検出されていない。一方、高松塚古墳では盗掘者によって壁際に寄せられた大きな棺材《かんざい》が残されていた。金銅製の飾金具も出土している。よって復原されている。キトラ古墳はヒノキ、高松塚古墳はスギの板を釘で打ちとめたもので、キトラ古墳の棺は内外面とも黒漆塗りの表面に水銀朱を塗って赤色に仕上げていた。高松塚古墳の棺は内面に水銀朱を塗っているものの、外面は黒漆のままであった。つまり、外観だけでいえば、キトラ古墳は朱塗棺、高松塚古墳は黒漆棺である。

画家にとって大事なのは棺の寸法である。高松塚古墳の棺は長さが一九九・五センチ、幅は五八センチで、底から三二センチの高さで蓋と身が合わさっていたものと復原されている。蓋は高さ一五センチというから、棺の高さは全体で四七センチである。その下に黒漆が塗られた箱形の棺台《かんだい》が置かれる。棺台は床や壁の漆喰についた痕跡から長さ二一七センチ、幅六六センチ、高さ一七センチと推定されている。

キトラ古墳で判明しているのは棺台の平面だけであり、長さは二〇〇センチ、幅は六八センチばかりと推定されている。高松塚古墳の棺は棺台よりも長さにおいて一七・五センチ短く、幅において八センチ狭い。この差をキトラ古墳の棺と棺台の差に当てはめると、キトラ古墳の棺は長さが一八二・五センチ、幅が六〇センチとなる。復原するとすれば、高さは高松塚古墳の棺と棺台のものをそのまま採用するしかない。そのようにして両古墳の棺と棺台を推測したのち、壁画の展開図に薄く範囲を示し、加えて割り付けの推定線を一点破線で示したのが一五〇頁からの図43と図44である。

4　針と糸だけでできる壁画の割り付け

まずはキトラ古墳であるが、この古墳の壁画については、割り付けに物差しを使っていないものと考えている。物差しを使わずとも、糸だけで割り付けられるからである。糸は端と端をあわせて引っ張れば、ちょうど折半できる。モノを等分するときには、非常に便利な物差しとなる。物差しで尺度を測って計算せずとも、二分の一、四分の一と、糸をふたつに折ってゆけばよい。便利で正確である。ましてや、石室の内法は物差しでは測りにくい。糸ならば二人で簡単に測ってゆける。折半したところに針を立て、そこにまた糸の端を当てて次の計測を行なう。しかも、糸は引っ張れば直線なる。大工の使う墨壺は糸に墨をつけ、はじいて直線を引く道具であり、その原理を応用している。墨壺の歴史は古く、法隆寺の最古の建材にその痕跡があるのは有名な話である。正倉院宝物にも龍形の墨壺が伝わる。ただし、糸はそういうところにも応用される職人の必需品である、という話であって、壁画の割り付けに墨壺が使われたのではない。

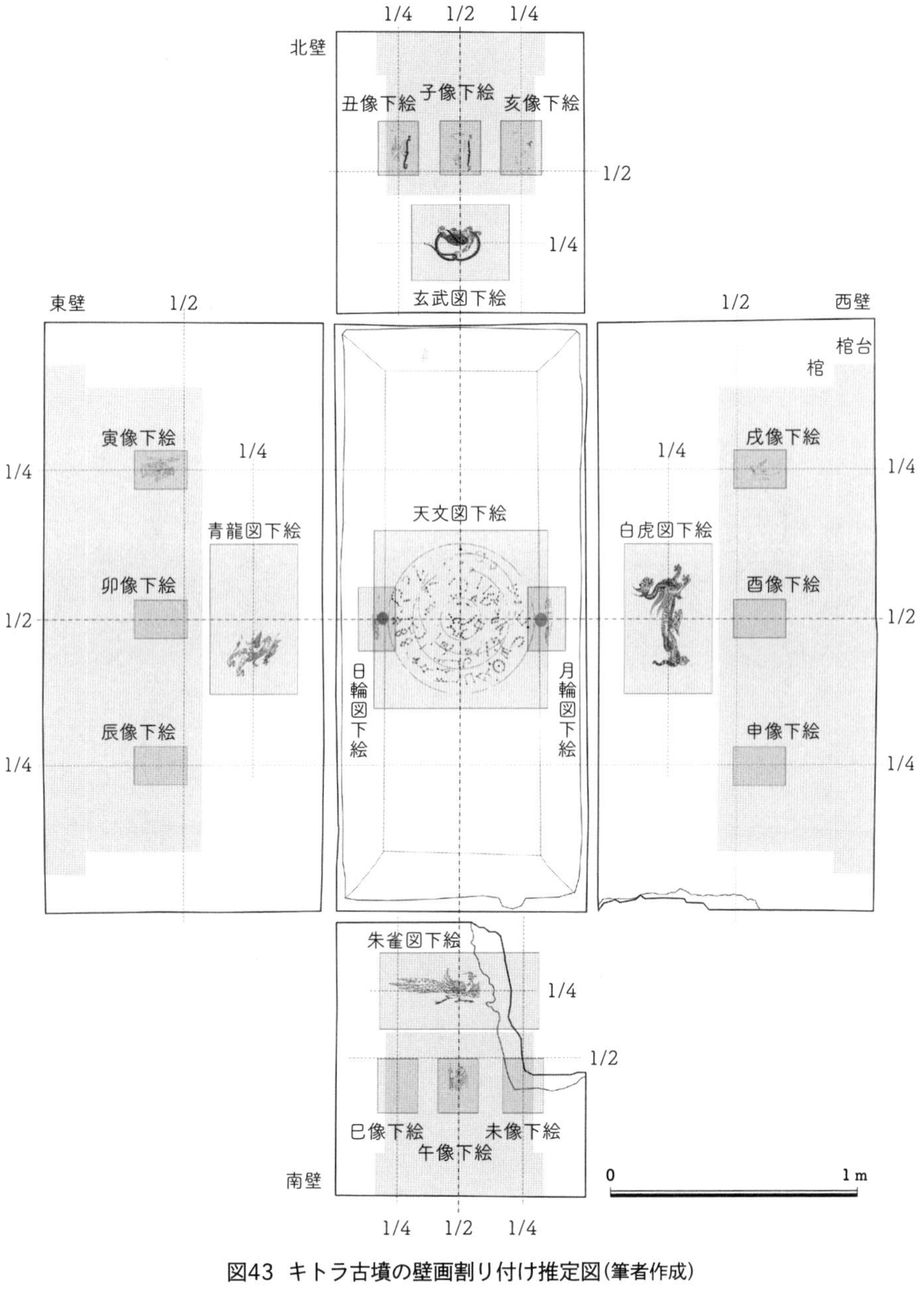

図43 キトラ古墳の壁画割り付け推定図（筆者作成）

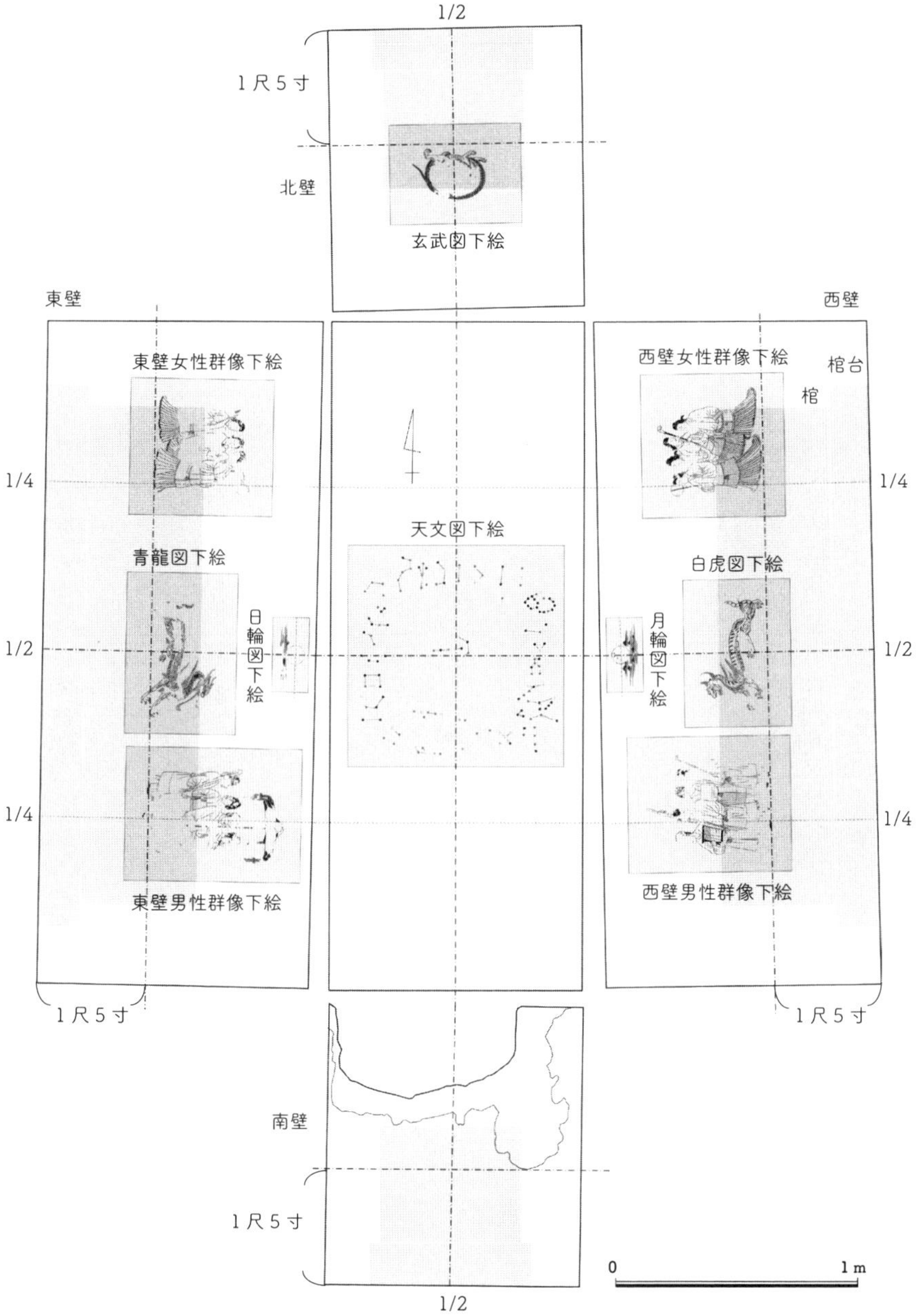

図44　高松塚古墳の壁画割り付け推定図(筆者作成)

図43を見ながら、割り付けを復原しよう。まずは中心である。キトラ古墳の天文図は中心点が石室の中心点と重なっている。よって、石室の中心点を求めることが最初の作業であったと思われる。石室天井の南辺と北辺を糸で折半して中心点に針を打ち、東辺と西辺でも同じ作業を行なう。この時代には金属製の針がすでに普及している。そもそも、針がなければ裁縫ができない。四本の針を二本の糸で結び、交点から曲尺《かねじゃく》（L字型の物差し）で天井面に投影して点を打つ。曲尺を使うのは、天井面に屋根形の刳りこみがあって、糸の交点と天井面の間に一〇センチばかりの距離があるからである。それでは、糸の使い方がわかったところで、壁面分割の話に移ろう。

5　「折半」のキトラ壁画と「尺五」の高松塚壁画

考古学の世界ではグリッドというのだが、日本語にすれば、矩形《くけい》分割（基盤目状の分割）のことである。キトラ古墳の場合、石工もグリッドを考えて設計したのであろうか、石室の六面がほぼ同じ正方形で分割できる。画家もその設計を使わせてもらっている。あるいは、あらかじめ石工の棟梁と相談して決めたのかも知れない。私はその線が強いと予想している。壁面を半分、半分と割ってゆけば、図のようにちょうど八区画、南北面は四区画となる。青龍と白虎は上段中央の二区画を使い、その中央に配置する。離婚話のような言葉になるが、私はこの方法を「折半分割」と命名する。

ここで断っておくが、それぞれの図像の周りに四角い枠を描いているのは、だいたいこれくらいかと下絵の紙を想像しての枠である。紙の規格に何の根拠もない。我々が紙に絵を描くときにも、およその程度の使い方をするのではないか。という常識的な感覚で決めた大きさである。ただ、紙の中央に図像を描いておけば、紙の各辺の中央に印をつけ、交差する糸に印を重ねると、ちょうど区画の中央に図像が傾くことなく収まる。大事なのは、紙の中央に図像を描いておくことである。紙の大きさではない。

南壁と北壁は幅が東西壁の半分であるから、同じように分割すれば、おのずと区画は短冊形になる。その上段中央に朱雀図と玄武図が収まる。朱雀図は向かって右に寄っているようだが、図像の解説ですでに述べたように、西側の翼が欠けているのでそう見える。絵のバランスをとる重心はちょうど中軸線上にある。

十二支像は区画の分割線上に図像の中心をあわせるように配置している。ただし、上下は区画の交点よりも下にずれている。上下を基準線の交点をもって定めたならば、十二支像の頭と四神の腹が近くなりすぎて、窮屈に見える。そういう判断か、あるいは棺の真横まで十二支像を下げようという判断か、壁面中央の水平線を天端《てんば》にするくらいまで図像を下げている。いずれにしても、正しい判断である。

こういう話題には必ず尺度のことが出てくるが、調べてみると、糸だけで簡単にできる割り付けであった。ただ、高松塚古墳の壁面分割は、糸だけでは難しく、物差しが併用された可能性がある。図44をご覧いただきたい。高松塚古墳の割り付けも天井の中心を求める作業から始まったことだろう。ただ、天文図は円形でなく、中心点にコンパスの針を当てて回すような定め方はできない。とはいえ、下絵の制作に使う紙を正方形にしておいて、紙の枠を見ながら均等に天文図を描いておけばよい。現場では直交する二本の糸に、紙の各辺の中心点をあわせるだけで、石室の中央に、傾くことなく図を転写できる。

次に日輪と月輪であるが、キトラ古墳が円形天文図の外規に接するように描かれたのに対し、高松塚古墳ではやや離し、壁面の上方に描くことにした。それならば、天井からどれほど離すかを決めなければならない。キトラ古墳では日輪の中心にコンパスの針の穴があった。高松塚古墳では穴の部分が削られてしまったが、輪郭が正円に近いことから、やはりコンパスを使ったのだろう。それならば、天井から中心点までの寸法で位置を決めるのが合理的である。測れば、日月とも八センチ弱で、高松塚古墳に使用された尺は一尺が約二九・五センチであるから、二寸七分となる。中途半端な数字である。下絵を上下させ、感覚で決めた可能性もあるが、日輪と月輪は天井面に近いので、高さの違いがよくわかる。そろえなければバランスが悪くなろう。

青龍と白虎が人物群像とほぼ同じ高さのライン上を歩んでいることは、発掘された当初から指摘されていた。仮に足場ラインと呼ぼう。その線を展開図に引いた。東壁・西壁とも四四センチあまりで、一尺二九・五センチで割れば、ちょうど一尺五寸に当たる。こんどはいい数値が出た。逆に、これまでの折半分割では、この線は引けない。床面に物差しを立てたのだろう。ただ、物差しでなくとも、一尺五寸の棒を用意しておけば済むことである。

それでは、「なぜ一尺五寸なのか」という疑問が出てくるだろうが、私は数値に特別な意味があるとは思っていない。展開図を見ると、だいたい被葬者の顔の高さくらいである。それがきりのよい一尺五寸であっただけの話であろう。ただ、現場では「尺五《しゃくご》」が合言葉になっていたかも知れない。石工も棺職人も、そして画家も、合言葉にしたがって自分たちの仕事をしただけのことであると思う。プロの工事は、方針が決まれば、得てして淡々と進む。

6　後ろにずらされた男女の群像

青龍・白虎・玄武は、横方向の位置決めが折半分割で行なわれている。ところが、人物群像は画面の中軸が折半した基準線からずれる。これはどうしたことか。と思い、図面をにらむと、女性群像の前端が折半線におよそ合っている。男性群像はというと、若干後ろにずれる。図像の前端と石室の入口との距離を東壁と西壁とであわせていることはわかるが、折半線との兼ね合いが今一つ不明瞭である。

東男2の持つ傘蓋の柄が折半線と平行であることから、図の傾きはその線にあわせたのであろう。石工が神業であわせた垂直線からは傾くが、石材の接合線は漆喰が塗られて消えている。床と天井が織りなす平行線に対して直角であれば、それでいい。

残るは人物群像がなぜ後ろにずれるのか、という疑問であるが、私は二〇〇八年の拙著を書いたときから、その疑問を抱いていた。青龍・白虎が男女間の中央におらず、男性群像に近づき、女性群像との隙間が目立つからである。こうして割り付け図を描けば、青龍・白虎がずれているのではなく、人物群像がずれていることがはっきりする。

女性群像が後ろにずらされていることに、私はひとつの答えを思いついていた。動きである。絵とは不思議なもので、空間をあけた方へ主題が動く、ように見える。いちど「ランナー」で画像検索をしていただきたい。走る人物の写真がたくさん出てくるが、その多くは画面のどちらかに走る人を寄せ、その前方に広いスペースをあけている。こうすると走るイメージが出る。空虚なスペースに向けて物が動くという心理があるのだろう。そういう心理は古今東西を通じて変わるまい。画家は女性群像の前方を広く取り、彼女たちが入口に向かって進むことを視覚させた。それが私の考えた答えであった。しかしながら、男性群像も、背後の青龍や白虎に重ならない、ぎりぎりのところまで後退させていたとは、この図をつくるまで気づかなかった。やはり努力はしてみるものである。

努力といえば、棺のシルエットを図に入れることも苦労した。ただ、入れてみてわかったことだが、キトラ古墳の四神や十二支は棺に対しても正確な位置にいる。天文図も含めて、まったくずれを感じさせない完璧な立体構図である。一方、高松塚古墳の青龍と白虎は棺に付き添い、人物群像は棺をかつぐような位置にいる。天文図は棺にさしかけられて、ともに出てゆくかのようである。やはり前への動きを感じる。実は、この印象の違いが、天文図の謎を解く大きな鍵となる。

7 キトラ天文図の外規・内規・赤道・黄道

これから先はいよいよ天文図についての話題であり、この書の本題である。まずはふたつの古墳の天文図がどのように表現されているのかを解説しよう。キトラ古墳の天文図は屋根形に刳りこんだ天井の水平面に描かれている。先ほど解説した折半分割によって、正確に天井面の中心を求め、そこにコンパスの針を当て、水平面いっぱいに朱線で円を描いたようである。細い板の一端に釘を通し、一端に筆を固定して回しても円は描ける。むしろそのほうが簡単に正確に描ける。針もぶれない。大きな二股のコンパスを想定する必要もなかろう。二〇一六年に奈良文化財研究所が刊行した『キトラ古墳天文図 星座写真資料』でも棒状のコンパ

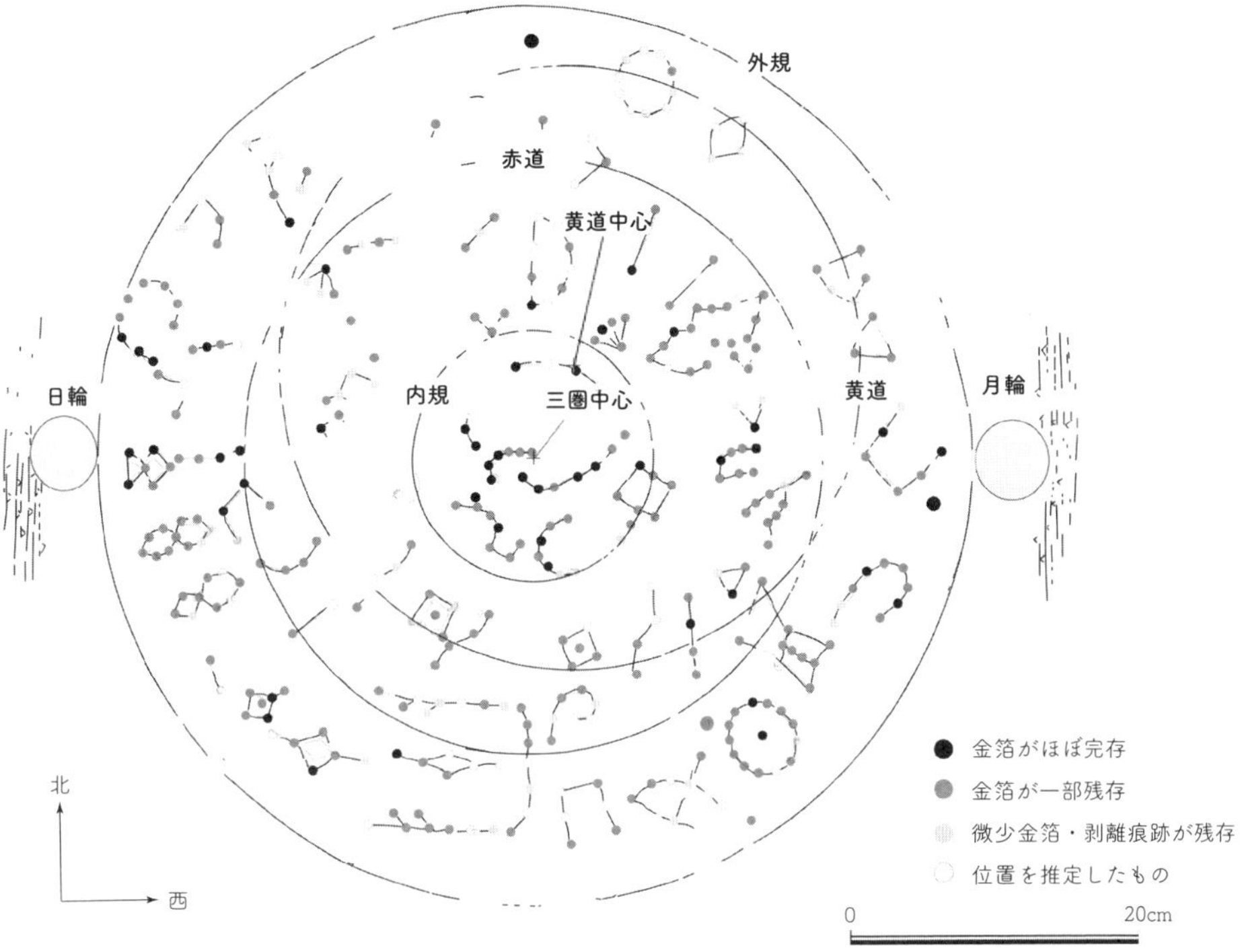

図45 キトラ古墳天文図の実測図
(『キトラ古墳天文図 星座写真資料』掲載の図を筆者がトレース)

スであろうと推測している。

図45は星座写真資料に掲載された図面をトレースしたものである。円は四圏が引かれている。天井面の中心点をもって三圏の同心円を大・中・小と描き、小さな円の外周寄りに再度針を立て、なかの円とほぼ同じ大きさの円をずらして描いている。大中小の円はそれぞれ外規・赤道・内規と名づけられ、ずらされた円を黄道という。外規は一年を通してわずかでも南の地平線上に顔を出す星の範囲、内規は一年・一日を通して北の地平線下に沈まない星の範囲である。中国ではこの範囲を天帝の宮城としている。外規と内規の間にあって中心を同じくする赤道は、北極星の近くにある天の北極から直角に下ろした点を結ぶ線で、地球の赤道の延長線であると思えばよい。ずれた黄道は太陽の軌道で、太陽は黄道上を一年に一周する。実際には地球が回るのだが、地球からは太陽が回っているように見える。ただ、日々の運行とは逆方向にゆっくりと回る。ちなみに、星空における太陽の位置は満月の反対方向として測られる。正確な天体観測が行なえるところでなければ、これらの線はどれも引けない。古代にあっては、中国だけである。

このような意味をもつ四圏を描き終えたあと、それらを目安として念紙と下絵が当てられ、尖筆をもって星座が転写される。星の位置には小さな円が手早く描かれる。その作業が終われば、直径六ミリの円孔をあけた紙を星の位置にあてがって糊をつけ、金箔を貼り、紙を剥がして金箔の星を表現してゆく。残っているだけで三五〇個あまりが確認されている。上を向いて金箔を慎重に扱いながら、いちいちこのマスキング作業を行なってゆかねばならない。

ただ、すべての星にマスキングの手法が使われたのではない、かも知れないことが『星座写真資料』を見ていて感じられる。金箔の星が壁面から浮いて見える。厚みを感じるのである。現に星座の解説文には「金箔が剥離していても金箔直下に白色物質があり、黄道の朱線がみえない部分がある。このような関係から、星の厚みの要因である白色物質は、黄道の朱線と金箔の間に存在することがわかる」と記される。高松塚古墳では、あらかじめ紙に金箔を貼り、それを円形に切って漆喰に貼りつけたのではないかと推測されている。報告文にいう白色物質が紙なのか、あるいは厚く塗った糊なのか。そこをしっかりと確かめていただきたい。星のなかに端が直線的に切れて「D」字形になったものがある。漆喰面にあとから切ったような痕跡が見られないことから、切ったものを貼りつけたのかも知れない。あるいは金箔を貼った紙の端を使ってしまったとか。とにかく、間近に観察できる者にしか判断できないことであるので、頼むしかない。

金箔の貼りつけが終わると、最後はフリーハンドで星と星を朱線で結び、星座を表現してゆく。これもまた大変な作業であったらしく、多くの箇所で下書きの線と朱線が食い違っている。下書きが大雑把であるので、下絵を見ながら修正したのかも知れない。手慣れていない試行錯誤を感じる。金箔の上にまで朱線がはみ出している箇所もある。そのような細部を見ていると、こちらまで首が痛くなってくる。画家が天文図の制作を弟子にまかせたと断言したのは、仕事の辛さを想像してのことである。

さて、このように苦労して描かれた天文図の出来栄えはどうであろうか。基準となる朱書きの円から見てみよう。最大の外規は直径が六〇六ミリ、中圏の赤道は四〇二ミリ、最小の内規は一六八ミリである。ずれた黄道は場所によってばらつきがあり、四〇二〜四〇九ミリであるが、赤道と同じ直径になるよう心掛けたことはわかる。ただし、ずらす方向が間違っており、報告文にも北西にずれた黄道を指して、「キトラ天文図の黄道は描かれる位置に誤りが見られる。黄道は正しくは中心から北東にずれた位置に描かれるべきである」と厳しいコメントをつけている。そういう私も二〇〇八年の拙著でその間違いを指摘し、「天文図の雰囲気を最もよく伝える天井壁画である」と、皮肉たっぷりの評価を下してしまった。苦労した制作者には大変申し訳ないことをした。だが、事実である。

外規の直径六〇六ミリは、おそらく半径一尺（二九五ミリ）でめぐらそうと計画していたのだろう。それが少し大きくなってしまったのだと思う。計算すると、赤道は外規から三寸五分、内規は赤道から四寸ばかりを、それぞれ半径で減らして回し描いたことになる。外規－赤道間が、赤道－内規間よりもわずかに狭いという前提をもっていたのか、あるいはこれも描く際の誤差で、本当は等間隔に描きたかったのかも知れない。

8　省エネを感じる合理的な高松塚天文図

図46はキトラ古墳の星座写真資料に掲載された高松塚古墳の天文図である。参考資料として掲載されているため、星座についての説明は簡単にしか記されていない。割り付けの解説でも述べたように、キトラ古墳と同様、天井面の中心に方形天文図の中心が重なるように下絵を当てたものと思われるが、念紙を使用した痕跡がいまだ確認されていない。概して高松塚古墳の壁画には念紙の使用を物語る痕跡はなく、「おそらく使用したのだろう」という弱い推測でしか話ができない。漆喰が硬く乾いたあとに行なったため、尖筆のあとがつかず、壁面の風化とともに消えてしまったのか、あるいは一九七四年刊行の『高松塚古墳壁画調査報告

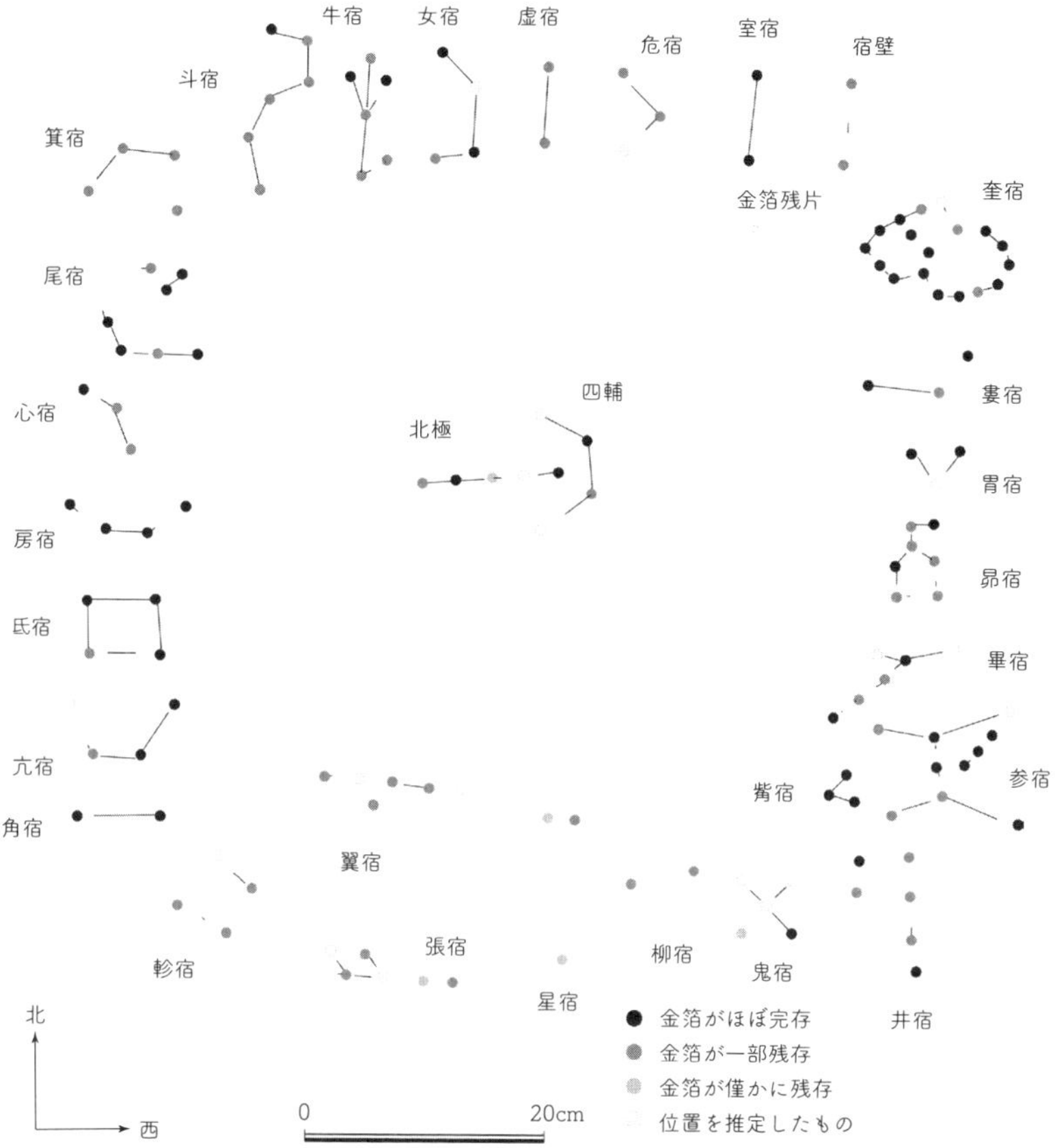

図46 高松塚古墳天文図の実測図
(『キトラ古墳天文図 星座写真資料』掲載の図を筆者がトレース)

書』に記すように、「粉末のこまかい孔を開け、有色の粉末などを上からふって壁面に印を着ける技法」が用いられたか。あるいは、いきなり下書きを施して描き始めたのか。解体された石材は壁画をつけたまま保存施設で精査されているところなので、いずれ調査結果が克明な写真とともに公開されるかも知れない。そのときを待とう。配置された星座の範囲は八〇センチ四方の正方形に収まるというから、下絵は絵画ではなく、図面として制作されたのであろう。このことはキトラ古墳も同様である。星はキトラ古墳の天文図と同様、円形の金箔を貼りつけて表現しているが、直径は約八ミリで、金箔の貼りつけ方については一九七四年刊行の『高松塚古墳壁画調査報告書』に次のような報告がある。

高松塚古墳の天井には、その中央部の幅いっぱい、全体の三分の一のスペースに精細な星座が描かれている。個々の星々は、紙で裏打ちされた金箔（直径九ミリメートル）が貼られ、星座を明示するために個々の星座に属する星の間は朱線でつながれている。

ということで、報告文の別の箇所では「金箔の裏打ちに使った白紙だけがそのまま残ったものが四個認められた」とも記している。この報告がその通りならば、キトラ天文図の金箔の裏に残った白色物質が紙である可能性も出てくる。キトラ天文図では厚みを感じない金箔の星もあるため、その制作途中で手法を変えた可能性もある。あらかじめ裏打ちされた円形の金箔が用意されていたとなれば、現代の文房具にある円形シールと同じ要領で貼りつけられる。マスキング法よりもずっと楽になる。

一九七四年の報告では、直径が九ミリとするが、キトラ古墳の星座写真資料につけられた解説文では「径八ミリほど」とする。二〇〇四年に出版された『国宝高松塚古墳壁画』に原寸大で掲載された写真を測ると、ほとんどが径八ミリであった。キトラ古墳の六ミリよりも大きい。確認できる星の数は一三四個で、キトラ古墳の三五〇個以上に比べてずいぶん少なく、見た目にもすっきりしている。その分、ひとつひとつの星を大きくしたのだろう。

星座をつなぐ朱線については星座写真資料の解説によれば、「朱線はいずれも直線的で、定規のようなものを使って描かれたと推測できる。また、金箔は、基本的に朱線を描いた後に貼り付けられている。」として、キトラ古墳との違いを指摘している。定規にしても、朱線を先に引いていることにしても、さらには端から裏打ちした金箔をシールのように貼りつけていることにしても、キトラ古墳の天文図よりは合理的で、制作時間も短縮できたことだろう。よほどキトラ古墳での苦労がこたえたに違いない。また、こういう改善の様子を見ても、「キトラ古墳が先、高松塚古墳が後」という前後関係の推測ができるのである。

二　キトラ天文図は正確か

1　本場中国の天文学

このように苦労して描かれた天文図であるが、どれほど正確に描かれた図面であるかどうかを知りたいところであろう。キトラ古墳の黄道がずれていることは先述したが、星座はどうなのか。形は正しいのか。あるべきところに描かれているのか。数は足りているのか。等々、聞きたいことはいくらでも出てくるだろう。その質問にお答えする。

再び図45（一五七頁）をご覧いただきたい。キトラ古墳の天文図には三五〇個以上の星が貼りつけられていた。それを朱線で結び、七四個以上の星座を表現している。多いように見えるが、中国の南宋淳祐《じゅんゆう》天文図（一二四七年）や李氏朝鮮の天象列次分野之図《てんしょうれつじぶんやのず》（一三九六年）には約一四〇〇個の星と二八〇個以上の星座が描かれているから、星も星座もキトラ天文図の約四倍である（図47）。それだけの数がそろって、初めて正規の天文図となる。こう聞けば、「それでは、キトラ古墳の天文図は正規でないのか」という質問をしたくなる。そもそも正しい天文図とは何か。その答えを出すには、本場中国の天文図について、簡単にでも触れておかねばならない。

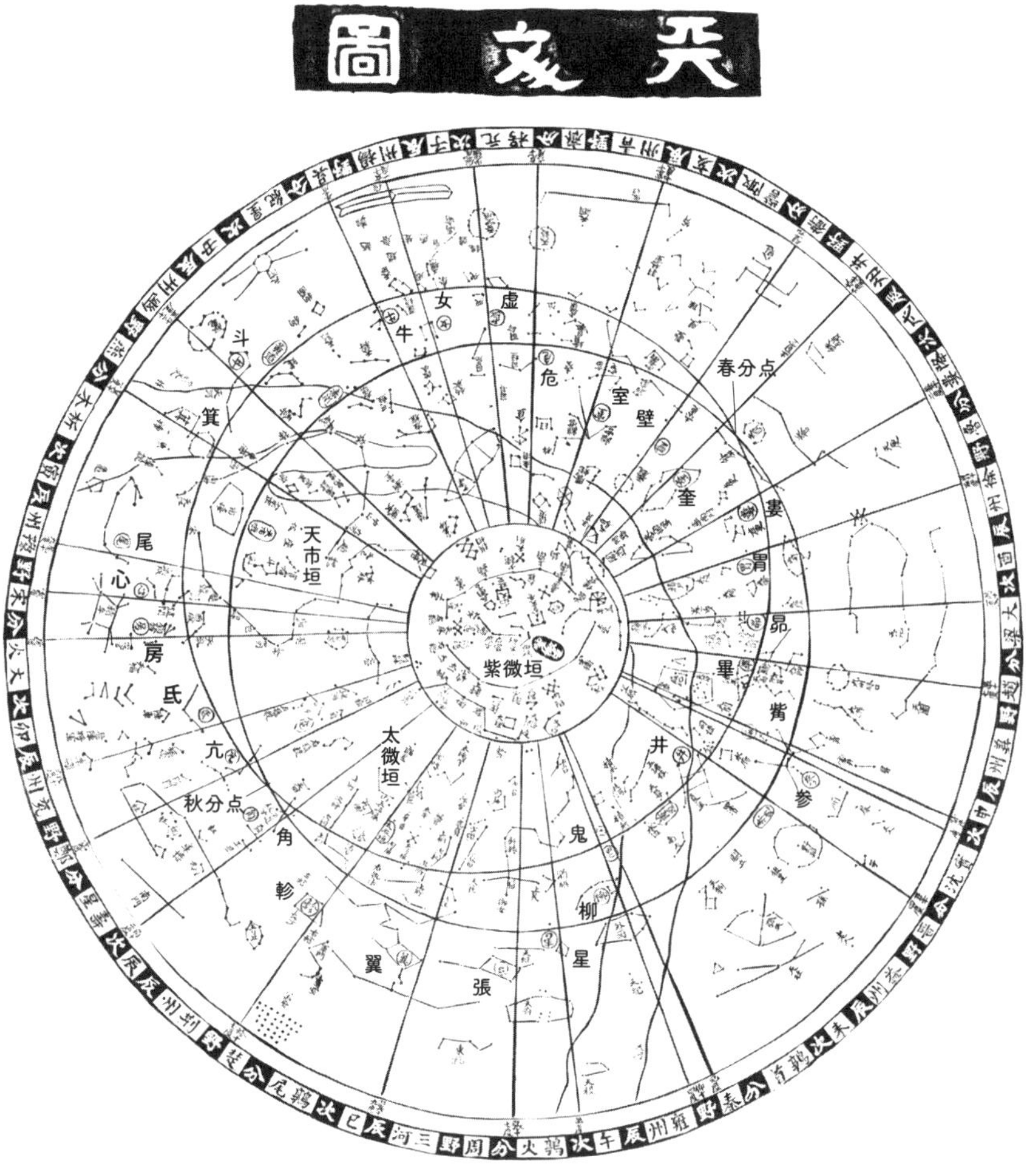

図47　南宋淳祐天文図(拓本を筆者がトレース、加筆)

＊南宋の隆慶府普成《ふせい》(四川省梓潼《しとう》県)に生まれ、1190年に太学《たいがく》博士となった黄裳《こうしょう》(1147-1195)が作成した天文図を淳祐7年(1247)に王致遠《おうちえん》が石碑に刻み、南宋の蘇州府学に建てたもので、1431星が表現されている。天文書に記される数は1465星であるが、56星が不足し、逆に天文書に見えないものが21星ある。黄道は楕円に描くべきところを真円としているため、中心点から春分点と秋分点へ向かう線が180度になっていない。そういう不備は見られるものの、比較的正確な最古の天文図である。外縁には十二支や十二州がめぐらされ、中心から二十八宿の距星に向けて引かれた放射線が天の方位と大地の方位をつないでいる。放射線の端に記された経度を足せば、365箇4分の1度になる。

「戦国七雄《しちゆう》」という熟語は耳にされたこともあろう。およそ紀元前五世紀から秦の始皇帝が全国統一を果たす紀元前二二一年までの二〇〇年あまりの期間に、魏国を中心にして、東は斉国、西は韓国・秦国、北は趙国・燕国、そして南は楚国がそれぞれに勢力を保ち、鎬《しのぎ》を削った。そのような大国を七雄という。戦国時代の名の通り、戦争の絶えない時期であったが、同時に農業や工業も発達し、さまざまな科学や占術が芽生えた時期でもある。この時代に、斉国の甘徳《かんとく》、魏国の石申《せきしん》などが星の位置を観測し、星の表を制作したという。両者はのちに天文学派の祖として仰がれたが、両派とは別に、殷代の巫咸《ふかん》という占星術師に名を借りた学派もあり、三家と呼ばれている。

この手の話には後世の仮託が多く、戦国時代に今でいう天文学がどれほど究められたのかはわからない。ただ、この時代に中国天文学の基礎となる「二十八宿」が成立したことは、湖北省随州《ずいしゅう》市で発掘された戦国初期（前五世紀末）の曾侯乙《そうこういつ》墓から星座の名を連ねた漆塗りの衣裳箱が出土したことでも明らかである。あとの話にもかかわるため、二十八宿を簡単に説明しておこう。

星の緯度は天の北極からの角度（去極度）で表せるが、経度を求めないことには、位置が定まらない。その必要性から生まれたとされる二十八宿（二十八舎）は、天球を赤道に沿って二八分割する星座である。星座間の幅は不均一であるが、星座のなかで計測の起点となるひとつの星（距星）を定め、その距星からの角度（入宿度）をもって経度を表示する。現代の地図上の位置を示す緯度が去極度、経度が入宿度であると思っていただければよい。

いわば二十八宿は天体に方位を与える目盛である。天体は地球の自転や公転によって常に方位が変わるため、二十八宿で天に方位を与え、地上の方位とつなぎあわせる。こうすれば、天球で起きた異変を地上の地域と結びつけて語ることができる。そのような目盛はもう一種あり、「十二次」と呼ばれる。赤道を一二等分した方位であり、惑星や太陽の位置を表現する際に用いられた。一二で割るのは、一年の一二ヶ月とあわせるためである。

前漢時代の武帝期（紀元前一四一～八七年）にも社会が大きく変わり、各方面の学問が発展した。天文学の方面では、星座の数が増えた。神話を伴い、ロマンあふれるギリシャの星座とは異なり、中国の星座は人間臭い。人間社会と同様、天上世界にも天帝の君臨する社会があり、星座にもそれぞれの役目があった、という考え方である。よって、天帝をとりまく役人たちの星も決められ、星官という言葉も生まれた。星座や星も仕事をしなければならないのである。天球に人間社会を設定しておけば、この世で進行しつつある異変が天に投影され、逆に天体を観察することによって反省し、悪い兆候を除いてゆける。

司馬遷は『史記』に前代までの天文学をまとめた「天官書」を綴り、その体系は後漢時代の馬続《ばしょく》が著した『漢書』「天文志」にも受け継がれた。それらは全天を五宮に割り、中央を「中宮」、四方を「東宮」「南宮」「西宮」「北宮」として星座を語る分類法をとっている。魏晋時代には星座の数がどんどん増え、整理も進んだ。唐の第二代皇帝、太宗李世民が多くの学者に命じて編ませた『晋書』と『隋書』には、いずれも「天文志」が見える。ともに唐初の天文学者であり、太宗時の太史令（天文官）を務めた李淳風《りじゅんぷう》（六〇二～六七〇年）が編んだものである。彼自身の著書である『乙巳占《おつみせん》』という占星術の経唐の書も現存し、そこにも星座に関するまとまった記述がある。七世紀に入唐《にっとう》した留学生《るがくしょう》や留学僧《るがくそう》が天文学や占星術を学んだ場合、彼の学説に必ず影響を受けたことであろう。

李淳風の「天文志」では、星座の分類が天官書とはやや異なり、中宮を「紫微垣《しびえん》」「太微垣《たいびえん》」「天市垣《てんしえん》」の三垣に割り、四方の星座が二十八宿ごとにまとめられている。唐の第九代皇帝、玄宗の開元年間（七一三〜七四一年）にインド出身の占星術者の瞿曇悉達《くどんしった》が著した『開元占経《かいげんせんきょう》』にも同様の星座が紹介されている。

このように星座が確定してゆく一方、天体をどうとらえるのか、という今日的な天文学が漢代に起こった。『晋書』「天文志」には、およそ天体を語る説に「蓋天《がいてん》」「宣夜《せんや》」「渾天《こんてん》」の三説があったと記す。蓋天説は天体を大きく張った傘、大地を碁盤のように想定する。宣夜説は「天に質なし」とするもので、宇宙の実態に近いが、残念ながら観念がすぎたのか、発展しなかった。渾天説は天体を卵の殻のようだと説き、大地は卵黄のように浮いているものとした。いずれも天動説をとるもので、よって水平線や地平線の下をどう説明するかで各家とも頭を悩ませている。まさか大地が球体で、太陽の周りをめぐっているなどとは、誰も想像しなかったのである。ただ、三説のなかでは渾天説が最も腑に落ちたのだろう、中国天文学の支配的な宇宙観となった。

2　プラネタリウムと天文図

渾天説にもとづいて天に球体を想定し、天球儀である「儀象《ぎしょう》」を初めて制作したのは、前漢武帝のときの落下閎《らっかこう》・鮮于妄人《せんうもうじん》・耿寿昌《こうじゅしょう》らであった。その後、後漢和帝の時代（八八〜一〇六年）に賈逵《かき》が太陽の軌道である黄道を加え、順帝の時代（一二五〜一四四年）に大学者の張衡《ちょうこう》が完璧な天球儀をつくり上げた。『晋書』

「天文志」には、「内外の規、南北の極、黄・赤道を具《そな》へ、二十四気・二十八宿・中外星官及び日月五緯（惑星）を列ね、漏水《ろうすい》（漏刻）を以て之を殿上の室内に転《まは》」したという。その動きは天体の動きのようであったというから、プラネタリウムである。

天を球体とするならば、それを示す儀象も球体でなければならないが、そのようなものがどこでも制作できるわけはない。また、扱いにくい。そこで、簡易版の儀象として、球体を平たく押しつぶしたような紙媒体の天文図も制作されるようになった。『晋書』「天文志」には、西晋武帝の時代（二六六〜二九〇年）に孫呉の太史令であった陳卓《ちんたく》が甘氏・石氏・巫咸《ふかん》氏の「星図」を総合して二八三座の星座と一四六四個の星を定め、それが「定紀」、つまりその後の模範になったと記す。陳卓が編集した星図こそが「正規の天文図」といえるものである。

残念ながら、陳卓が制作した星図は図面としては伝わらず、南北朝時代の墓室天井に天文の雰囲気を感じさせる絵画が残されているにすぎない。墓室天文図のいいかげんさは唐墓においても変わらず、その意味では、唐代後半の資料となるが、敦煌莫高窟《ばっこうくつ》の蔵経洞《ぞうきょうどう》に眠っていた二種の唐代文書は貴重である。「敦煌星図」と呼ばれるふたつの文書は「甲本」「乙本」と名づけられ、甲本は二十八宿と三垣の星座を図面と数行の文で解説した図解書であり（図48、一七〇頁）、乙本は紫微垣の星座を描いた天文図である（図49、一七一頁）。列せられた星座や占文が『乙巳占《おつみせん》』や『開元占経《かいげんせんきょう》』によく似ていることから、占星術師たちが使ったテキストの一部であると説かれている。

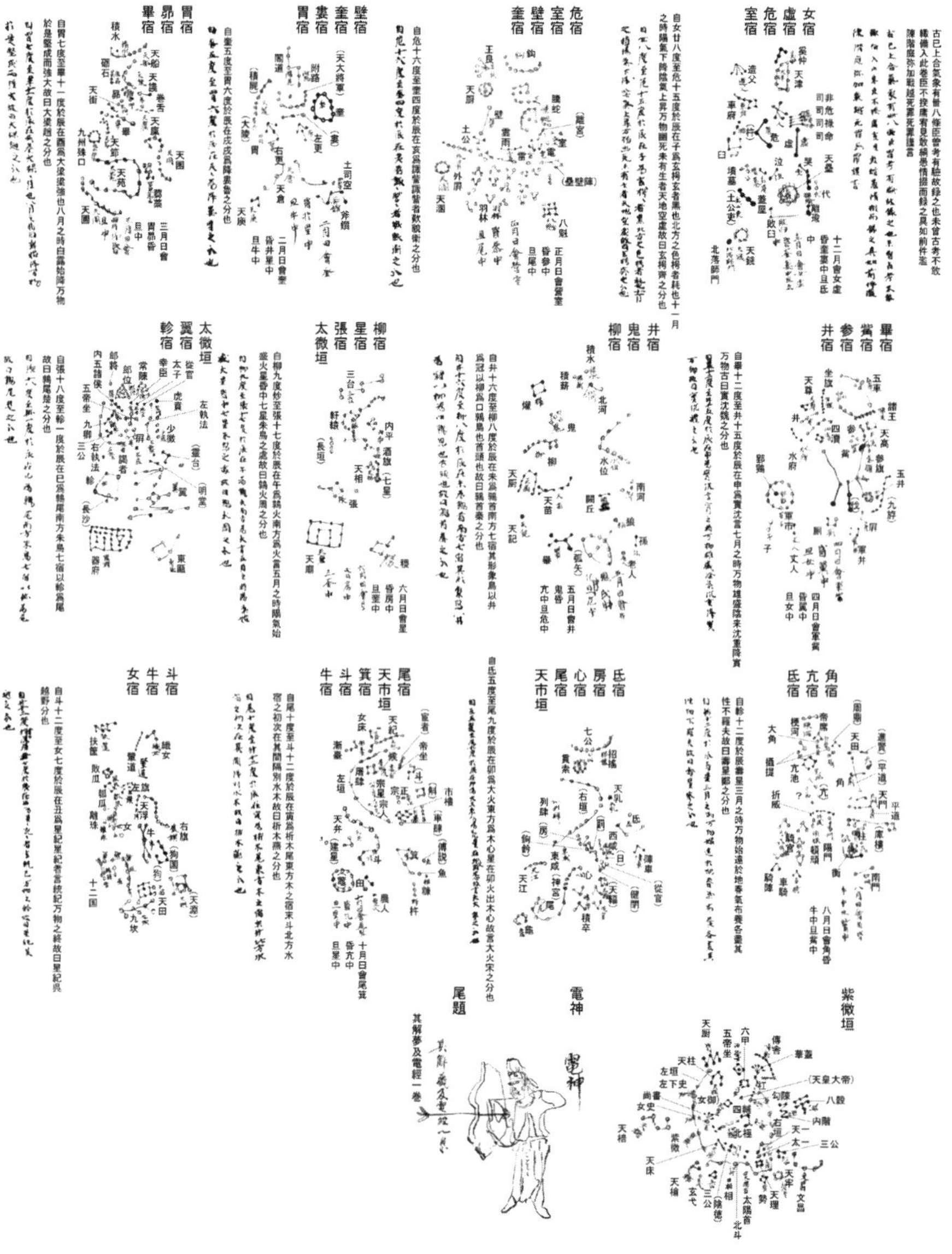

図48　敦煌星図甲本（釈文は筆者が加筆）

＊大英博物院図書館所蔵のスタイン敦煌巻子本のなかからジョゼフ・ニーダムが発見し、『中国科学技術史』に紹介したことで世に知られ、唐代の天文学や占星術を研究する上での貴重な資料となっている。

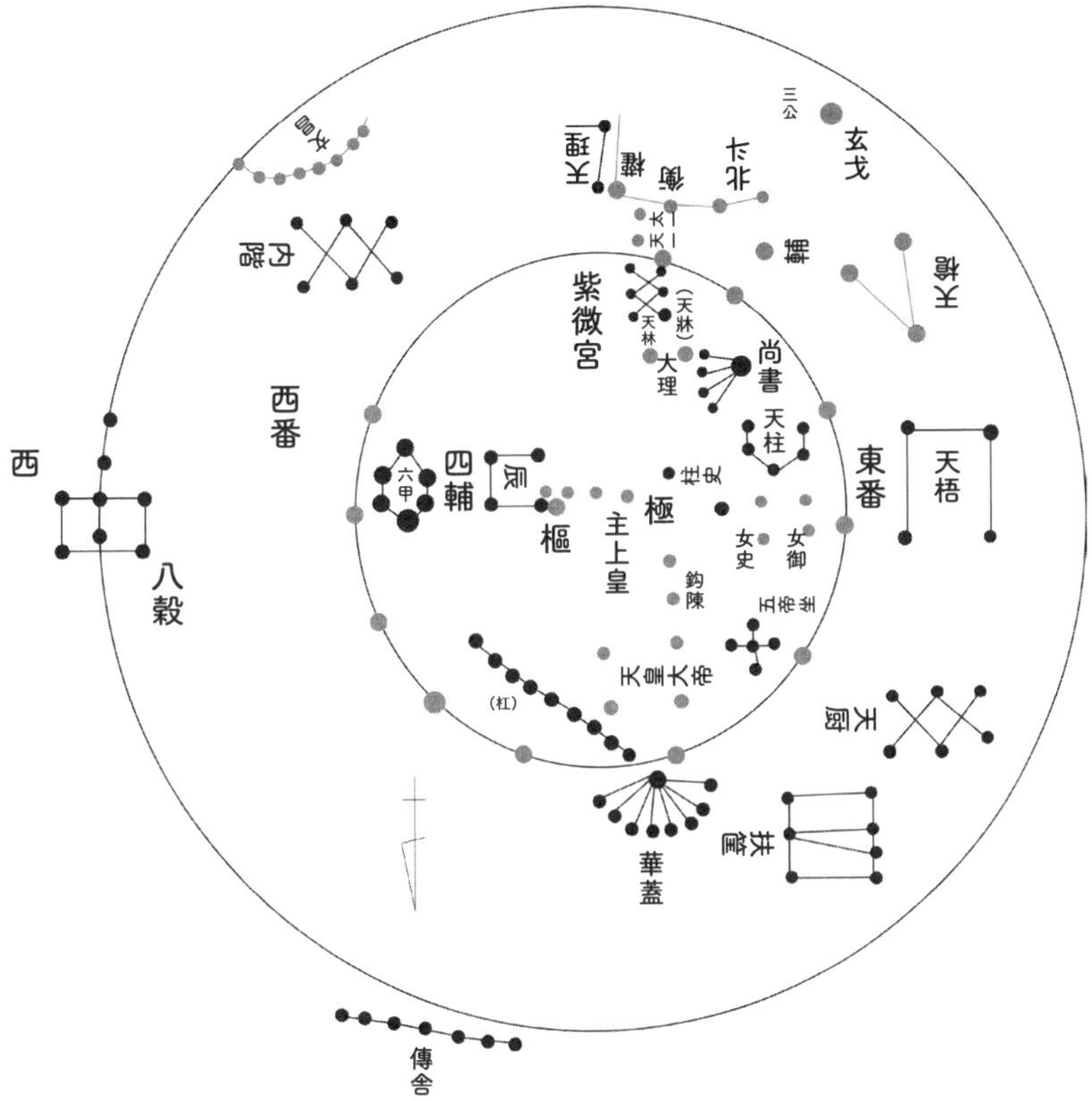

図49　敦煌星図乙本模式図（筆者トレース）

＊敦煌学の大家である向達《こうだつ》が1944年に発見した敦煌の唐代文書。唐末から五代十国時代にかけて作成された占星術の絵図であり、紫微垣のみを描いたもの。内規がさらに二重に分けられ、円形の天文図を感じさせるが、星座の位置や形状は不正確である。甘氏の星座と石氏・巫咸氏の星座を黒と朱で色分けしている。内規をまたぐ八穀の表現はキトラ天文図に類似する。

3　キトラ天文図の紫微垣・太微垣・天市垣

このように中国の星図をたどってみると、キトラ古墳に描かれた天文図がいかに貴重な天文学資料であるかをわかっていただけるであろう。同時に、その天文図がどれほど正確な図面であるかを確かめたい気持ちも出てこよう。そこで、奈良文化財研究所編『キトラ古墳天文図　星座写真資料』で同定された星座について、『晋書』「天文志」、敦煌星図、『宋史』「天文志」、淳祐天文図などと比べながら評価してゆこう。

〔紫微垣〕

内規・赤道・黄道・外規で区画されるキトラ天文図において、内規でくくられる範囲を紫微垣《しびえん》ともいう。紫微とは帝の居場所を指し、垣とは宮を守る城壁である。都城でいう宮城に相当する。漢代から隋唐時代にいたるまで、人が住む都城も設計が整い、宮城・皇城・外郭城などの区画が定まっていった。その流れのなかで天の北極に近い中宮も細分化され、帝の居住空間を特別扱いするようになった。それが紫微垣である。

キトラ天文図の内規には「北極《ほっきょく》」「東蕃《とうはん》」「西蕃《せいはん》」「北斗《ほくと》」「文昌《ぶんしょう》」「八穀《はっこく》」の六座が描かれている。「北極」は現在のこぐま座であり、太子《たいし》・帝《てい》・庶子《しょし》・后《きさき》・北辰《ほくしん》の五星を指す。帝の星とされるこぐま座βは古代には北極であったが、歳差によって、今は脇の星となっている。キトラ天文図ではなぜか六星となり、逆に北極五星の近くにあるはずの「四輔《しほ》」四星や「鉤陳《こうちん》」六星がない。四輔は帝の補佐役、鉤陳は後宮であるため、これを描かなければ、天皇は補佐役の大臣たちや後宮の妃たちを失うことになる。いきなり大きな欠落である。「東蕃」と「西蕃」はそれぞれ八星と七星とされる。キトラ天文図では東蕃が六星で、二星を欠くが、こ

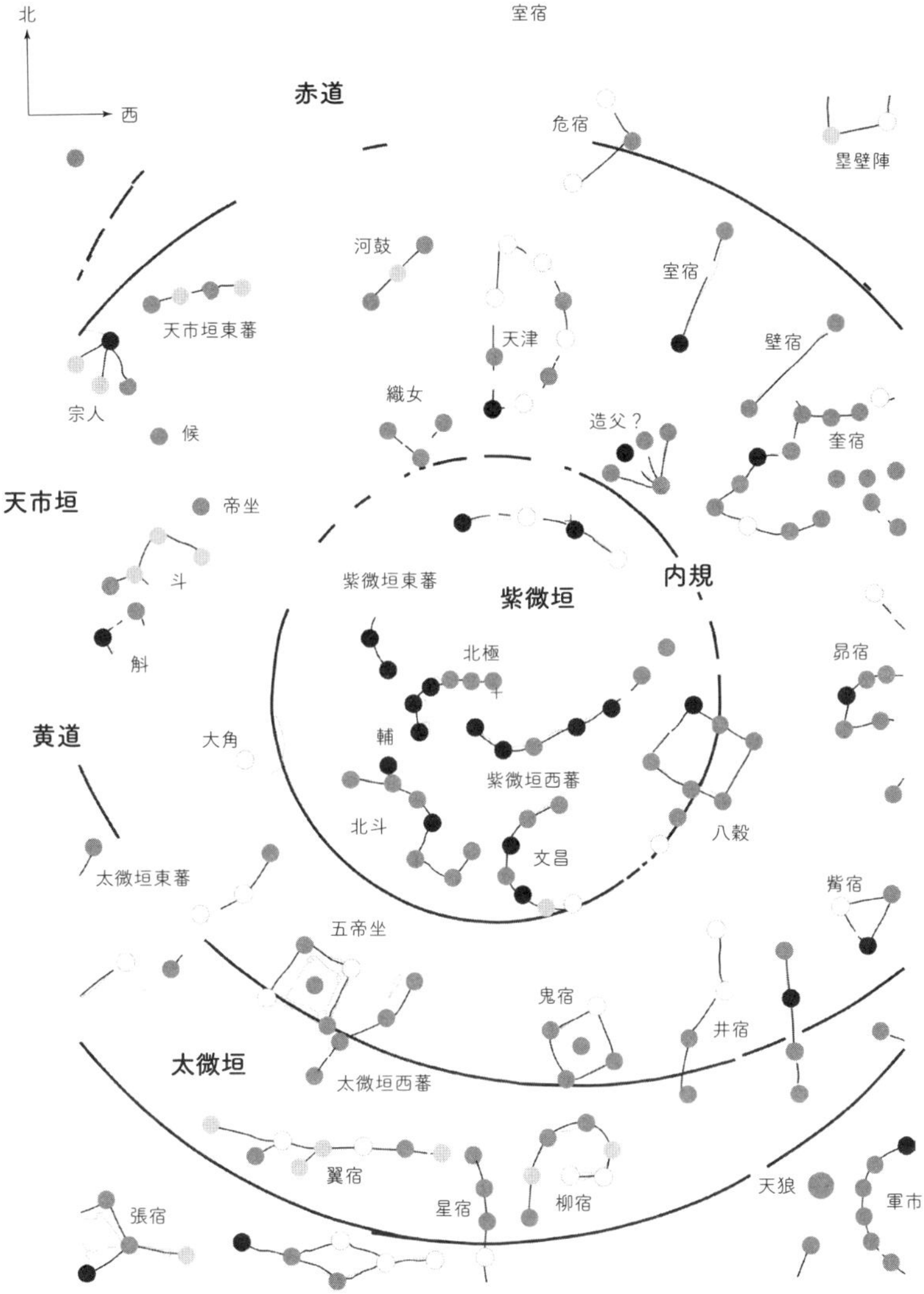

図50　キトラ古墳天文図の中心部分（筆者トレース）

れは漆喰の剥離とともに失われた結果である。城壁はそろっている。

「北斗」七星は天子の車で、補佐役の「輔《ほ》」一星が同乗する。キトラ天文図の北斗は淳祐天文図と同じく輔もつき、敦煌星図の甲本・乙本よりも精度が高い。北斗の斗の近くにある「文昌《ぶんしょう》」は六府を指す星座であるから、六星でなければならないが、キトラ天文図では七星を表そうとしている。ただ、文昌は敦煌星図も淳祐天文図も数が適当で、どちらかといえば、さほど星数を気にしなくてもいい星座であったのだろう。「八穀」はさまざまな穀物を表す。淳祐天文図では内規のなかに入るが、敦煌星図乙本ではキトラ天文図と同じく、内規をまたぐ。紫微垣において、特別に重要な星座でもないのだが、塵《ちり》取りに似た形はよく目立つ。見栄えのする星座ではある。

表4は正規の天文図で描かれるべき星座をエリアごとに列挙したものである。紫微垣の枠をご覧いただきたい。本来描くべき星座が、キトラ天文図では三〇座以上が欠落している。帝の近くにいるべき者や置くべき物が致命的に足りない。逆に、これらをすべて直径六ミリの金箔で表現すれば、内規はおそらく金箔の塊になってしまうだろう。省略が必要なのはわかる。ただ、省略しすぎた嫌いはある。

〔太微垣〕

内規の外、赤道の内には北斗に近いところに帝の朝廷に当たる太微垣《たいびえん》がある。正規の天文図では、表4のように二〇座の星座からなるエリアであるが、キトラ天文図では、「五帝坐」とそれをはさむ「東蕃」「西蕃」の三座しかない。「五帝坐」五星は黄帝《こうてい》・蒼帝《そうてい》・赤帝《せきてい》・白帝《はくてい》・黒帝《こくてい》の座席である。五帝坐はサイコロの五の字

表4　中国古代星座一覧　※ゴシック体はキトラ古墳天文図に表現された星座（筆者作成）

三垣	紫微垣		**北極**・四輔・天乙・太乙・**東蕃**・**西蕃**・陰徳・尚書・女史・柱史・御女・天柱・大理・鈎陳・六甲・天皇大帝・五帝内坐・華蓋＋杠・伝舎・内階・天厨・**八穀**・天棓・天床・内厨・**文昌**・三師・太尊・天牢・太陽守・勢・相・三公・玄戈・天理・**北斗**＋**輔**・天槍
	太微垣		謁者・三公・九卿・五諸侯・内屏・**五帝坐**・幸臣・太子・従官・郎将・虎賁・常陳・郎位・**西蕃**・**東蕃**・明堂・霊台・少微・長垣・三台
	天市垣		西蕃・**東蕃**・市楼・車肆・宗正・**宗人**・宗・帛度・屠肆・**候**・**帝坐**・宦者・列肆・**斗**・**斛**・貫索・七公・天紀・女牀
二十八宿	東方七宿	角宿	**角**・平道・天田・進賢・周鼎・天門・平・**庫楼**・柱・衡・**南門**
		亢宿	**亢**・**大角**・折威・左摂提・右摂提・頓頑・陽門
		氐宿	**氐**・天乳・招揺・梗河・帝席・亢池・**騎官**・陣車・車騎・天輻・騎陣将軍
		房宿	**房**＋鈎鈐・鍵閉・罰・西咸・東咸・日・従官
		心宿	**心**・**積卒**
		尾宿	**尾**＋神宮・亀・**天江**・傅説・魚
		箕宿	**箕**・糠・杵
	北方七宿	斗宿	**斗**・**建**・天弁・鱉・天鶏・天籥・狗国・天淵・狗・農丈人
		牛宿	**牛**・天田・九坎・**河鼓**・**織女**・左旗・右旗・天桴・羅堰・漸台・輦道
		女宿	**女**・十二国・離珠・敗瓜・瓠瓜・**天津**・奚仲・扶筐
		虚宿	**虚**・司命・司禄・司危・司非・哭・泣・天壘城・敗臼・離瑜
		危宿	**危**＋墳墓・人・杵・臼・車府・天鈎・**造父**・蓋屋・虚梁・**天銭**
		室宿	**室**＋離宮・雷電・**壘壁陣**・羽林軍・鈇鉞・**北落師門**・八魁・天綱・土公吏・螣蛇
		壁宿	**壁**・霹靂・雲雨・天厩・**鈇鑕**・土公
	西方七宿	圭宿	**圭**・外屏・天溷・**土司空**・軍南門・閣道・附路・王良・策
		婁宿	**婁**・左更・右更・天倉・天庾・天大将軍
		胃宿	**胃**・天廩・天囷・大陵・天船・積尸・積水
		昴宿	**昴**・天阿・月・天陰・蒭藁・天苑・巻舌・天讒・礪石
		畢宿	**畢**＋**附耳**・天街・天節・諸王・天高・**九州殊口**・五車・柱・天潢・咸池・天関・参旗・九斿・天園
		觜宿	**觜**・座旗・司怪
		参宿	**参**＋**伐**・玉井・屏・軍井・厠・屎
	南方七宿	井宿	**井**＋鉞・南河・北河・天樽・五諸侯・積水・積薪・水府・水位・四瀆・**軍市**・**野鶏**・孫・子・丈人・闕邱・**天狼**・**弧矢**・**老人**
		鬼宿	**鬼**・**積尸**・爟・天狗・**外厨**・天社・天記
		柳宿	**柳**・酒旗
		星宿	**星**・軒轅＋御女・内平・天相・天稷
		張宿	**張**・天廟
		翼宿	**翼**・東甌
		軫宿	**軫**＋**長沙**＋**左轄**＋右轄・軍門・土司空・青邱・器府

形に並び、敦煌星図甲本や淳祐天文図では中央の黄帝を交点としてX字形に結ばれるが、キトラ天文図では四角い囲みのなかに黄帝が独立する。敦煌星図甲本では紫微垣の五帝内坐がそのような囲み形となっている。図形を転用したのかも知れない。「東蕃」と「西蕃」はそれぞれ四星であり、キトラ天文図もそのようになっている。これは正しい。

〔天市垣〕

太微垣の上方（北方）には天子の市場《いちば》である天市垣《てんしえん》があり、紫微垣・太微垣とあわせて三垣と呼ばれる。つまり、天子の活動エリアの一角をなす。キトラ天文図では、外出した帝がすわる「帝坐」、陰陽を伺う側近の「候」、皇族である「宗人《そうじん》」、市場に欠かせない計量器の「斗」や「斛《こく》」など五座は描かれているが、本来は一九座である。やはり足りない。これでは寂しい市場になろう。

4　キトラ天文図の二十八宿

先述したように、二十八宿は天球における方位（経度）を示す目盛にもなる。それをもって大地の方位にあわせようとする意図から四方に分けられ、東西南北に七宿ずつが収まることになった。「天文志」の記述は東方・北方・西方・南方の順である。東方で最も南方寄りの角宿《かくしゅく》を起点として、時計回りに説明してゆく順序である。角宿二星は天の門と考えられていたから、そこから始まるのは理屈に合う。そこで、角宿に指を当て、天文図だけを反時計回りに回転させると、「天文志」の順序で二十八宿の各星座をたどってゆける。

〔東方七宿〕

東方は、角《かく》宿二星、亢《こう》宿四星、氐《てい》宿四星、房《ぼう》宿四星、心《しん》宿三星、尾《び》宿九星、箕《き》宿四星の七宿三〇星である（図51、一七八頁）。キトラ天文図も形や星数をあわせている。角宿から房宿までがおおむね赤道に近く、心宿から箕宿が赤道から離されている。淳祐天文図では房宿がもう少し赤道から離れるが、去極度は歳差の影響を受けやすいので、許容範囲の違いとなる。

「天文志」では、二十八宿の近くにある星座をひとつのエリアとして、まとめて記載している。そのグループは表4をご覧いただければわかる。本来は東方七宿だけで三九座の星座が付属しているのだが、キトラ天文図では角宿の「庫楼《ころう》」九星と「南門《なんもん》」二星、亢宿の「大角《たいかく》」一星、氐宿の「騎官《きかん》」一一星、心宿の「積卒《せきそつ》」六星、尾宿の「天江《てんこう》」四星の六座にとどまる。南門は天の羅城門に相当する大切な星座である。大角はうしかい座α星のアルクトゥールスで、一等星として数えられる赤色巨星であるため、これらを選択する意味はわかるが、庫楼・騎官・積卒・天江などは、特別な役割があるわけでもなく、選択の理由がない。ところが、「天文志」では、庫楼一〇星・騎官二七星・積卒一二星と、星数が多く、いかようにもデザイン化できそうである。現にキトラ天文図に表現された三星座はかっこうよく仕上げられ、東方の外規近くのエリアにおいて、ひとつの見どころになっている。天江はそのあたりの星座が希薄であることから選ばれたのであろう。それを取れば、画面に大きな穴があく。

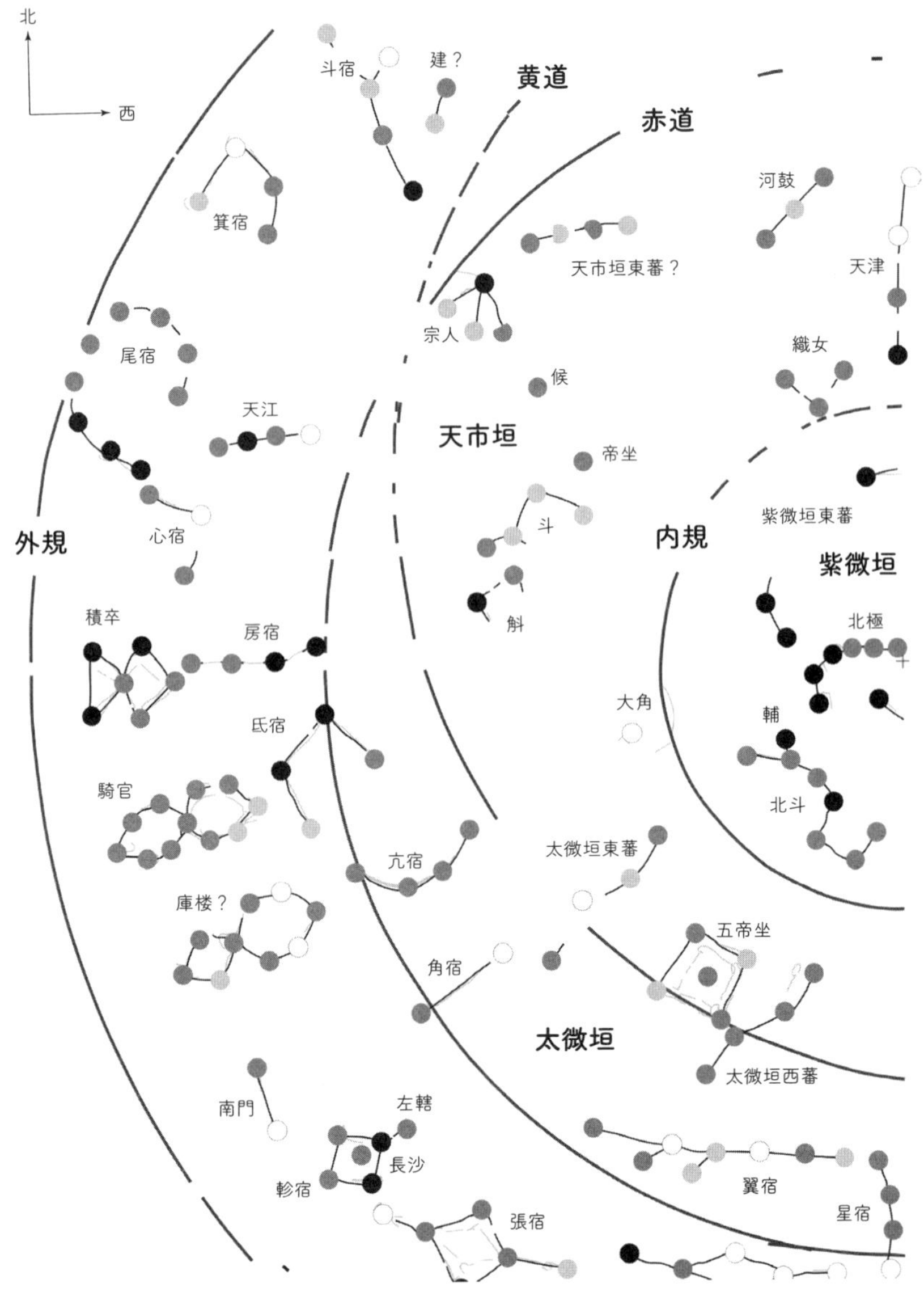

図51 キトラ古墳天文図の東方部分(筆者トレース)

〔北方七宿〕

北方は、斗《と》宿六星、牛《ぎゅう》宿六星、女《じょ》宿四星、虚《きょ》宿三星、危《き》宿三星、室《しつ》宿二星、壁《へき》宿二星の七宿二六星である（図52、一八〇頁）。『晋書』『隋書』「天文志」では「南斗《なんと》」「牽牛《けんぎゅう》」「須女《すじょ》」「虚《きょ》」「危《き》」「営室《えいしつ》」「東壁《とうへき》」、『宋史』「天文志」では「南斗」「牛宿」「須女」「虚宿」「危宿」「営室」「壁宿」と表現する。北方なのに南斗であるのは、石氏が六星を呉《ご》・会稽《かいけい》・丹陽《たんよう》・豫章《よしょう》・廬江《ろこう》・九江《きゅうこう》などの南方六郡を掌《つかさど》る星としたことに起因するのであろうか。牽牛は一宿の名であったが、そのグループの河鼓《かこ》（彦星）に名を取られ、牛宿となった。須女は婺女《ぶじょ》とも書かれ、身分の低い機織り女の名である。須女もそのうち女宿《じょしゅく》となった。

キトラ天文図ではこのあたりの漆喰が大きく損なわれているため、牛・女・虚・危の四宿は一星か朱線が残存しているだけである。その一方で、内規に近い牛宿の「河鼓」三星と「織女《しょくじょ》」三星、女宿の「天津《てんしん》」九星が残っていたのは幸いであった。津は港の意味で、天津は天の川の渡し場である。これらは七夕伝説の重要な星座であるため、省略するわけにはいかない。淳祐天文図では、河鼓と織女の間に天の川を描き、天津は天の川に渡した橋のように描いている。何か船橋のような印象を受ける。キトラ天文図でも天津は天の川をまたげそうな向きをしているが、肝心の天の川が図化されていない。天の川を描かなければ、七夕伝説は語れまい。大きな欠落である。

その一方で、室宿の「北落師門《ほくらくしもん》」一星が直径九ミリの大きな金箔をもって単独で表現され、意味ありげである。現在の星座ではみなみのうお座α星のフォーマルハウトに当たる。一等星であり、秋空によく目立つ。『晋書』「天文志」には室宿が天子の宮を指すという。北落師門は室宿グループには含まれず、二十八宿の外

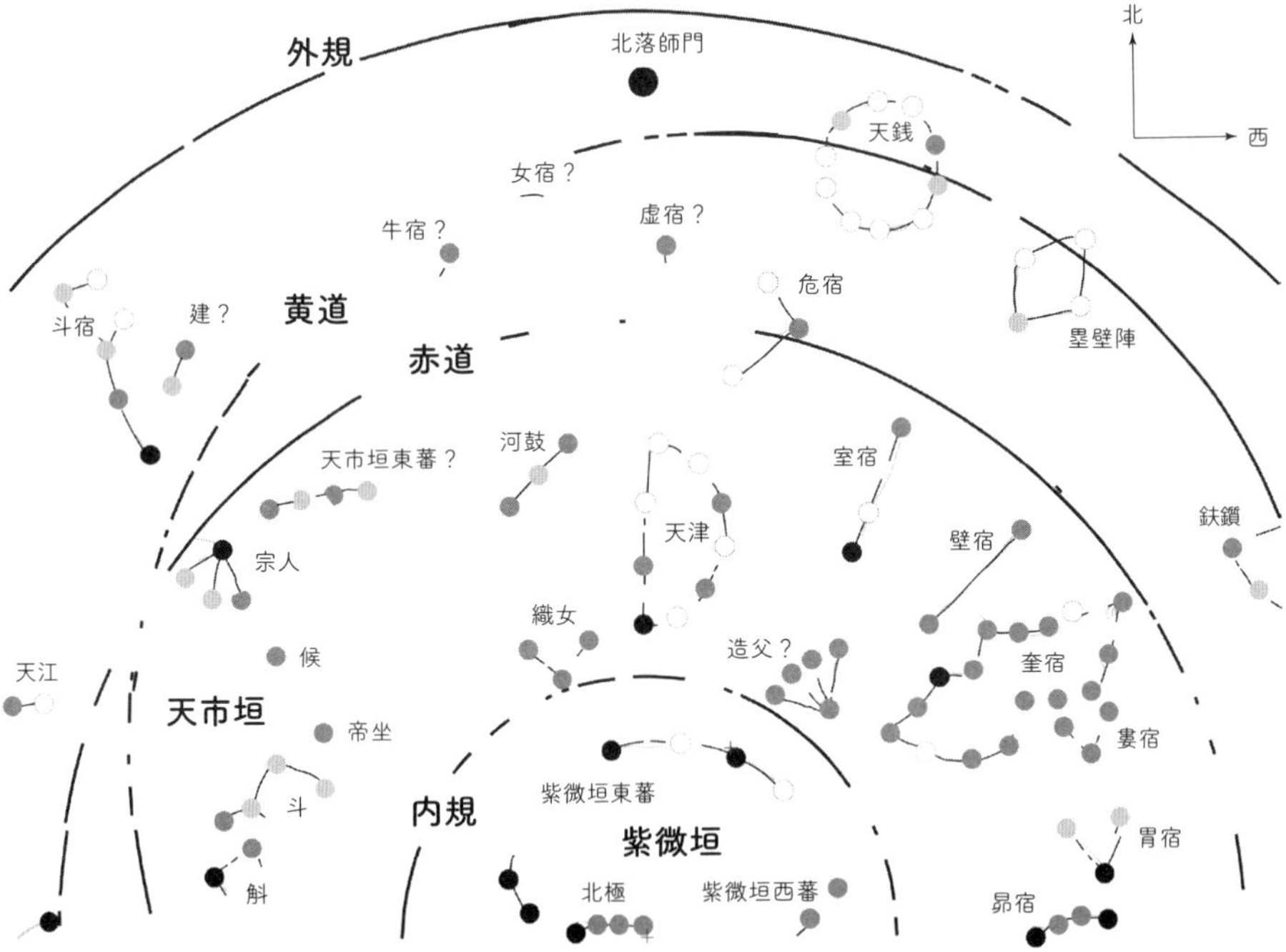

図52　キトラ古墳天文図の北方部分（筆者トレース）

の星座として扱われている。「その他もろもろ」というぞんざいな扱いである。『宋史』「天文志」において、ようやく室宿に編入された。その働きは『晋書』『宋史』とも「落《らく》というは、天軍の藩落《はんらく》（垣根）なり。師門は猶《な》ほ軍門のごとし。長安城の北門を北落門と曰《い》ふは、此れに象《かたど》るなり。非常を主《つかさど》り以て兵（敵兵）を候《うかが》ふ」と記す。いうなれば北方の守りを意味する星である。「天文志」では特別視される星ではないが、李氏朝鮮の天象列次分野之図では、キトラ天文図と同様、他の星よりも大きく表現されている。その位置は真北よりもやや西寄り（画面を見ての右寄り）であるが、キトラ天文図では位置を変えてまで真北にあわせている。このことはあとで触れる。

　キトラ天文図の北方七宿では、このほか、斗宿の「建《けん》」二星、危宿の「天銭《てんせん》」一〇星と「造父《ぞうほ》」五星、室宿の「塁壁陣《るいへきじん》」四星、壁宿の「鈇鑕《ふしつ》」五星などが描かれているが、本来は北方七宿だけで五八座の星座を描かなければならない。選ばれた星座には特別な意味があるわけでもなく、ここでも見た目を重視しての選択であったのだろう。見栄えを気にしていることは天銭（図52の右上）でわかる。淳祐天文図では天銭の輪が小さく、星の間隔が狭いのだが、キトラ天文図では星座の輪を広げ、金箔の間隔を均等にしている。キトラ天文図の全体にこのような作為が感じられる。なお、奈良文化財研究所が同定する造父や塁壁陣については、彼らも判断に相当迷ったようである。星座の位置が正規の天文図から大きくずれていることの証である。

〔西方七宿〕

西方は、圭宿《けい》一六星、婁宿《ろう》三星、胃宿《い》三星、昴宿《ぼう》七星、畢宿《ひつ》八星、觜宿《し》三星、参宿《しん》一〇星の七宿五〇星である（図53、一八二頁）。『晋書』『隋書』『宋史』ともに觜宿を「觜《し》觿《けい》」と記す。大亀の名であるが、働きは遠征軍の軍需品を管理することにある。概して西方七宿は軍事にかかわる星座が多い。該当する白虎の印象に引っ張られているのであろうか。キトラ天文図の西方七宿は星数がすべて『晋書』や『宋史』に等しく、形も比較的正確である。参宿はオリオン座であり、全天で最も目立つ星座である。一〇星とされるのは、本体をつくる七星と中央から垂れた三星をあわせた数であり、三星だけを「伐」として、別に数えることもある。その働きは成敗にあり、刑罰や遠征の象徴となった。『晋書』には「参は白獣の体なり。その中三星の横に列ぬるは、三将なり。東北を左肩と曰ひ、左将を主《つかさど》る。西北を右肩と曰ひ、右将を主る。東南を左足と曰ひ、後将軍を主る。西南を右足と曰ひ、偏将軍を主る」と記す。星座を白虎や軍隊の形にたとえたのである。

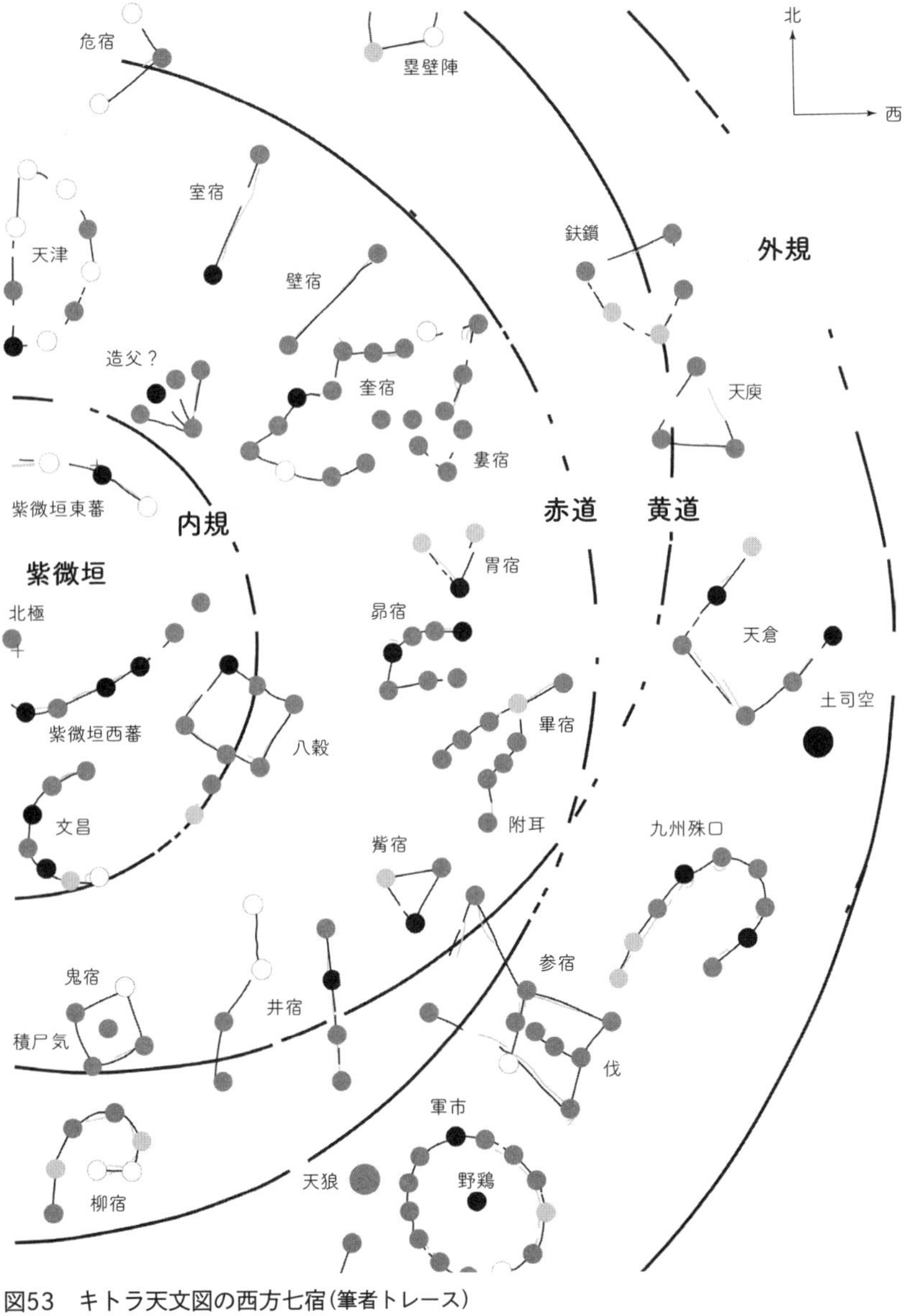

図53　キトラ天文図の西方七宿（筆者トレース）

頭は先ほどの觜宿であり、ちょうどその位置にある。キトラ天文図もその約束事を守っている。
キトラ天文図の西方エリアには、奎宿の「土司空《どしくう》」一星、婁《ろう》宿の「天倉《てんそう》」六星と「天庾《てんゆ》」三星、畢《ひつ》宿の「九州殊口《きゅうしゅうしゅこう》」のわずか四座で、本来の四七座に比べて少なすぎる。その割には画面に寂しさが感じられず、いい塩梅で星座が分布している。北方七宿の北落師門と同じく、奎宿の土司空が直径九ミリの大円となり、特別な意味を持たされているようである。現在の星座ではくじら座β星のディフダに当たる。二等星ではあるが、周囲に明るい星が少ないため、よく目立つ。天象列次分野之図では北落師門と同様、他の星よりも大きくしているが、位置はあるべきところにある。それに対して、キトラ天文図の土司空は大きくずれる。ちなみに、土司空も『晋書』「天文志」のなかでは二十八宿外の星とされ、「界域をつかさどる」としか説明されていない。けっして特別大切な星ではない。

〔南方七宿〕

南方は、井《せい》宿八星、鬼《き》宿五星、柳《りゅう》宿八星、星《せい》宿七星、張《ちょう》宿六星、翼《よく》宿二二星、軫《しん》宿四星の七宿六〇星である（図54、一八五頁）。翼宿の星数がとびぬけて多いため、四方のなかでは最多である。名称は『晋書』『宋史』が井宿を「東井《とうせい》」、鬼宿を「輿鬼《よき》」、星宿を「七星《しちせい》」と記す。井宿は南方の星座であるにもかかわらず、東井と名づけられた理由は「天文志」に明記していないが、天の南門であって、黄道が通過し、日月と水金火木土星の七曜が常にそのなかを進むのだ、というわかりやすい説明がつけられている。星座も両脇に柱が立つ立派な門の形をしている。東方の角宿も天の門であり、そちらも黄道が通過する門として記される。淳祐天文図を見ると、たしかに黄道が井宿と角宿を抜けてゆく。なおかつ角宿は春分点近くにあるため、赤道の通過点ともなっている。ところが、キトラ天文図では黄道のずらし方を間違ったため、角宿は赤道をまたぐものの、黄道からずれ、役割を全うできなくなった。ただ、井宿は黄道を芯でとらえ、役割を十分に果たしている。

鬼宿は天の目であり、悪事を見抜く役処である。サイコロの五の目状に並び、周りの四星を囲むため、目の形に見える。同時に、平たい板に何かを載せて運んでいるようにも見えることから輿鬼とも呼ばれた。中央の星は「積尸気《せきしき》」と呼ばれ、積み重なった死体から臭気が立ちのぼる様であるという。気色の悪い話である。星宿が七星と呼ばれるのは星の数からで、深い意味はないが、縦に長く並ぶことから、朱雀の頸部に当たるとされた。

キトラ天文図の南方七宿は井宿八星、鬼宿五星、柳宿七星、星宿七星、張宿六星、翼宿二二星、軫《しん》宿四星で、星の数はおよそ合ってはいるものの、奈良文化財研究所の所見では、張宿と翼宿が入れ替わっているという。たしかに淳祐天文図を見ると、張宿は星宿と翼宿の間にあって、位置が逆転している。ただ、キトラ天文図を見ると、菱形の左右に角が出たような六星が翼宿の中央部にあって、張宿も同形である。張宿の菱形が若干方形に近いが、下書きでは上下の幅が細く、翼宿に近似する。当初は張宿の位置に両翼を描くつもりが、そこに描けば、東方の角宿や南門と重複する、あるいは張宿の上下に大きな空間ができてしまうと判断し、仕方なく星宿の側に翼をずらしたのではなかろうか。その変更によって両翼を失った翼宿の上下に隙があいたため、菱形を膨らまして調整したのではなかろうか。もしその通りだとしたら、ひとつの推測がよ

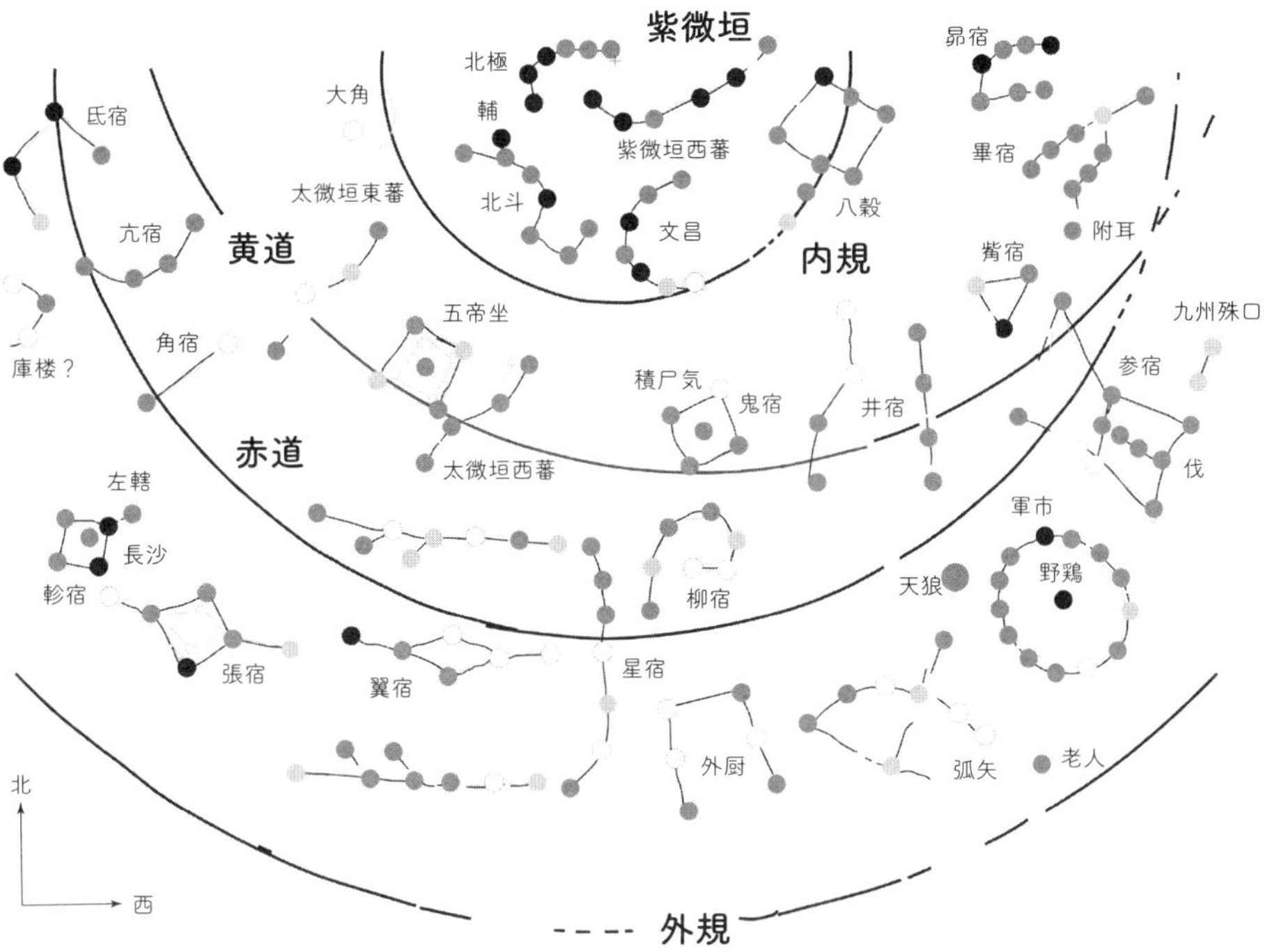

図54　キトラ古墳天文図の南方部分（筆者トレース）

り強まる。キトラ天文図の制作者は図面の精度よりも絵面《えづら》を重視したのではないか、という読みである。

キトラ天文図に描かれた南方の他の星座は、井宿の「軍市《ぐんし》」一三星とその中央に独立する「野《や》鶏《けい》」一星、九ミリの大星である「天狼《てんろう》」一星、弓矢の形をした「弧矢《こし》」八星、外規近くの「老人」一星、鬼宿の「外厨」六星、軫《しん》宿をまたぐ二星などである。軫宿内外の二星を奈良文化財研究所は内側を「長沙《ちょうさ》」、外側を「左轄《さかつ》」と同定している。『晋書』『宋史』では軫宿のなかに長沙があって寿命をつかさどることが記される。左轄の轄は車輪が外れないように差しこむ留め金であるから、左右一対で成立する。敦煌星図甲本では軫宿の枠をまたぐように連接された二星が描かれ、無記名であるが、一対になっている。内にあることを重視するのか、一対であることを重視するのか、というところであるが、いずれにしても、特別に重視されるような星ではない。南方七宿に付属する四〇星あまりのなかで、これらの星が選ばれた理由はわからない。軍市《ぐんし》や弧矢は見栄えのする星座であるから、やはり見た目で選ばれたのだろうか。これらも『晋書』では二十八宿外の星座である。

弧矢の矢が向かう先に大きく輝いている天狼は、天象列次分野之図ではたしかに他の星よりもやや大きいものの、むしろ外規の近くにある老人が図中最大の星として表現されており、やや見劣りする。キトラ天文図では、老人がわずかな金箔を残すだけで、直径が特定できないのが残念である。北方の北落師門、西方の土司空とともに大星三星の仲間入りをする天狼であるが、なぜ九ミリの大きさで表現されたのか。現在の星でいえば、天狼はおおいぬ座α星のシリウスであり、太陽に次いで大きく光を放つ星である。つまり、夜空では最も明るい。他方、老人はりゅうこつ座α星のカノープスで、シリウスに次いで明るい。大きく描かれて当然の二星である。明るい星を大きく描く天文図をキトラ壁画の画家が入手していたことはたしかである。天象列次分野之図の起源となる図面と同系統の天文図であろうか。

5　寂しい天文図を埋める工夫

さて、これでキトラ天文図に描かれたすべての星を評価した。どうであろうか。全体的な評価は三点にまとめることができよう。第一は、やはり星の数が足りない。第二は選択の基準がわからない。第三は星座を変形させている節がある。ということであろう。二〇〇八年の拙著において「天文図の雰囲気を最もよく伝える天井壁画である」と評価したことを改めて確認できた。ただ、第三の評価については、感想のような意

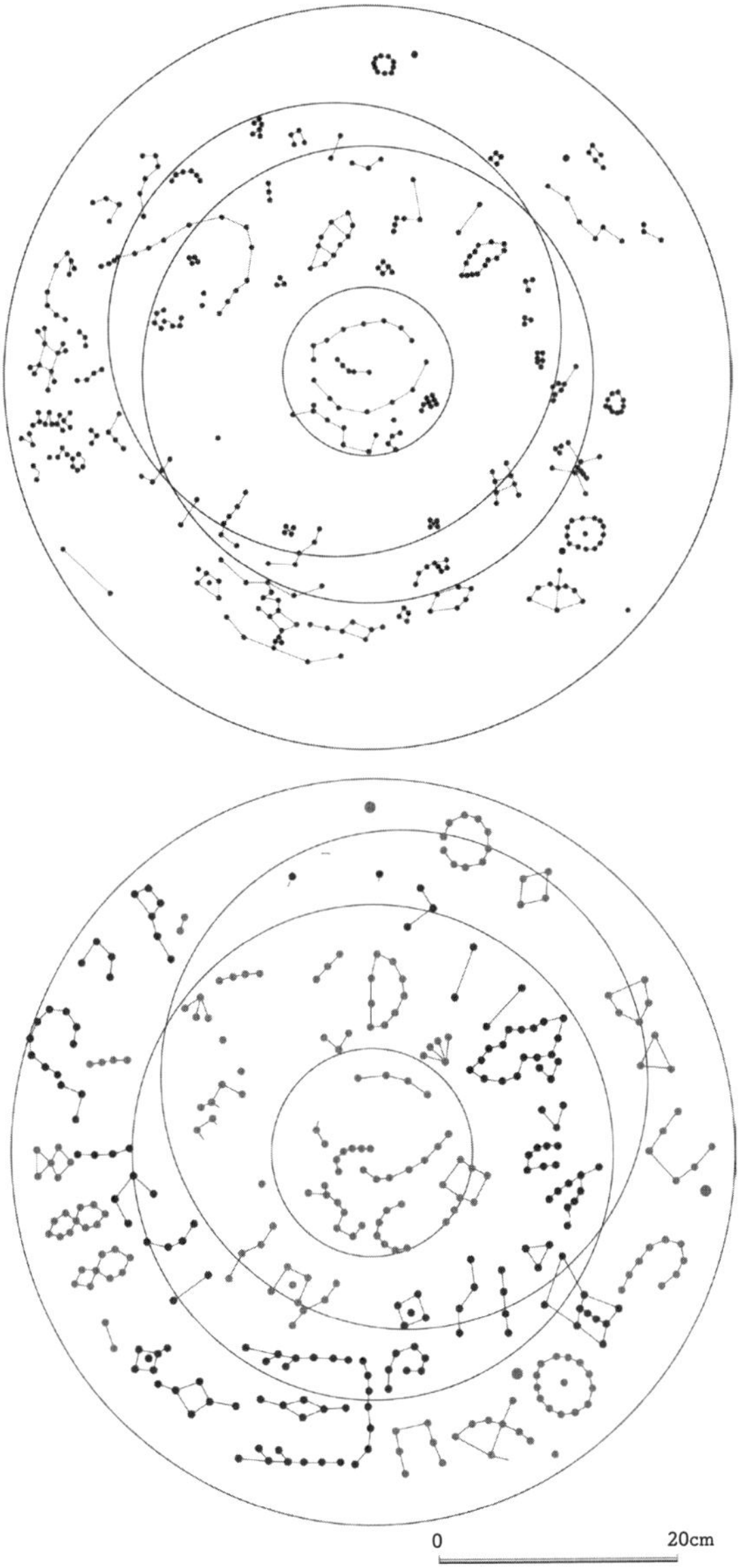

図55　キトラ古墳天文図のデザイン化(筆者作図)

＊上段は淳祐天文図を基図としてキトラ古墳天文図の星座だけを図示した合成図、下段はキトラ古墳の天文図(残存)。両者を比べると、星座の形やバランスが格段によくなっていることがわかる。

見であるため、納得できない読者も出てくることだろう。そこで図55をつくってみた。上段はキトラ天文図に描かれた星座や星を淳祐天文図のなかに求め、あとの星座を除去した図面である。比べやすくするため、キトラ天文図を下段に掲げた。淳祐天文図の名誉のために、「合成図」と名づけて話をしよう。

両者を比べると、一目瞭然でわかることだが、合成図のバランスが悪い。正規の天文図から星座を選択し、何の加工も施さないまま並べると、こうなってしまうのである。天文図としてではなく、デザインとして見ると、下段のキトラ天文図のほうが、はるかに完成度が高い。どこがよくなったのかを検証すると、第一に星座間のスペースが均一になり、寂しさを感じさせる空間がなくなった。とりわけ合成図は外規に近い外縁部の空白がよく目立つ。ここを適当に埋めることが必要である。そのために利用されたのが、庫楼《ころう》・騎官《きかん》・積卒《せきそつ》・天銭《てんせん》・塁壁陣《るいへきじん》・鈇鑕《ふしつ》・天庾《てんそう》・九州殊口《きゅうしゅうしゅこう》・軍市《ぐんし》・弧矢《こし》・外厨《がいちゅう》などの星座である。これらは辺境の守りに関連する星座で、全天のなかでの地位は低い。それがこれほど大きく扱われているのは、その形のよさであろう。

検証結果の第二は星と星の間隔を均一にしていることである。最もわかりやすいのが天銭である。実は合成図に貼りつけた星の直径をキトラ天文図の四分の三に縮めている。そうしないと、天銭などは星が重なり、太い線に化けてしまうからである。つまり、星座を広げて星と星の間隔をとることが必要であった。これは星座間の空白を埋めることと矛盾せず、一石二鳥の効果が出る。

第三は大胆な推測であるが、黄道が正規の天文図から時計回りに大きくずれているのは、故意ではないかと思えてきた。二十八宿は赤道を基準とする星座であるが、黄道とも重なる部分が多い。つまり、二十八宿がつくる楕円と赤道・黄道がつくる楕円が同じ方向になって重なり、画面でいえば、右上と左下に大きな空白ができる。このバランスの悪さを解消するには、黄道の方向を変え、少なくとも右上の空虚感を緩和すればよい。もし図案を作成した者にそういう計算が働いたのであれば、天文図の精度など端から気にしていなかったことになろう。

6　自在変形が生み出した最高の天文絵画

ところが、自由な変形のなかで、一点だけ天文図としてのこだわりを感じる部分がある。二十八宿の方向である。先ほどまでの解説で、二十八宿が四方に分けられ、七宿ずつが東方・北方・西北・南方に配られていることを実感していただけたであろう。白虎や朱雀などは星座のなかにその姿を偲びこませているほどである。そもそも淳祐天文図や天象列次分野之図は、外縁に中国の地域名をめぐらせ、天極から二十八宿の距星に向けた放射線がどの地域に突き当たるのかを示した図面である。すなわち、天で起こる異変がどの地域の異変を示すものなのかを、すばやく察知するための早見表でもある。よって、二十八宿の方位をいいかげんにしてしまえば、それは完全に天文図ではなくなる。私はキトラ天文図の制作者がその点だけは遵守していることを確かめた。図56（一九〇頁）をご覧いただきたい。

石室の図面であるが、天文図に仕掛けをした。二十八宿のこれと思える距星を求め、内規・赤道・外規を引いた中心点（漆喰にコンパスの穴が残る）から距星に向けて放射線を引き、壁面の天端《てんば》から垂直に線を引いた図面である。こうすれば、二十八宿が示す方位と壁面に描かれた四神とのかかわりがはっきりする。視

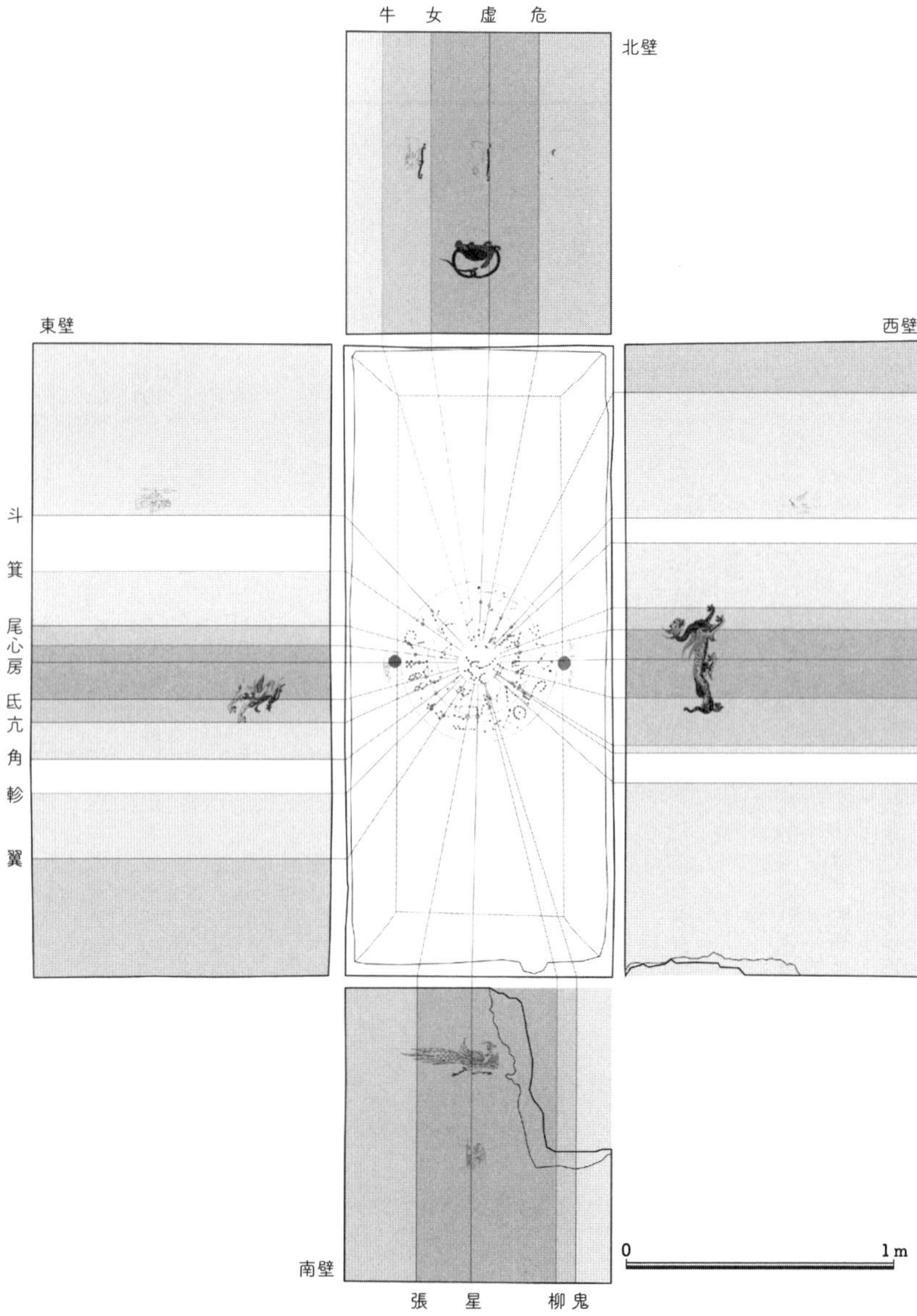

図56 キトラ古墳の壁面に投影した二十八宿の方位(筆者作図)

＊天文図の中心点から二十八宿の距星に向けて引いた放射線を四方の壁面に投影し、各方位の中心から両端に向けてグラデーションで範囲を示した。天文図の二十八宿が正確に方位を指し、四神と対応していることがわかる。なお、翼宿は制作者がデザインの都合上、張宿と入れ替えたものと考えるため、順序を正規の配列に戻して表示している。牛・女宿は推定であるが、大きくは変わらないだろう。

覚的な効果を高めるために、七宿の中央から両端にむけてグラデーションをかけてみた。どうであろうか。これと思える距星であるため、多少の間違いはあるだろうが、各星座のなかに収まる以上、それほど大きな誤差はないはずである。

一見してわかることは、東壁の青龍と西壁の白虎に色の濃いゾーンが集中的に重なっている。これは二十八宿が示す東西方向が正確であることの証である。南壁の朱雀に向かっては放射線が広がってぼやけるが、これは井宿から柳宿にかけての入宿度自体にばらつきがあることに起因する。キトラ天文図の問題ではない。そして、北壁の玄武に向けては放射線の左右バランスがよく、狂いが感じられない。やはり図化すると、よくわかる。キトラ天文図は、方向だけには、こだわりがあった。

方向を気にしたことがよくわかるのは、天文図の上部にある北落師門の位置である。「天文志」や淳祐天文図が示す位置とはずいぶんずれていたが、石室の中軸線には載っている。天文図の下絵を貼りつける際に、東西の基準点を日輪・月輪との接点とすれば、三点が定まり、天井面の中央にずれることなく貼りつけられる。北落師門は衛士たちが詰める宮城の北門であるため、その延長線上に防御の印象を与える玄武を描き、その下に楯（鉤鑲《こうじょう》）を持つ亥・子・丑の三支を並べると、みごとに北の守り、被葬者にとっての背後の守りが備わる。私は画家がそこまで考えて弟子たちに天文図の下絵を描かせたと思いたい。あるいは画家本人の図案であるかも知れない。

「天文への造詣があればこその自在変形が生み出した最高の天文絵画である。」

前回の拙著での評価をこう変えたい。

V

上下する天文

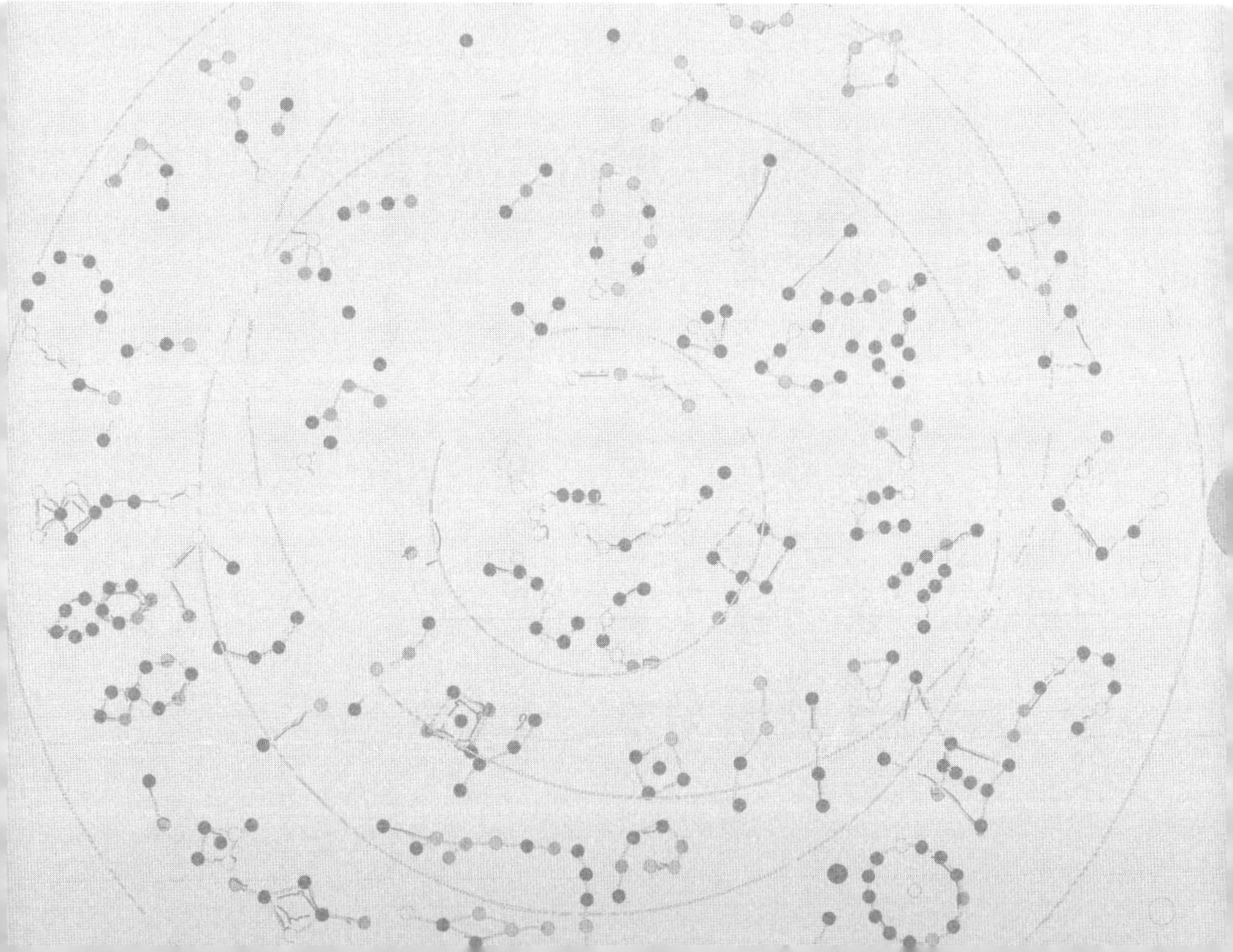

一　高松塚古墳の天文図

1　屋根形天井をなくしたのは誰？

二〇〇八年に出版した拙著で「画家の心を読み間違っていた」ことは、この書の冒頭で告白した。そろそろ、その誤認について改めるときが来た。

読みが浅かったのは、石室の天井についてである。六〇頁で詳述したように、高松塚古墳の石室は、天井面を屋根形に刳りこんだキトラ古墳・マルコ山古墳・石のカラト古墳とは違い、天井面が真っ平らである。いわゆる平天井であり、特殊な部類に入る。この造作が石工の勝手な変更であり、画家がそれに憤ったものの、気をとりなおし、「それならば、平たい画面を生かし、横幅いっぱいの四角い天文図を描こう」と思ったことが、キトラ古墳の円形天文図とは違う別の天文図を採用する動機となった。二〇〇八年の拙著ではそう結論づけたのである。

この持論に疑問を感じたのは、その後に出版された高松塚古墳の石室解体報告を読んでのことである。石工は石室内の水はけを考えて、床を一度ばかり前傾させていた。それによって側石の下端を斜めに削り、垂直に立つように調整しなければならない。相当に手間のかかる作業となるが、石工は厭わなかった。これほどの「こだわり」をもつ石工が伝統的な屋根形天井をあっさりと平たくするのか。そう考えると、高松塚古墳の石室が平天井にされた理由がますますわからなくなってきた。

キトラ古墳のように天井を屋根形に加工するのは、そう難しい作業ではない。飛鳥の石造物は石英閃緑岩《せきえいせんりょくがん》という黒っぽい硬質の石材を大きく加工したものが多く、終末期古墳に使われるような二上山産凝灰岩《にじょうざんさんぎょうかいがん》などは、それに比べると格段に彫りやすい。あそこまでこだわりをもって仕事をした石工の棟梁がさしたる理由もなく、すでに伝統になっている屋根形加工を省くのか、という疑問が沸々と湧き上がってきたのである。

第一、天井を平たくすれば、石室が窮屈になるのは、石工が一番よく承知している。これは一から考え直さねば、という思いが続いた。その一方で、高松塚壁画を「出行図」であると断言した過去もある。反論も受けた。持論を撤回するつもりは毛頭ないが、やはり理屈の補強をしなければならない。被葬者に外気を吸わせようとしているのは、人物群像だけであるのか。「もっとよく考えろ」と自分に呼びかけ、あることに気づいた。四角い天文図も人物群像と同じ働きをしているのではないかと。どういうことか、順を追って説明しよう。

2 中央は北極四輔のみ

高松塚古墳の天文図が石室天井面の正確に中央を占めていることは前に述べた。幅一〇三・五センチの天井面に幅八〇センチの方形天文図が描かれているから、両サイドに一二センチ弱の隙間があるだけで、天井面いっぱいに天文図が描かれている。といっても、過言にはならないだろう。再び一六一頁の図46をご覧いただきたい。下から天井を見上げた図面であり、キトラ古墳の天文図と同様、東西が地図とは逆となる。キトラ天文図との相違点は形だけでなく、星の数である。中央は紫微垣だけが表現され、しかも北極五星と四輔四星の九星だけである。四方には方位に準じて二十八宿の七宿ずつが並ぶが、紫微垣との間には星座がまったく描かれていない。室宿の内側に金箔が一点だけ確認されているが、金箔の断片が間違って付着してしまったようで、星とは思えない。つまり、北極四輔と二十八宿だけのきわめて寂しい天文図であると総括できる。

北極五星はすでに説明済みであるが、おさらいすると、四輔に近い方から「太子」「帝」「庶子」「后」「北辰」の順に並ぶ。帝と呼ばれる星はこぐま座β星のコカブで、古代には北極に最も近い星であったが、歳差によって、現在の北極星はこぐま座α星のポラリスとなっている。ポラリスは中国の天文図では後宮を意味する鉤陳《こうちん》の第一星であり、高松塚天文図には描かれていない。四輔四星は『晋書』『宋史』の「天文志」にはさほど紙幅が割かれておらず、帝の周囲に侍り政務を補佐する星であるとだけ記される。九星の周りには東蕃や西蕃も描かれていないため、紫微垣といえば、語弊が出る。北極四輔というしかない。

3　大地の方位に貼りついた二十八宿

二十八宿は約束事通りの配列になっている。東方七宿の正規の星数は角《かく》宿二星、亢《こう》宿四星、氐《てい》宿四星、房《ぼう》宿四星、心宿三星、尾《び》宿九星、箕《き》宿四星であるが、高松塚天文図では尾宿が欠損のため七宿しか確認できない。ただ、星の間隔から判断して、九星がそろうものと思われる。北方七宿は斗《と》宿六星、牛《ぎゅう》宿六星、女《じょ》宿四

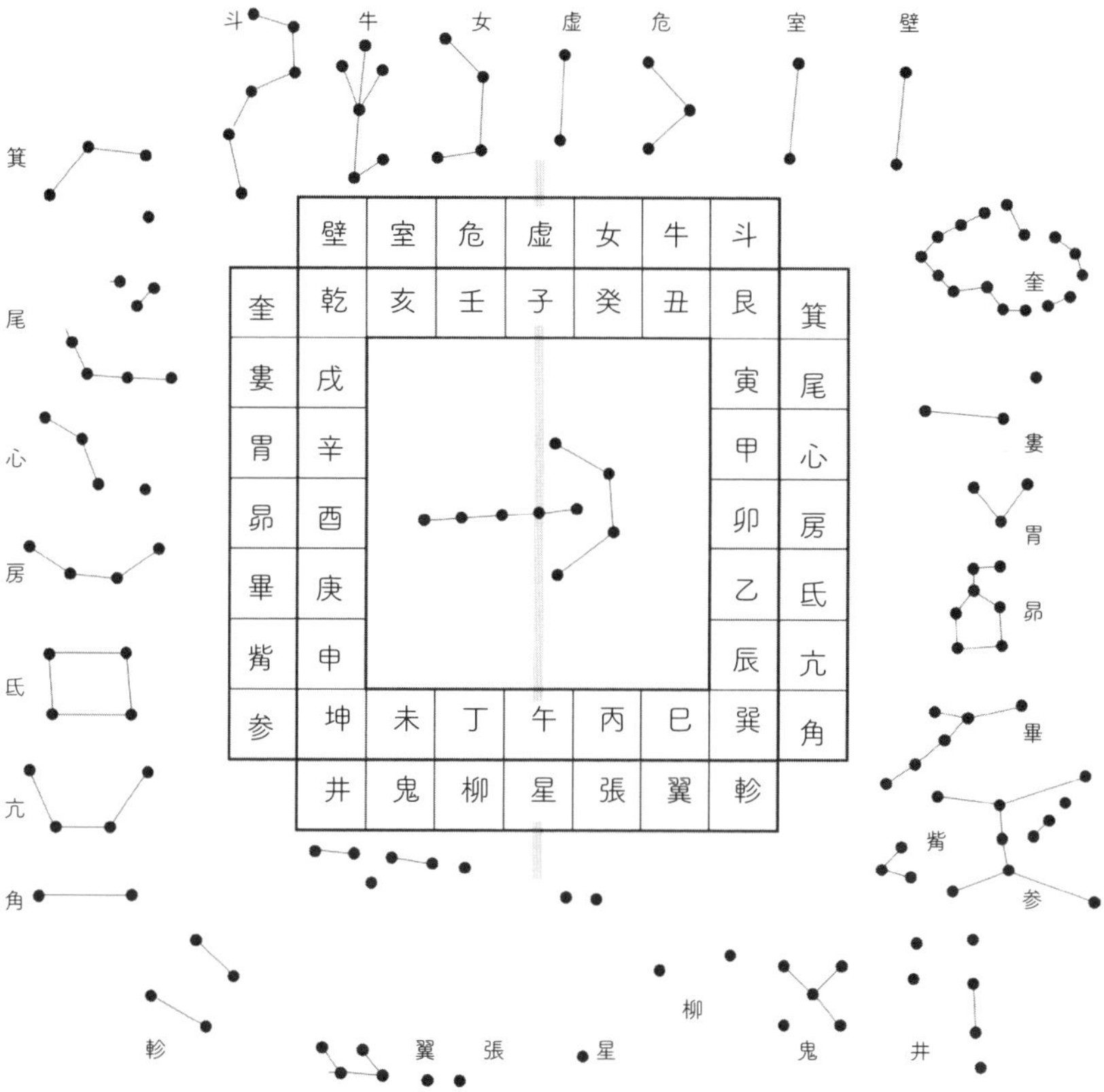

図57 高松塚古墳の天文図と二十四方位図(筆者作図)

＊地の方位である二十四方位と天の方位である二十八宿との関係図を高松塚古墳の天文図中に合成。二十四方位は上空から見下ろした方位であり、二十八宿は地上から見上げた方位であるため、子午線を軸として、いずれかの図を左右反転すれば、おおむね高松塚古墳の天文図が地上の方位にあわせて配列されていることがわかる。

星、虚《きょ》宿三星、危《き》宿三星、室《しつ》宿二星、壁《へき》宿二星であり、高松塚天文図では虚宿が二星と、一星足りない。とはいえ、全体によくそろっている。西方七宿は奎《けい》宿一六星、婁《ろう》宿三星、胃《い》宿三星、昴《ぼう》宿七星、畢《ひつ》宿八星、觜《し》宿三星、参《しん》宿一〇星であり、高松塚天文図では畢宿が欠けて六星しかない。あとは完全にそろっている。南方七宿は井宿八星、鬼《き》宿五星、柳《りゅう》宿八星、星《せい》宿七星、張《ちょう》宿六星、翼《よく》宿二二星、軫《しん》宿四星であるが、高松塚天文図では南方の漆喰が広い範囲で損なわれ、井宿六星、柳宿二星、星宿三星、張宿不明、翼宿一二星、軫宿四星と、完全なのは軫宿だけである。

全体的にいえば、高松塚天文図の二十八宿は形や星数だけは正規の天文図に近い。ただ、方形の枠に沿わしているため、星座の傾きは円形天文図とは食い違う。大地の方位を示す二十四方位の方形枠にはめこんでいるような印象を受ける。図57（一九七頁）は十干の八干、十二支、八卦の四卦からなる二十四方位の方陣と二十八宿がつくる方陣とをあわせた模式図である。大地を上から見下ろして図化した方陣と、天を下から見上げて図化した天井画をあわせた図面であるから、左右が反転している。忍者屋敷の仕掛け扉のように、中央の子午線を軸として、方陣か天文図を左右反転させると、二十八宿の配列がほぼ一致することがわかるだろう。そうして見ると、一点気になるのは、高松塚天文図の觜宿が参宿と横並びになっていることである。赤道上の経度にほとんど差がないため、このような並びにせざるを得なかったのだろう。ただ、逆にこのこだわりから、高松塚天文図の制作者が完全に様式化する前の方形天文図を参考にしたことがわかる。様式化するのであれば、觜宿を畢宿と参宿の間に入れて、列を整えるはずである。

4　気になる四隅の欠けこみを大陸に探る

　方陣は四角い紙の菓子箱をつぶして広げたように、四隅の欠けこんだ形となるが、面白いことに、高松塚天文図の二十八宿列も四隅が同様に欠けこんでいる。このような方陣を使った二十八宿図を手本にしたのではないか、という推測が浮かんでくる。そこで、中国の墓室壁画や天文占図を調べてみたところ、いくつかの類例に当たった。ひとつは墓室壁画で、珍しく四角い天文図である（図58）。北朝墓や唐墓の墓室天文図はほとんどが夜空を感じさせるだけの絵画であるのだが、この墓の天文図は図面の匂いを残している。新疆ウイグル自治区トルファン市のアスターナ古墓群で発掘された唐墓であり、簡単な報告しかなされていないが、紹介しておこう。

　唐墓は新疆ウイグル自治区博物館が『文物』一九七三年第一〇期に掲載した「吐魯番県阿斯塔那－哈拉和卓古墓群発掘簡報」という報告に紹介されている。場所はトルファン盆地を扼《やく》する高昌《こうしょう》故城の西北一・五キロばかりで、広大な面積で保存されたアスターナ古墓群の一角にあたる。保存地区の南

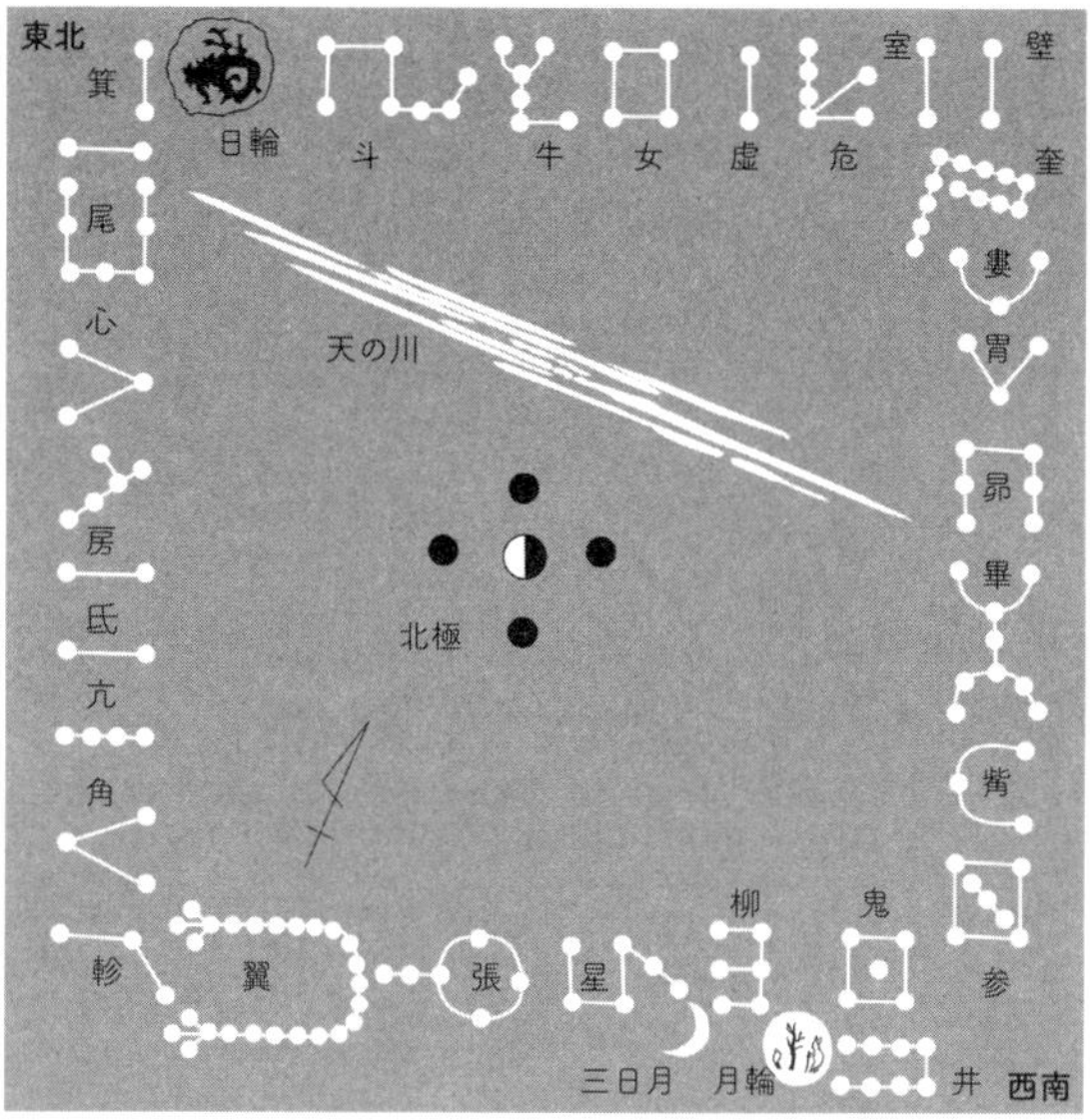

図58　トルファン市アスターナ唐墓の天文図（筆者トレース）

辺を東西に走る道路の建設に伴い、一九六五年に発掘された三八号墓である。このあたりは唐代に「北陵」と呼ばれ、魏晋時代から麴《きく》氏高昌時代を経て、唐代後期にいたるまで延々と貴族や官人が墓を営んできた場所である。

天文図のある唐墓は解放前に盗掘を受け、墓室が破壊されていたが、幸いにも壁画は残っていた。墓は地下式の土洞墓《どどうぼ》で、スロープの墓道を下ってゆくと、奥に前後二室がある。前室の天井は飛翔する鶴の絵で飾られ、後室の天井に図58で示したような天文図が描かれていた。奥壁には六曲一隻の屏風を思わせる人物画が描かれ、その様式は玄宗の開元末から天宝年間にかけての時期（八世紀中頃）の唐墓に見られる。少なくとも高松塚古墳より時期は下るだろう。被葬者が生前に客人と会話をする風景で、かなり豊かな暮らしをしていたことがわかる。高昌国の支配者であった麴氏は七世紀半ばに唐の支配下に入り、トルファン盆地にも長安から多数の唐朝官人たちが押し寄せた。壁画は在地のかおりがせず、垢抜けている。内地の絵師によって描かれたものだろう。

天文図は四角い墓室の天井から四壁の上部にかけて描かれていた。図面を見ると、背景が灰色にされているので、天井の全面が黒っぽく塗られていたのかも知れない。そこに白円や白線で星座が表現されていた。報告文では、金烏のいる赤い日輪が「東北壁」、兎のいる月輪や近くの三日月が「西南壁」に描かれていると記す。この表現から、二十八宿と思える星座群は壁面の上部、北極を示す五つの円と天の川を示す数本の白線は天井面に描かれていたことも想像できる。図面が線引きされていないところを見ると、壁と天井とは境目がはっきりしなかったのであろう。報告文から想像するというのも、情けない話ではあるが、何の報告もなくつぶされる墓が大半であるなか、図面が掲載されているだけでもありがたい。

星座が二十八宿であることは間違いない。図58の方向を高松塚古墳の画面とおおむねあわせたので、両者を見比べていただきたい。唐墓天文図が高松塚天文図に比べてデザイン化が進んでいることは、はっきりとしている。北極は五星で示し、四方は黒円、中央は白黒の円となる。白黒が陰陽を表すことは朱子学や道教の太極図にも見られる手法である。北極には帝后がいるため、これ自体が北極であり、四方の四星が四輔であるのかも知れない。いずれにせよ、星座の形も留めない抽象絵画である。周囲の二十八宿も同様であるが、面白いことが二点ある。

一点は右下にある井宿と鬼宿が内外に重なることである。この二宿は経度がさほど近くなく、むしろ二十八宿の相互関係のなかでは最も離れているのだが、なぜか縦列にされた。デザイン上の工夫かも知れない。いずれにせよ、高松塚天文図における觜宿と参宿の重複表現に手本が存在したことをうかがわせる一例となろう。もう一点は四隅の欠けこみである。壁面の屈折点ということもあろうが、壁宿が隅に見えるので、無理をすれば描けるような柔らかい隅なのだろう。にもかかわらず、他の三隅は割れている。菓子箱をつぶしたような展開がここにも見られるのである。

アスターナ唐墓と高松塚古墳は直線距離でも四千キロあまりを隔てているのだが、ともに手本が長安にあったとすれば、距離は関係がない。もし長安の画家がかの地で壁画を描き、長安で学んだ画家がこの地で壁画を描いたならば、いくら距離を隔てていようが、似たような壁画ができる。パリから帰国した画家の画風が帰ってくる途中で変わることがないように、伝播の媒体が個人である場合は、隣の家に行くほどの感覚で、正確に文化が伝わる。民族が移動して文化が伝わるケースとは、分けて考えなければならない。個人の力は大きい。

5　四隅欠込型からL型へ

類例のひとつを紹介したところで、占星術の方面に目を移す。図59はドイツの探検家がトルファンから本国へ持ち帰った唐代の絵図（模式図）である。西洋の黄道十二宮がもたらされた物証として中国天文学史の書籍にはたびたび引用されてきたが、天文図と呼べるものではなく、占星術のこよみか何かであろう。残片であるのが悔やまれるが、それでも全体が想像できるほどは残されている。

残存している部分は方形に仕切られた図面の右上で、枠が四重にめぐる。最も内側には放射状に書かれた占文《せんぶん》が記される。図の中央に円形の囲みがあるのだろう。その外側には隅に「二月」と記した円が置かれ、あとは等間隔に円形図を並べているようである。円のなかに描かれた図は黄道十二宮のうちのふたご座とてんびん座であり、てんびん座の左右には「天秤宮《てんびんきゅう》」「天蝎宮《てんかつきゅう》」の文字が縦書きされている。

十二宮の枠外が二十八宿の星座が並ぶ囲みとなり、最も外側の囲みに二十八宿の神像が描かれ、宿名が左記されている。星座と神像はおおむね対応しているが、星座は角宿と亢宿との間があけられ、高松塚天文図などと同様の「四隅欠込型」の構図をしているのに対し、神像・宿名の枠は横列を幅いっぱいに広げ、縦列の天端を下から押し当てるような構図である。木工の用語を借りて、仮に「L型」と名づけておこう。ここでは作図に少々手こずったのか、房宿の神像が窮屈になっている。

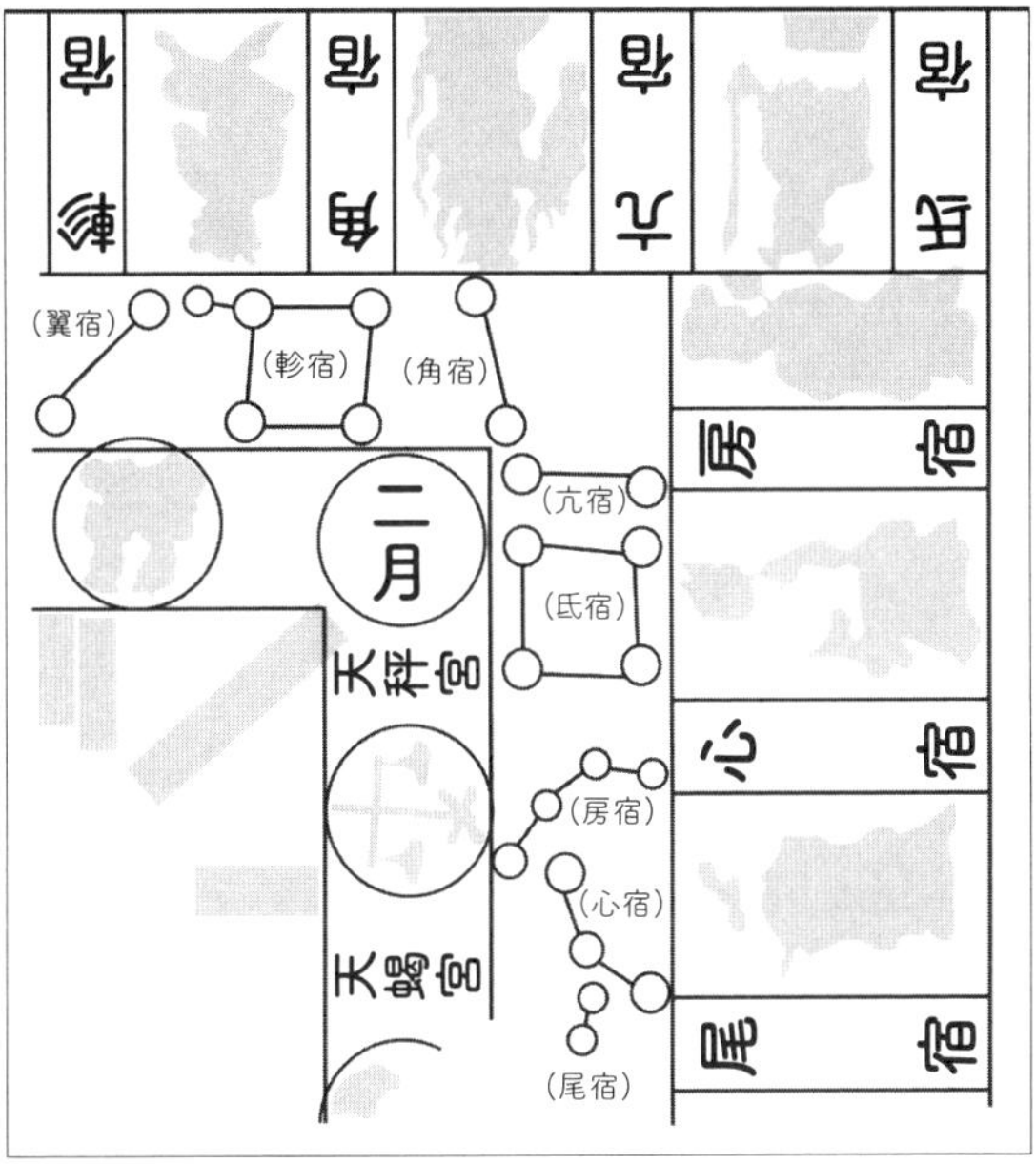

図59 トルファン唐代占星図(筆者が作成した模式図)

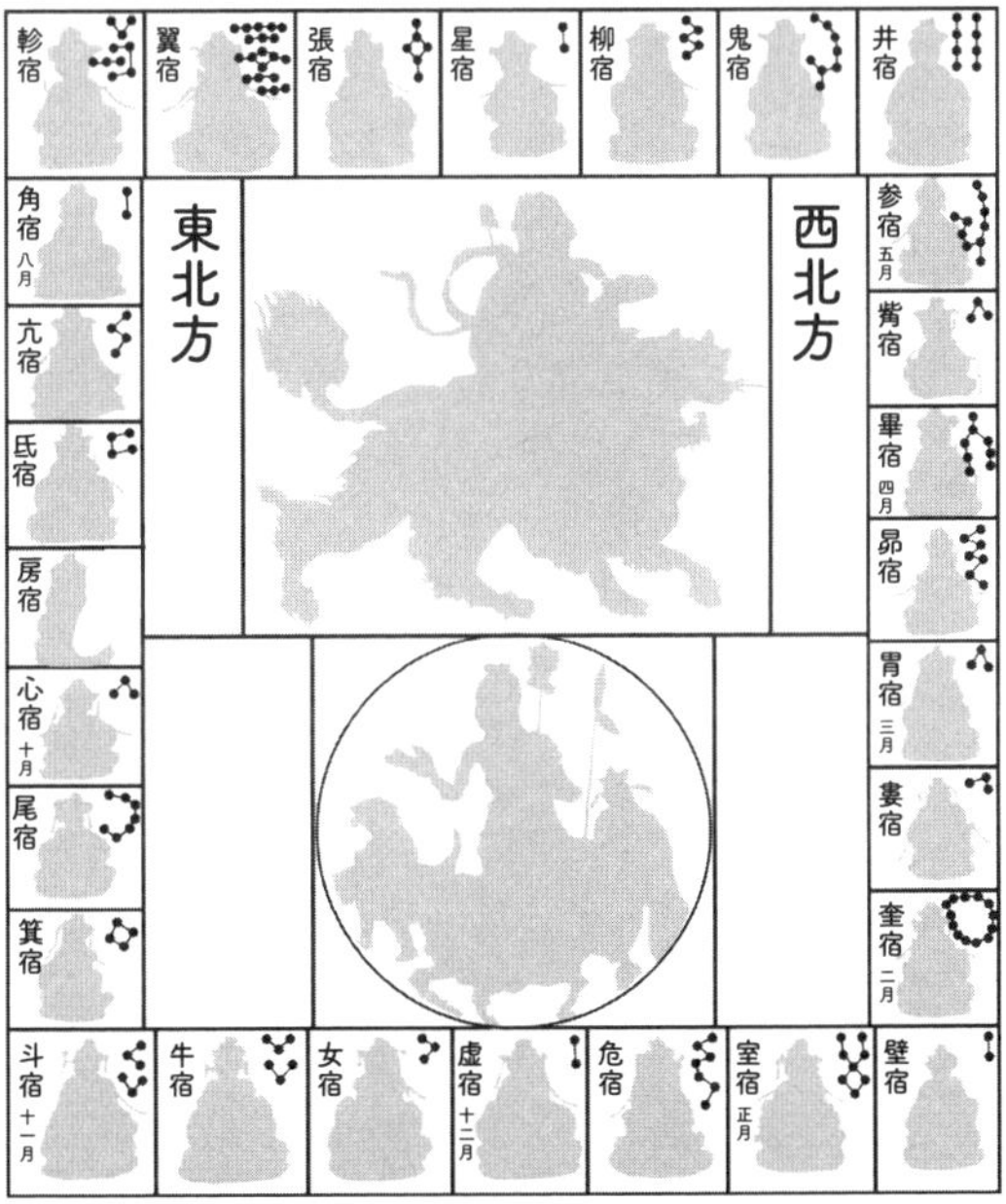

図60 火羅図の中心部分(筆者が作成した模式図)

L型に二十八宿を配列する例としては、唐代後期の咸通《かんつう》一五年（八七四年）以降に制作された密教曼荼羅の「火羅図《からず》」があり、京都の東寺に伝わる。図60（二〇三頁）は二十八宿が描かれた中心部分の模式図である。トルファン占星図と同じく横列を優先させ、縦列を接合する形でめぐらされている。異なる点は、割り付けに無理がなく、うまく方形の構図に二十八宿を収めていることであろうか。方形の平面に二十八宿を並べる試みとしては、すでに完成の域に入っている。そこで、改めて高松塚天文図の四隅欠込型配列をこのようなL型配列と比べると、図形の四隅の処理の未熟さが気になり始めた。高松塚天文図の四隅はなぜ割れているのか。四隅が欠けこんだ原因は何か。

6　莫高窟に隠されたヒント

このことをよくよく考えると、再びアスターナ唐墓の天文図に思考が戻る。あの二十八宿図の隅が割れていたのは、壁面の上部から天井面にいたる傾斜面に描いたからではなかろうか。四方に傾く斜面に描いた図を平面に押しつぶせば、おのずと隅が割れる。長年、中国の墳墓や絵画を見てきた経験から、「四方に傾く面は」と自分に問いかけて思いつくものがふたつあった。墓誌と石窟である。

墓誌は被葬者の家系・業績・卒年・葬年・哀詩などを刻み、墓室の入口に置く石盤である。後漢時代に起こり、南北朝時代に発達し、隋唐時代には定型化した（例、図61）。画家が見たとすれば、定型化した墓誌である。石材を碁盤のように加工して身と蓋をつくり、身の上面に墓誌銘を刻む。蓋には誰の墓誌であるかを中央に大きく篆書で刻み、その縁にさまざまな紋様を線刻する。四辺は大きく削り落とし、覆斗《ふくと》形に仕上げる。方錐形の上方を切り取ったような形である。線刻はその斜面にも四方の側面にも施される。もし斜面に二十八宿を刻み、それを平面に押しつぶしたならば、高松塚天文図のような姿になろう。ただ、残念ながら、五代十国時代の南唐の墓誌蓋頂にL字配列の二十八宿が刻まれている例があるものの、唐代の墓誌で二十八宿が蓋の斜面に刻まれたものは未発見である。逆に四神や十二支の像を四方にあわせて刻む例は多々見られる。キトラ古墳の壁画構成には参考になったことだろう。

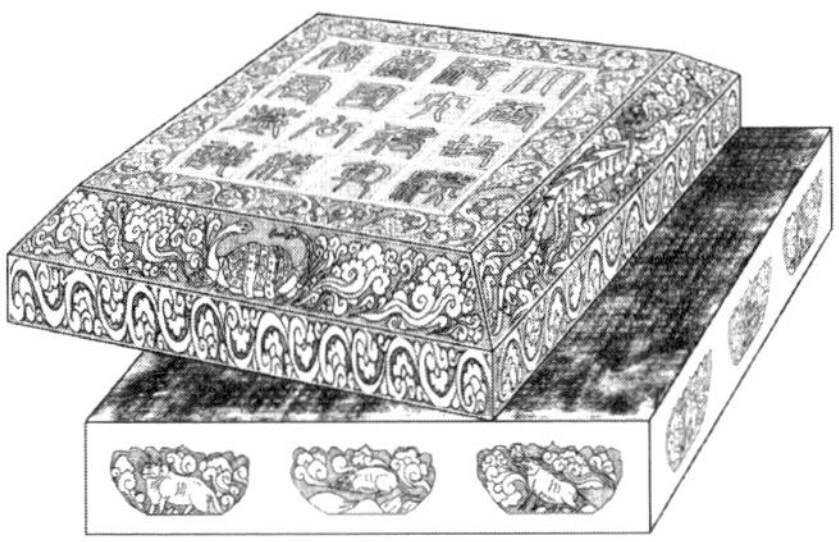

図61　唐代墓誌の身と蓋(筆者作図)

図62 329窟天井絵画の模式図(筆者作図)

墓誌がだめなら、石窟である。三大石窟のひとつとして知られる、先述した敦煌の莫高窟には、天井を墓誌蓋のように仕上げた石窟が多い。正方形の部屋の天井を斜めに削り、頂に小さな正方形の面をつくる。そのようにして、飛天などを描き、仏教的な天上世界を表現する。例えば、初唐の造営とされる三二九窟では、斜面の四方にそれぞれ三尊の飛天を描き、中央の平坦面にも蓮華を中心として四尊の飛天をめぐらせている（図62、二〇五頁）。いずれも下から上を見て、左回りに描かれ、天体の回転と一致するためか、見るものはおのずと天上へ引きこまれる。いわゆる昇天のメッセージを伝える絵画である。この天井の斜面に二十八宿が描かれていたらどうだ。と考えてはみたが、仏教石窟のなかにそのような例はない。ところが、この天井画は大きなヒントを与えてくれた。

斜面の飛天と天井面の飛天との間に幅の広い装飾帯がある。天井の中心から蓮弁《れんべん》を四角く放射させたような紋様帯であり、蓮弁の根元には連珠紋をあしらった魚鱗状の房が連なり、蓮弁に向かって垂れて並ぶ。どこかで見たような紋様だと、記憶を探って思いついたのが、法隆寺金堂の天蓋《てんがい》であった。

7　高松塚天文図と法隆寺天蓋

法隆寺の金堂には横並びに三部屋が設けられ、釈迦三尊像を安置する「中の間」を中心に薬師如来坐像を安置する「東の間」と阿弥陀三尊像を安置する「西の間」が連なる。いずれも如来の頭上にやや横長の四角い箱型の天蓋がかけられ、そのうち中の間と西の間の天蓋が六七〇年の焼失以後の再建時に制作されたものである。いずれも上部は墓誌蓋や莫高窟の石窟天井に似た覆斗形（頭を切った方錐形）につくられ、辺縁からカーテンのような珠網《しゅもう》を垂らしている。精緻を極めた工芸である（図63）。莫高窟三二九窟の天井装飾を思わせるのは、垂幕風につくられた四方の飾り板であり、その下部は鋸歯、上部は魚鱗に似た板を張り付けている。いずれにも表面に蜀江錦《しょっこうにしき》風の連珠紋があしらわれ、特に魚鱗の装飾帯が三二九窟の天井装飾に似る。

飾り板の内面を見ると、四角い枡が各面に八枡ずつ並び、それぞれに山岳が描かれている。莫高窟のある石窟には天井の下端にこのような山岳が描かれていた。甘粛《かんしゅく》省酒泉《しゅせん》で発見された五胡十六国時代の墓にも火を噴く山岳の絵が天井の下端にめぐらされていた。伝説の西王母が住まう崑崙《こんろん》の周囲には火山や千尋の谷が取り巻き、仙人以外は決して近づけないとの設定があった。それを表現したものである。その伝説が地域のつながりで莫高窟の天井壁画に取り入れられ、遠く離れた法隆寺の天蓋にも及んだのであろう。

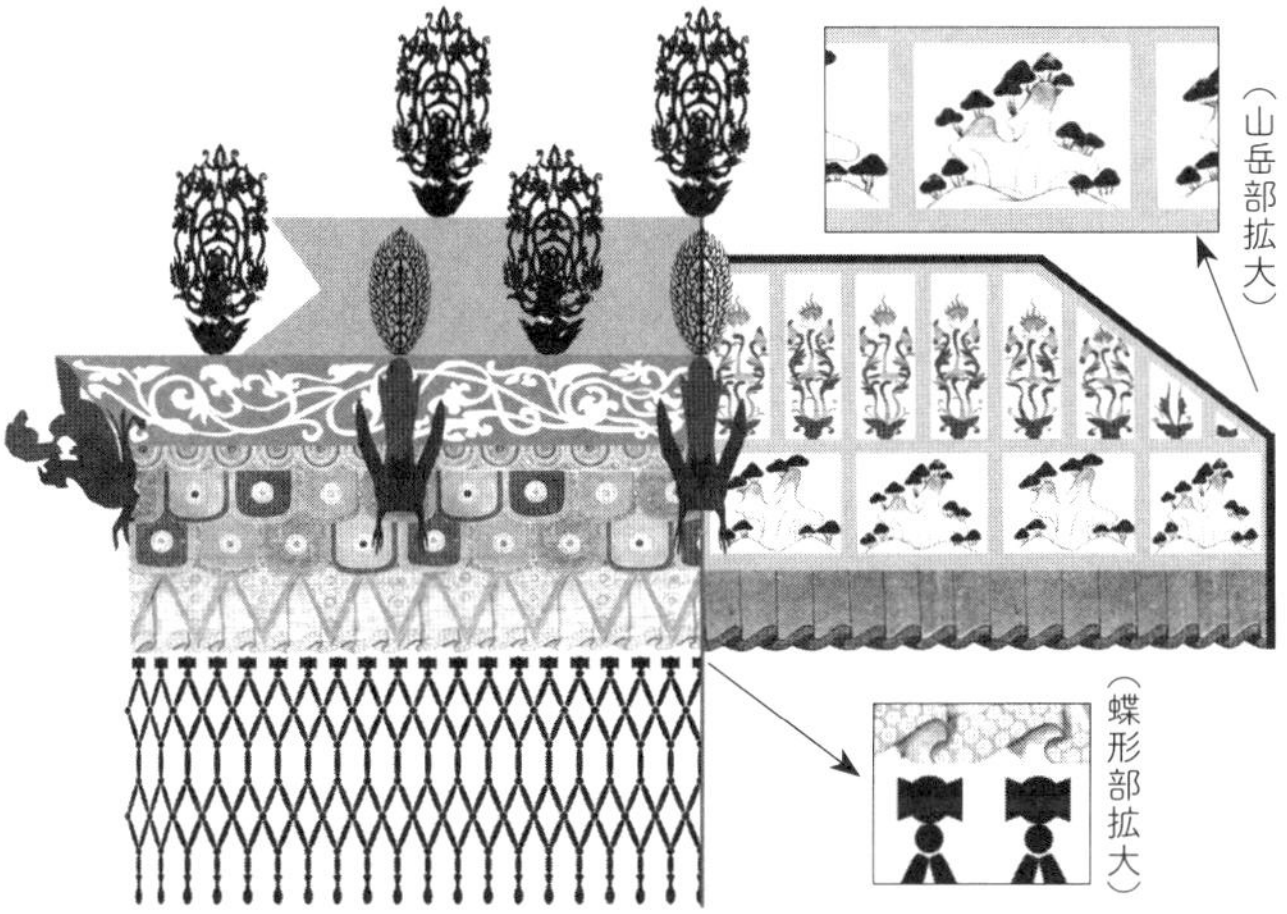

図63　法隆寺金堂中の間天蓋の模式図（『奈良六大寺大観』掲載の装飾復原図によりながら筆者が作図）

天蓋から垂れる珠網《しゅもう》の根元に「蝶形《ちょうがた》」と呼ばれる飾りが見える。円形の両側が逆三角形に突出し、飴玉の包みのような形をした飾りである。それは西王母が額の両側につける「勝《しょう》」という髪飾りである。天蓋の制作者が理解していたかどうかは別として、山岳や勝は天蓋の起源が莫高窟に求められることを匂わせる。だが、注目したのは、そのような起源探しの特徴ではない。山岳が描かれた四角い枡の並びである。外面の四隅と各辺三箇所に貼りつけた鳳凰飾りの補強骨材を通すためにか、枡の数は各面八枡にされているが、これを七枡にすれば二十八宿の居所になったことだろう。

天蓋が製作されたのは、早くとも法隆寺が全焼する六七〇年以後のことである。研究者は持統朝が妥当かと読んでいる。つまり、キトラ・高松塚古墳の壁画を手がけた画家が仏教的な宇宙観を示す天蓋にヒントを得た可能性はある。あるいは、八六頁で紹介した『礼記《らいき》』「曲礼上《きょくらい》」の天子行軍に着想したものかも知れない。そこには遠征中の天子を護る四方の親衛隊に四神の旗を持たせる軍礼が記され、天子の上に北斗七星を描いた招揺《しょうよう》を掲げることも礼儀とされた。「上に掲げる」と聞けば、旗よりも傘蓋のイメージが先に出てこよう。

このように、外出の際、星座を頭上に掲げる発想は儒教の経典からも引き出される。また、仏教や儒教の別とは関係なく、画家の脳に蓄積された豊富な経験や知識が「天蓋としての天文図」をわけなく生み出したことも、あり得よう。彼の思考回路までは探れないが、結果として生み出された方形天文図の形状から判断して、新たなデザインが模索されるなかで、天文のイメージが四角いカサと重なったことはあり得ると、私は見た。

ただ、奇抜な創作には、裏付けとなる理屈が必要である。大陸帰りの画家が切り出す作品は、必ず注目を集め、「なぜそうなのか」という問いかけを受けたに違いない。知識人は画家だけではない。キトラ古墳で描いた円形天文図の大きな変更には、それなりに当時の人々を納得させる理屈が必要であったはずである。天蓋ならば、当時の知識人をもうなずかせることができた。そう踏んでの推理である。ただ、うなずいたのは天蓋だからではない、立体絵画である石室壁画の全体的な調和を、天蓋であれば語れるからである。どういうことか、説明しよう。

二　上下する天文

1　正倉院に伝わる天蓋

天蓋のことに思いいたってから、「高松塚古墳の四角い天文図は、被葬者を外に誘う仕掛けに一役を買っていたのではないか」と、私は思い始めた。あの一辺八〇センチばかりの四角い天文図が天を思わせる天蓋であり、貴人にさしかけるカサであると思えば、被葬者の直上にあって、昼は陰をつくり、夜は星空を映す最高の贈り物となる。しかも、カサは主人とともに移動する。これほど身近な天はない。そこで、また次の視点が生まれた。

図64　正倉院南倉天蓋の復原図(筆者作図)

カサといえば、すぐ近くにもうひとつのカサがある。東壁男性群像の二人目、東男2が持つ傘蓋である。これが令制下ならば太政大臣の儀仗具に当たる高貴なカサであることは、すでに述べた。ここではそのときの決め手となった色ではなく、形に注目しよう。

傘蓋から垂れる房はいくつあるだろうか。数えてみると、四つしかない。房は骨の先端につける飾りであるから、この傘蓋は四本骨のカサ、すなわち上から見ると正方形のカサとなる。法隆寺の天蓋と同じであるが、こちらは柄のついた携帯用のカサである。四角いカサは想像しにくいが、正倉院には七張りの現物が伝わる。東大寺の仏像にかけられていたものであるため、天蓋と呼ばれている。図64はその一張りをスケッチしたものである。柄のつく中央や四隅につけられていた補強の布は剥がれ落ちているが、全体の形はよく残る。頂が大きな平面となり、その点においても現代のカサとは形状が異なる。高松塚天文図が内面に描けそうな立体である。

2　カサで演出した夫婦の絆

さて、このカサを絵画ではどう表現するのだろう。そこで中国の例を当たってみると、けっこうな数がある。そして、いずれも同じような表現法である。横から見たカサを描くのに、わざと下端を食い違わせる。前辺と後辺をひねるように交叉させるのである。こうすればカサに奥行きをもたせることができる。高松塚古墳の東男2が持つ傘蓋は、まさしくその表現法で描かれている（図37、一一七頁）。ただ、傘蓋の下に被葬者であるカサの主は描かれておらず、これからこのカサをさしかけられて出かけることを予想させるだけである。

出行を予想させるカサといえば、二〇〇二年に山西省の太原市で発掘された北斉の驃騎《ひょうき》大将軍、徐顕秀《じょけんしゅう》（五七一年）の墓に

東壁儀仗出行図

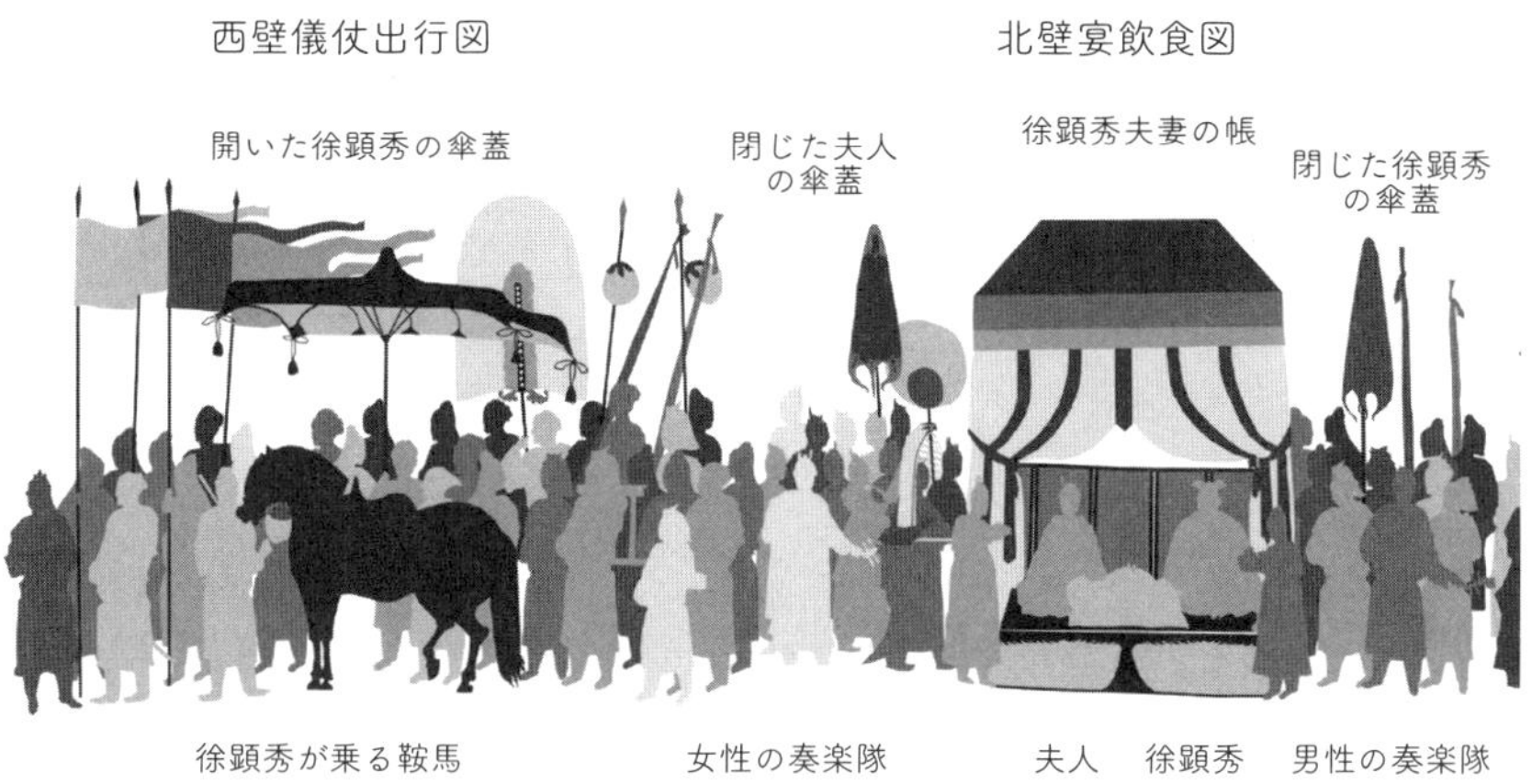

図65 北斉徐顕秀墓の壁画展開図(筆者作図)

は、出行を待つ傘蓋が四張り描かれていた。図65は墓室壁画の展開図である。奥になる北壁には四角い帳のなかにすわって饗応を受ける被葬者夫妻が描かれ、その両脇に琵琶や竪琴をかき鳴らし、笙を吹く楽人たちが侍る。棺床が設置された西の壁には徐顕秀がまたがる鞍馬、対面の東壁には奥方が乗る牛車が描かれ、墓道まで続く儀仗の者たちとともに夫妻の出行を待っている。たっぷりと腹ごしらえをして、この夫妻はこれからどこに出かけるのであろうか。きっと楽しい場所であろう。儀仗隊の顔にまで期待感が表れている。

四張りの大きな傘蓋は奥壁の帳の左右に二張り、鞍馬の上と牛車の後ろに一張りずつが描かれている。興味深いのは、奥の二張りが窄《すぼ》められ、東西の二張りが大きく広げられていることと、奥壁の東側にすわる徐顕秀の傘蓋が西壁の傘蓋に一致し、西側にすわる夫人の傘蓋が東壁の傘蓋に一致することの二点である。夫妻がこれから帳の前で仲良く立ち位置を入れ替え、広げられた傘蓋の下から、それぞれの乗物に移って出かける。夫妻のかたい絆までを演出した立体絵画である。画家が活躍した一世紀前の作品であるが、被葬者のタマシイに呼びかけ、気持ちよく出かけさせる演出は、唐代になっても続き、発展する。

高松塚古墳の石室東壁に描かれた傘蓋は、徐顕秀墓の立派さには及ばないが、それなりに柄は長く、カサの幅も広い。試みに、描かれた傘蓋の前辺と後辺の平均値を、カサを持つ男性の身長で割り、推定身長の一六〇センチをかけると、傘蓋の広さは八五センチばかりとなる。天文図の幅八〇センチと大きさの印象が近い。高松塚古墳の石室は押入れのように狭く、徐顕秀墓のようなダイナミックな出行図を展開させる空間はない。盛りこむべき要素を広い画面で表現できないなら、細部にさまざまな仕掛けを施さねばならない。星空を見せるための天文図を傘蓋にも見立て、棺の上にさしかけてはどうか。それは「天蓋」と呼ぶにもふさわしいカサとなろう。

徐顕秀墓では、閉じたカサと開いたカサで時間の推移と場所の移動を暗示していた。いわゆる「異時同図法」を使っていた。高松塚壁画の画家が学んだ長安では、多くの芸術家が多彩な才能をもって活躍していた。唖然とするような作品にも出会ったことだろう。壁画の傘蓋図と天蓋に見立てた天文図を重ね、異時同図の発想で出行の動きを表現するくらいのことは、この画家にできたはずである。

3　螺旋を描くキトラ古墳の壁画

論説もいよいよ大詰めである。両古墳の壁画を比べるときが来た。キトラ古墳からおさらいしよう。一五〇頁の図43を再度ご覧いただきたい。キトラ古墳壁画の割り付け図である。この図を見ながら、私とともに想像していただきたい。今仮に、被葬者の目に重なる石室中軸線上の奥壁から六〇センチ、床面から四〇センチの点を視座としよう。そこから壁画を眺めた被葬者の心を読む。

顔の左右には十二支の寅像と戌像が袖を翻して鉾をつく。足元にかけても他の四支像が左右に並び同調する。南壁には戟を持った三支が横に並び、入口を固めてくれている。奥壁の三支は見えづらいが、楯となる鉤鑲《こうじょう》を握り、防御の象徴である玄武とともに背後の安全を確保してくれていることだろう。東壁に目を向けると、夜明けなのか、海面を赤く照らしながら日が昇る。天空へ飛び立とうとする青龍が力強い。南の空には先導を務める朱雀が第一の羽音を鳴らす。西に沈みかけた満月は昇りゆく太陽と呼応して、東から南、南から西への回転を感じさせてくれる。日々のめぐり、永遠の輪廻を感じる。南から西への回転を引っ張るように白虎が後方へ飛ぶ。青龍と朱雀と白虎を見ていると、くるくると回されているような気になるが、回って行きつく先に円い天が待ってくれているのなら、悪くはなかろう。その天もゆっくりと回りながら、「昇れ、昇れ」と誘ってくれているようである。これは昇るしかなかろう。

この心を図化したのが図66（二一四頁）である。見る者の心が螺旋を描きながら天の北極へと昇ってゆく。まさに昇天の図であることを被葬者の目線から見れば実感する。画家が石室の雛形をつくり、なかに転んで何度も確かめながら構図を練ったと、私は想像した。二次元の絵画は前から眺めながら描けばよい。しかし、三次元の立体絵画は、そのなかに身を置かなければ、おそらく構図が定まらない。画家がそのなかで構図を練り、被葬者がそのなかで鑑賞を続けた絵画ならば、我々もそのなかに寝転び、あるべき位置にある絵画を見渡して、初めてそのメッセージが読めよう。

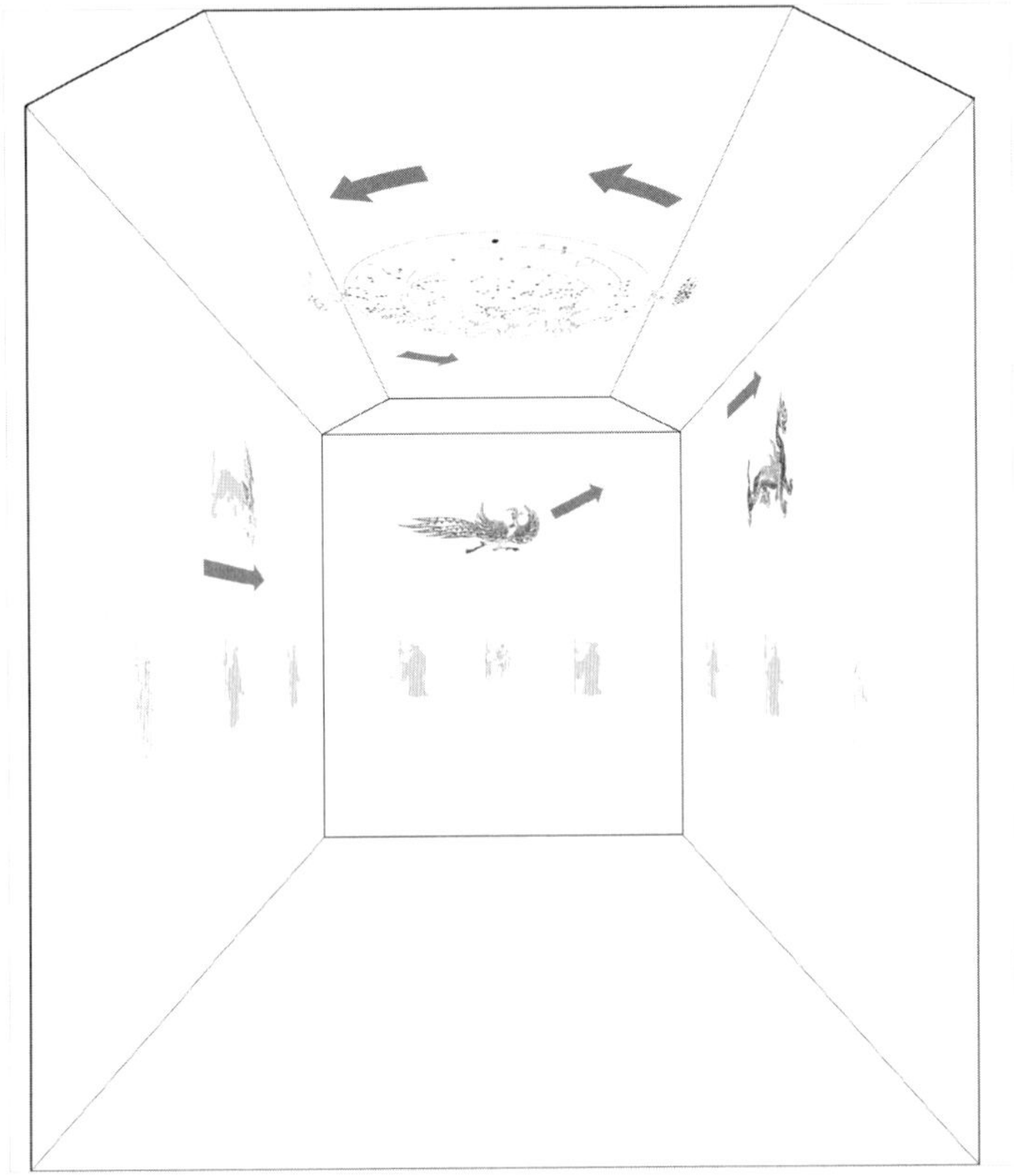

図66　キトラ壁画に見る昇天の動き（筆者作図）

私は前任校の短期大学で学生たちとともにキトラ古墳の立体模型を実物大で制作した。キトラ古墳の立体絵画を力技で再現したのである。そして、被葬者の視点から壁画を見まわして確信した。メッセージは「昇天」であると。あれから情報が増えたが、今それらを総合して考えても確信は揺るがない。地上から天上へ昇るタマシイの動きを、壁から天井へ移される目線の動きで伝える。それがキトラ古墳の壁画に託した画家の思いではなかったか。想像であり、確信である。

4　天文図もカサも手が届くほどの距離にある

三度目になるだろうか、論説の前提を繰り返す。キトラ古墳と高松塚古墳は八世紀初頭の同じような時期に築かれたが、キトラ古墳の築造が先行する。壁画は複数の絵師が手がけたが、構成を考え、指導に当たったのは同一の画家である。しかも、その画家は長安への留学経験をもち、かの地の画風を学び、広く深い知識を習得して帰国した。天智朝に帰国し、持統天皇や文武天皇の葬儀を仕切った黄文連《きぶみのむらじ》本実《ほんじつ》という画家である可能性は高いが、断定はしない。もし違っていたら、壁画を描いた画家に失礼だからである。自分の作品を他者の名で語られるほど悔しいことはないだろう。ただ、留学経験は必ずあると思う。本場で学ばなければ、あの絵は描けない。筆遣いは日本で学べても、あの構成はできない。これまでの論説をお読みいただければ、納得していただけるだろう。

その画家が二度目の依頼を受けたときに、どう思ったか。彼は依頼通りに仕事を片づける絵師ではない。創作意欲にあふれた芸術家である。その画家が同じような依頼を受けたときに、どう思うか。前とは違う作品に挑戦しようとは思わないだろうか。昇天図の次は出行図に挑戦しようと。ふたつの古墳の壁画内容が異なる理由はそこにある。と、二〇〇八年の拙著では結論づけた。だが、天文図までもが出行の印象を強める仕掛けであったとは読めなかった。被葬者に天蓋をかけて外界へ誘う演出かも知れない。とまでは読めなかったのである。

東壁の男性が持つ傘蓋の頂は身長比で計算して高さ二・三メートルばかりである。現代の一般的な家屋の天井よりもわずかに低い程度だが、さしかけられた人の目線からすれば顔の六〇〜七〇センチばかり上にカサの内面がかぶさることになる。つまり、片手を伸ばせば届くほどの距離にカサがある。高松塚古墳の石室は棺に寝ている被葬者が手を伸ばせば、指先が届くほどの高さである。天文図を天蓋に見立てるならば、それ以上に高くする必要もなかろう。

5　すべり出す天文図

図67は高松塚古墳の壁画を被葬者の視点から見た想像の風景である。実際には閉塞石が押しこめられるので、外の景色は見えない。ただ、それをいえば、被葬者は死んでいる。顔に布もかぶせられていただろう。棺も分厚い。何も見えるはずはない。副葬品を供えることも、壁画を描くことも、墓前で祭祀をすることも、すべては被葬者が生前と変わらず、起き上がって行動をする、泣きもする、笑いもする、という前提に立っての追善である。出行図を描けば、被葬者は扉を開けて出てくれる。そういう気持ちで描いたに違いなく、よって想像図も閉塞石を飛ばした。丘や山は実際に高松塚古墳の石室入り口から見える南の風景を描いた。

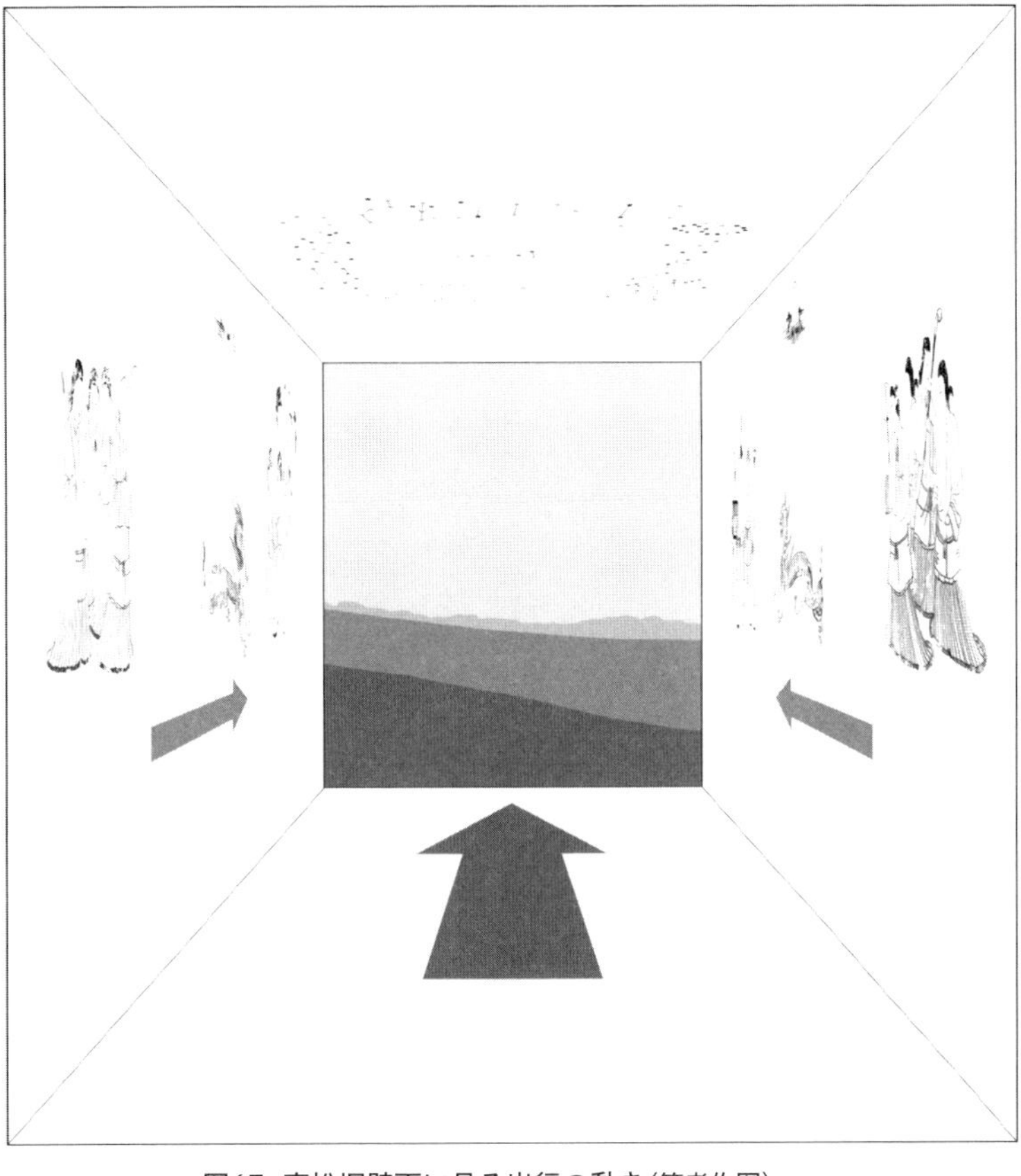

図67 高松塚壁画に見る出行の動き(筆者作図)

どうだろうか。

　左右から近づいてきて、声をかけてくれる女たち。その先頭は男たちの後ろについてゆこうとしている。男たちの先頭は四人ともが前を見て、今か今かと待っている。うしろ四人は待ちくたびれたかのように姿勢を崩す。彼らのためにも、早く起きなければ。青龍と白虎は地上に降りてきて、男たちの背中を押すようである。東の太陽、西の月はいずれも明るい。今日が外出日和であることを物語っているのか。天文は回らず、前方の消失点から放射する石室の複線に沿ってスライドする。外出しても、連れ立ってくれるに違いない。

　この図を見て、螺旋の昇天を感じる人はいないだろう。矢印が示す方向へ気持ちが動く。そういう立体図をつくろうした画家の心が見えてくる。それでは、出発のときはいつか。それは先頭の男が手に持つ傘蓋を、棺の上、天文図の位置にさしかけたときである。

6　上下する天文

　キトラ古墳には昇天の思いを、高松塚古墳には出行の思いをこめた画家の心理が読めた。画家は目を瞑《つむ》り、昇天の動きは手を上へ、出行の動きは手を前に出して印象を造形し、これまでに蓄えてきた画像の数々を仮想の壁に貼りつけていったかも知れない。昇天は高く押し上げ、出行は前へ押し出す。ただそれだけでいい。いや、ただそれだけにしなければ、思いが分散する。高松塚古墳では昇天のテーマをあえて封じ、出行にテーマを絞ろう。それならば、上方への開放感は抑え、前方へ向けて空気を押し出すような設計が、石室にも必要である。「天井を低くしよう」と思ったのは画家本人であったかも知れない。

たとえそれが傘蓋であろうが、卵の殻であろうが、天文は地上から遥か遠くの天体に投影された世界だと、中国の天文学者すら思ってきた。高い天に向かって上がることは、生きているうちは無理であるが、死後にタマシイが向かうとすれば、理想は高い天である。一方、地下に眠るタマシイをたまには外に出させたい。外の空気を吸わせたい。そのためには、迷うことなく前に進ませる仕掛けが必要である。手の届く高さまで天を下ろせば、あとは前に出てゆくしかなかろう。もし私が推理するように、伝えようとするメッセージに応じて天文を上下させたとすれば、画家は我々が想像する以上の知識人であり、アイデアマンである。

今ではその現場から遠ざかってしまったが、大学時代はずいぶんと土器の実測をした。おかげで器用になれたのかも知れない。実測をしていると、おのずと土器に指が当たる。指で製作者の手さばきをたどり、図面に反映させること。そこまで打ちこまなければならないと、先輩から教えられたものである。

その通りに土器を触っていると、ふと指が止まる箇所がある。「指頭圧痕《しとうあっこん》」と呼ばれる窪みである。表面を滑らかにならしてゆくのが土器づくりの基本であるが、箇所によっては指の跡が残る。それを仰々しく指頭圧痕という。私だけかも知れないが、なでる指が窪みで止まった瞬間、土器をつくった人の指先を感じ、顔までもが見えるような気がした。千年以上のときを越えて何かが通じ合う。ほんのかすかな感情ではあるが、古人の心に触れたような気持になれた。そのときの経験が忘れられない。

思えば、私の学問はその経験が底流になっている気がする。古墳周辺の景観が失われてゆくことを嘆いた。古墳をそこに定めた人の心、そこで哀哭を捧げた人々の悲しみは、その場所に立ち、同じ景色が残っていればこそ感じられる。石室の解体や壁画の剥ぎ取りにも苦言をはいた。石工が組み立ててくれた完璧な石室、左官が塗ってくれた美しい白壁、それに応えるべく、画家が真剣に打ちこんだ思いは、その空間に絵画があって、その空間で鑑賞してこそ感じられる。いずれも理想通りにならないことはわかっている。現実の問題があることも承知している。ならばせめて、思いの痕跡を丹念に拾い集め、伝える努力をしよう。

文献史学もまたしかり。史書に記されたものは、今でいうトップニュースが大半である。ところが、たった一文字にも、書いた史官の思いがこめられていることがある。土器に残る指頭圧痕のように、わずかではあるが、思いが一文字に残存している。天下国家を論じるだけが歴史学ではない。人の思いを感じよう、伝えよう。それが私の考古学であり歴史学である。と、常々顧みながら努力をしている。

二〇〇五年に出した『キトラ古墳は語る』（NHK出版）、二〇〇八年に出した『高松塚とキトラ 古墳壁画の謎』（講談社）につづいて、このたびが古墳壁画に関する三作目の読本となる。互いに補完するところも多いが、三冊をまとめて読まれると、論説が矛盾するところもあって、少々まずい。厚かましいお願いだが、それは私の成長だと思って、お許しいただきたい。公開される情報が増える一方、私のなかにも変化がある。

教育評論社の小山香里さんより「壁画天文図の一般向け図書を執筆いただけないか」とのご依頼をいただいたのは二〇一八年夏のことであった。一日の休みもなく働き続けている過労状態のなか、二〇一〇年の著書を最後に、久しく執筆から遠ざかっていた身であるため、再び一冊の書を上梓するだけの時間がとれるのかと逡巡したが、一方で、頻繁に講演・講座を務めるなか、文字にしておきたい発想や持論も相当に積もっていた。この機会を逃しては、それらを埋没させてしまう。相反するふたつの思いを天秤にかけると、わずかに後者へ傾いた。ただ、お引き受けしたものの、やはり仕事に追われて時間が取れず、結局、本文の執筆にとりかかれたのは、年を越えた三月上巳日のことであった。そのような苦境をご理解くださり、辛抱強くお待ちいただいた小山さんに心から御礼を申し上げたい。

平成三一年三月二三日

【主要参考文献】

※キトラ・高松塚古墳に関する論文・論著・紹介文はすでに相当な数にのぼる。ここには本文に関連する報告書と一般図書を紹介する。

〔報告書〕

橿原考古学研究所編『壁画古墳高松塚 調査中間報告』奈良県教育委員会・奈良県明日香村発行、一九七二年

高松塚古墳総合学術調査会編『高松塚古墳壁画調査報告書』便利堂、一九七四年

明日香村教育委員会編『キトラ古墳学術調査報告書』明日香村文化財調査報告書第三集、一九九九年

文化庁監修『国宝 高松塚古墳壁画』中央公論美術出版、二〇〇四年

奈良文化財研究所編『特別史跡 キトラ古墳発掘調査報告』文化庁・奈良文化財研究所・奈良県立橿原考古学研究所・明日香村教育委員会、二〇〇八年

奈良文化財研究所編『高松塚古墳壁画フォトマップ資料』奈良文化財研究所史料第八一冊、二〇〇九年

奈良文化財研究所編『キトラ古墳壁画フォトマップ資料』奈良文化財研究所史料第八六冊、二〇一一

奈良文化財研究所編『キトラ古墳天文図 星座写真資料』奈良文化財研究所研究報告第一六冊、二〇一六年

文化庁・奈良文化財研究所・奈良県立橿原考古学研究所・明日香村教育委員会編『特別史跡 高松塚古墳発掘調査報告』(領布版)同成社、二〇一七年

〔一般図書〕

新城新蔵『東洋天文學史研究』弘文堂、一九二八年

能田忠亮『東洋天文學史論叢』恒星社、一九四三年

末永雅雄編『シンポジウム高松塚壁画古墳』創元社、一九七二年

末永雅雄・井上光貞編『高松塚古墳と飛鳥』中央公論社、一九七二年

藪内清編『世界の名著続一 中国の科学』中央公論社、一九七五年

藪内清編『中国天文学・数学集』朝日出版社、一九八〇年

斉藤国治『飛鳥時代の天文学』河出書房新社、一九八二年

大崎正次『中国の星座の歴史』雄山閣、一九八七年

来村多加史『唐代皇帝陵の研究』学生社、二〇〇一年

奈良文化財研究所飛鳥藤原宮跡発掘調査部『キトラ古墳壁画』二〇〇二年

大阪府立近つ飛鳥博物館『壁画古墳の流れ』近つ飛鳥博物館図録三一、二〇〇三年

来村多加史『風水と天皇陵』講談社現代新書、二〇〇四年

飛鳥藤原宮跡発掘調査部『キトラ古墳』奈良文化財研究所、二〇〇五年

来村多加史『キトラ古墳は語る』生活人新書一四八、ＮＨＫ出版、二〇〇五年

飛鳥古京顕彰会『改訂版 キトラ古墳と壁画』二〇〇六年

飛鳥資料館『キトラ古墳と発掘された壁画たち』飛鳥資料館図録第四五冊、二〇〇六年

網干善教『壁画古墳の研究』学生社、二〇〇六年

飛鳥資料館『キトラ古墳壁画 四神玄武』飛鳥資料館図録第四六冊、二〇〇七年

網干善教『高松塚への道』草思社、二〇〇七年
来村多加史『高松塚とキトラ 古墳壁画の謎』講談社、二〇〇八年
小沢賢二『中国天文学史研究』汲古書院、二〇一〇年
山本忠尚『高松塚・キトラ古墳の謎』吉川弘文館、二〇一〇年
飛鳥資料館『キトラ古墳と天の科学』飛鳥資料館図録第六三冊、二〇一五年
泉武『キトラ・高松塚古墳の星宿図』同成社、二〇一八年
髙橋あやの『張衡の天文学思想』汲古書院、二〇一八年
中村士『古代の星座を読み解く キトラ古墳天文図とアジアの星図』東京大学出版会、二〇一八年

〔中文図書〕

湖南省博物館・中国科学院考古研究所編『長沙馬王堆一号漢墓』文物出版社、一九七三年
夏鼐『考古学与科技史』科学出版社、一九七九年
宿白主編『中国美術全集・絵画編・墓室壁画』文物出版社、一九八九年
中国社会科学院考古研究所編『中国古代天文文物論集』文物出版社、一九八九年
成東・鍾少異『中国古代兵器図集』解放軍出版社、一九九〇年
陝西省考古研究所・西安交通大学編『西安交通大学西漢壁画墓』西安交通大学出版社、一九九一年
陝西省考古研究所編『陝西新出土唐墓壁画』重慶出版社、一九九八年
楚啓恩『中国壁画史』北京工芸美術出版社、二〇〇〇年
陝西省歴史博物館『懿徳太子墓壁画』文物出版社、二〇〇二年
陝西省歴史博物館『章懐太子墓壁画』文物出版社、二〇〇二年
陝西省歴史博物館『新城・房陵・永泰公主墓壁画』文物出版社、二〇〇二年
鄭岩『魏晋南北朝壁画墓研究』文物出版社、二〇〇二年
中国社会科学院考古研究所・河北省文物研究所編『磁県湾漳北朝壁画墓』科学出版社、二〇〇三年
陳美東『中国科学技術史 天文学巻』科学出版社、二〇〇三年
陝西省考古研究所・富平県文物管理委員会編『唐節愍太子墓発掘報告』科学出版社、二〇〇四年
陝西省考古研究所・陝西省博物館・礼泉県昭陵博物館編『唐新城長公主墓発掘報告』科学出版社、二〇〇四年
潘鼐主編『中国古天文儀器史』山西教育出版社、二〇〇五年
太原市文物考古研究所編『北斉徐顕秀墓』文物出版社、二〇〇五年
李星明『唐代墓室壁画研究』陝西人民美術出版社、二〇〇五年
徐湖平主編『中国画像磚全集・全国其他地区画像磚』四川美術出版社、二〇〇六年
昭陵博物館編『昭陵唐墓壁画』文物出版社、二〇〇六年
陳遵嬀『中国天文学史』上海人民出版社、二〇〇六年
馮時『中国天文考古学』中国社会科学出版社、二〇〇七年
韓釗『中日古代壁画墓比較研究』三秦出版社、二〇〇八年
潘鼐『中国古天文図録』上海科技教育出版社、二〇〇九年
昭陵博物館編『昭陵墓志紋飾図案』文物出版社、二〇一五年
陝西省考古研究院・乾陵博物館編『唐懿徳太子墓発掘報告』科学出版社、二〇一六年
朱磊『中国古代的北斗信仰研究』文物出版社、二〇一八年

【著者略歴】
来村多加史（きたむら たかし）
阪南大学国際観光学部教授。一九五八年生まれ。関西大学大学院博士後期課程修了。一九八五年から八八年まで北京大学考古系に留学。博士（文学）。専門は中国考古学、日中文化史、中国軍事史。
主な著書に『唐代皇帝陵の研究』（学生社、二〇〇一年）、『春秋戦国激闘史』（学研M文庫、二〇〇二年）、『万里の長城　攻防三千年史』（講談社現代新書、二〇〇三年）、『風水と天皇陵』（講談社現代新書、二〇〇四年）、『キトラ古墳は語る』（NHK出版生活人新書、二〇〇五年）、『高松塚とキトラ　古墳壁画の謎』（講談社、二〇〇八年）、『中国名将列伝』（学研新書、二〇〇八年）、『奈良時代一周　まほろばを歩く』（NHK出版、二〇一〇年）など。

上下する天文
キトラ・高松塚古墳の謎

二〇一九年六月三日　初版第一刷発行

著　者　来村多加史
発行者　阿部黄瀬
発行所　株式会社　教育評論社
〒一〇三－〇〇〇一
東京都中央区日本橋小伝馬町一番五号
PMO日本橋江戸通
TEL〇三－三六六四－五八五一
FAX〇三－三六六四－五八一六
http://www.kyohyo.co.jp

印刷製本　萩原印刷株式会社

定価はカバーに表示してあります。
落丁本・乱丁本はお取り替え致します。

ISBN 978-4-86624-022-0